Mike Dooley
Verändere dein Denken,
dann hilft dir das Universum

Mike Dooley

Verändere dein Denken, dann hilft dir das Universum

Eine praktische Anleitung

Aus dem Amerikanischen von
Diane von Weltzien

Die amerikanische Originalausgabe erschien 2009 unter dem Titel
»Infinite Possibilities« bei Beyond Words Publishing/Atria Books.
A division of Simon & Schuster, Inc., New York.

Die Folie des Schutzumschlags sowie die Einschweißfolie
sind PE-Folien und biologisch abbaubar.
Dieses Buch wurde auf chlor- und säurefreiem Papier gedruckt.

Besuchen Sie uns im Internet: www.droemer-knaur.de
Alle Titel aus dem Bereich MensSana finden Sie im Internet unter:
www.mens-sana.de

Deutsche Erstausgabe
Copyright © 2009 by Mike Dooley
Copyright © 2010 der deutschsprachigen Ausgabe bei Knaur Verlag.
Ein Unternehmen der Droemerschen Verlagsanstalt
Th. Knaur Nachf. GmbH & Co. KG, München
Alle Rechte vorbehalten. Das Werk darf – auch teilweise –
nur mit Genehmigung des Verlags wiedergegeben werden.
Umschlaggestaltung: ZERO Werbeagentur, München
Umschlagabbildung: FinePic®, München
Satz: Adobe InDesign im Verlag
Druck und Bindung: CPI – Ebner & Spiegel, Ulm
Printed in Germany
ISBN 978-3-426-65651-8

2   4   5   3

Für Mom

*Und für all jene von euch, die ihr mir im Laufe
der zurückliegenden neun Jahre eure Dankbarkeit
für die ursprüngliche Audioversion dieses Buches
bekundet habt.
Oft habt ihr mich gefragt, ob ich eine Vorstellung
davon hätte, was meine Arbeit euch bedeutet.
Aber mal andersrum: Ist euch eigentlich klar,
wie wichtig mir eure Ermutigung war?*

Inhalt

Vorwort

*E*inen besseren Zeitpunkt als gerade jetzt könnte es gar nicht geben, um endlich herauszufinden, wer du wirklich bist und welche Möglichkeiten in dir schlummern. Aber lass dich vom Titel dieses Buches nicht in die Irre führen, denn du wirst nicht nur etwas über deine innere Stärke, sondern auch über deine Verantwortung erfahren. Das Buch zeigt dir genau, wie du im Rahmen dieser beiden Säulen agierst, dich in den Angelegenheiten der Welt zurechtfindest und dort Gelegenheiten auftun kannst, wo andere nur auf verschlossene Türen gestoßen sind. Wir befinden uns in einer Zeit der Veränderung und des Aufruhrs: Altes macht Platz für Neues, Unwissenheit weicht der Wahrheit, und alles Spirituelle ist im Begriff, eine vollkommen neue Bedeutung zu entwickeln. Diejenigen, die ihre innere Kraft erkennen, ihre Begeisterungsfähigkeit leben und die Verantwortung für ihr Glück übernehmen, werden ein goldenes Zeitalter einläuten, das alles Dagewesene in den Schatten stellt. Niemals zuvor waren die Zeiten so vielversprechend.

Der Startschuss für dieses Buch fiel am 1. Januar 2001 – ursprünglich als Skript für mein Online-Radioprogramm *Infinite Possibilities*. Meinen E-Mail-Abonnenten hatte ich angekündigt, dass es zwölf einstündige Fortsetzungen an jedem Ersten der kommenden Monate geben würde. Ich war spät dran.

Außerdem hatte ich unbestimmte Zweifel. Es war schließlich ein Neuanfang in meiner beruflichen Laufbahn, diesmal als Autor, denn ich musste mir etwas einfallen lassen, um meinen

Lebensunterhalt zu sichern. Immerhin wusste ich ein paar Dinge über das Leben und wie es funktioniert – von unserer angeborenen Fähigkeit, an einem Traum festzuhalten und ihn Wirklichkeit werden zu lassen.

Infinite Possibilities wurde dann auch als Audioprogramm auf CD veröffentlicht und ist zu einem Weltbestseller der Persönlichkeitsentwicklung geworden. Das hat dazu geführt, dass ich mittlerweile überall auf der Welt Vorträge halte und einen Gastauftritt in dem Film *The Secret – Das Geheimnis* hatte. Außerdem schicke ich an fünf Tagen der Woche einem Leserkreis von mehr als 300 000 Menschen in 182 Ländern meine *Grüße vom Universum*, um sie daran zu erinnern, wie wertvoll jeder einzelne von ihnen ist, wie viel innere Kraft er besitzt und dass ihm unendliche Möglichkeiten zur Verfügung stehen.

Wieder und wieder stelle ich fest, dass es ausreicht, meinen eigenen Platz im Leben zu kennen – meine Rolle als Mitschöpfer zu verstehen und dieses Verständnis in Gedanken, Worten und Taten auszudrücken –, um *alles* zu verändern.

Und das ist es, was *Das Universum kennt den Weg* verspricht: das Erkennen unserer angeborenen Fähigkeiten und des Überflusses, der uns immer zur Verfügung steht. Um herauszufinden, wer du wirklich bist und welche Möglichkeiten dir offenstehen, musst du anderen nicht erklären, warum deine Beziehung zerbrochen ist, deine Vorhaben gescheitert sind oder deine Diät erfolglos geblieben ist. Auch dein Umfeld hat damit nichts zu tun. Denn sobald *du* der Veränderung Raum in *deinem* Leben gibst, wird ein neues Kapitel aufgeschlagen. Im Rückblick kannst du dann später gelassen auf all die Wirren schauen, die diesem Wandel vorausgingen. Du wirst die Ordnung und die Schönheit in allem erkennen, und außerdem deinen Anteil daran und den Sinn darin begreifen.

Viel Glück auf dem Weg zu dem Leben, von dem du träumst.

Einführung:
Ein Reiseführer durch den Dschungel von Raum und Zeit

*E*s ist noch gar nicht lange her, da versammelte sich eine Gruppe furchtloser Forscher – Abenteurer ähnlich wie du – in den niederen Regionen der Unendlichkeit. Sie hatten die Vollkommenheit, Unendlichkeit und fortwährende Glückseligkeit satt. Denn, weißt du, alles was sie sich wünschten, das erhielten sie auch. Jede erträumte Veränderung gelang ihnen, alles was sie sein wollten, das wurden sie. Ihre Existenz hatte sich so sehr in ein »immer gleiches langweiliges altes Lied« verwandelt, dass sie sich kaum mehr als die Abenteurer fühlten, die sie eigentlich waren. Das Maß war voll, entschieden sie. Es musste etwas geschehen. Also entschlossen sie sich, eine vollkommen neue Dimension ihrer Wirklichkeit zu erfinden.

Es kommt natürlich nicht oft vor, dass neue Dimensionen erfunden werden. Du kannst dir also vorstellen, wie aufgeregt unsere Abenteurer waren, als sie sich mit den endlosen neuen Möglichkeiten befassten, die sich plötzlich vor ihnen auftaten. Mit einem Mal wurde das zuvor Undenkbare möglich, denn die neue Dimension verschaffte ihnen die Gelegenheit, sich nur noch an einem Ort zu befinden, anstatt wie bisher zugleich auch überall sonst zu sein.

Denn, du musst wissen, damals, in den niederen Regionen der Unendlichkeit, gab es nur das Hier und Jetzt; etwas anderes existierte nicht. Diese armen Forscher konnten nie irgendetwas Neues entdecken, weil sie ja immer schon überall gleichzeitig

11

waren! Ihre neue Dimension befähigte sie also, ihr Bewusstsein so weit einzuschränken, dass sie jeweils immer nur an einem Irgendwo waren.

Nun, da sie beliebige Irgendwos erschaffen konnten, konnten sie sich auch geheime Muster ausdenken, die ihre Irgendwos miteinander verbanden, damit spielen und herumprobieren. Ja, sie fanden solchen Gefallen an ihrer neuen Dimension, dass sie ihr den Namen Rasantes Abenteuer für Umfassende Manifestation oder kurz RAUM gaben.

RAUM entwickelte sich zu einem neuen Grenzland, das endlose Möglichkeiten zum Spielen und Forschen bot. Doch die bemerkenswerteste Eigenschaft von RAUM war, dass sie ihn mit ihren Gedanken füllen konnten: Wann immer sie ihre Gedanken fokussierten und innerhalb ihres RAUMes konzentrierten, verdichteten und verfestigten sie sich!

Sie entdeckten, dass sie groß oder klein, rot oder blau, hart oder weich oder was immer sie wollten denken konnten, und ihre Gedanken verwandelten sich im RAUM in genau diese »Dinge«! Die Abenteurer stellten auch fest, dass sie ihre Gedanken in ihren RAUM hineinprojizieren konnten und dass sie sich dort als jeder beliebige Gegenstand materialisieren würden, den sie in ihre Wirklichkeit einführen wollten. Weil die Zeit noch nicht erfunden war, geschah dies im Handumdrehen. Materie begann, ihren RAUM anzufüllen. Die Kreativität wuchs ins Unermessliche, als sie damit experimentierten und dabei Sterne und Planeten und dann Berge und Meere erschufen. Alles, wovon sie nur träumten, wurde in einer Explosion aus Licht, Farbe und Klang Wirklichkeit und ließ ihre Vorstellungskraft bis an die äußersten Grenzen ihres RAUMs vordringen.

All das war unglaublich aufregend, und doch wussten sie irgendwo tief in ihrem Inneren, dass etwas fehlte. So sensationell ihre neugeschaffenen Welten auch waren, sie, die Schöpfer, blieben als Zuschauer am Rand außen vor.

Also begannen die Abenteurer darüber nachzudenken, wie sie selbst ein Teil der von ihnen erschaffenen geheimnisvollen, bezaubernden, materiellen Welten werden könnten, und fragten sich: »Wenn unsere MATERIE nichts anderes als besetzter RAUM ist und wir tief in unserem Inneren wissen, dass wir immer noch überall zugleich sind, ... hmmm ... könnte es dann vielleicht sein, dass wir uns ebenfalls in dem RAUM befinden, der unsere MATERIE enthält?«

Aber natürlich war das möglich, und während sie noch den Gedanken zu Ende führten, da zogen sie schon in ihre Materie ein, als wäre es ein »Irgendwo«, *und sie verschlossen ihr Bewusstsein für alle anderen Irgendwos.*

Um die Sache noch ein wenig spannender zu machen, wurde gerade zu diesem Zeitpunkt ein neues Spiel namens »Verstecken« *erfunden, und wie nicht anders zu erwarten, hasteten die Abenteurer herum, um sich in ihren Schöpfungen zu verstecken, wo man sie schwer finden würde. Sie verbargen sich unter der Materie, die im Jetzt existierte, denn noch immer war das Jetzt, da die Zeit noch nicht erfunden war, alles, was es gab. Von nun an bezeichneten sie sich, wenn sie im Verborgenen waren, als MENSCHEN.*

Es war eine großartige Idee, sich unter der Materie zu verstecken. Sie war so überzeugend, dass keiner jemals wiedergefunden wurde! Zwar konnten sie sich darüber freuen, dass sie ein neues Spiel erfunden hatten, doch blieben ihnen nun die Entdeckungen der anderen verborgen. Das war ein großes Problem.

Dieser Umstand bewog sie, sich auf die Suche nach einem weiteren immateriellen Phänomen zu begeben, und schließlich wurde die ZEIT geboren. Die Forscher nahmen ihre Spiele wieder auf und vereinbarten Zusammenkünfte. Somit konnte der Spaß jetzt richtig losgehen und immerhin so lange andauern, bis sie alles, was sich ihnen an Neuem bot, ausprobiert hatten.

Eine neue Idee musste her, und bei dem kreativen Reichtum der Abenteurer dauerte es nicht lange, bis ihnen wieder etwas einfiel. Wie wäre es, dachten sie, wenn wir alle gemeinsam als

MENSCHEN den gleichen RAUM zur gleichen ZEIT betreten? Super! Dieser Einfall war so überwältigend, so monumental und überzeugend, dass er die Schöpfung wie ein Urknall erschütterte und seither mit der Erschaffung des Lichts auf eine Stufe gestellt wurde.

Inzwischen sollte auch dem Letzten klargeworden sein, dass diese Abenteurer nicht von der üblichen, alltäglichen Sorte waren. Sie waren ausgezogen, um den größten vorstellbaren, größtmöglichen Spaß zu haben. Wie hinlänglich bekannt ist, waren sie darin erfolgreich, obgleich ihnen ein paar Stolpersteine in den Weg gerieten, die noch beiseitegeschafft werden mussten.

Zum Beispiel hatten sie nach der Erfindung der ZEIT so viel damit zu tun, mit ihren Schöpfungen zu spielen, dass sie sich nach und nach im Spiel verloren. Während ihrer endlosen Versteckspiele identifizierten sie sich, um nicht gefunden zu werden, so stark mit ihrer Rolle als MENSCHEN, dass sie tatsächlich vergaßen, dass sie in Wahrheit »überall zugleich« waren.

Viele von ihnen erinnerten sich nicht einmal mehr daran, dass sie Abenteurer waren, und mit der ZEIT verfielen sie in eine immer tiefere Trance. Ja, sie gerieten so tief in Trance, dass sie sich nun in ihren Körpern gefangen und hilflos mitten zwischen ihren Schöpfungen fühlten. Obwohl sie weiterhin mit ihrer Gedankenkraft Dinge und Ereignisse in ihrem Leben erschufen, vergaßen sie, dass sie selbst die Urheber waren. Inzwischen glaubten sie, sich mit diesen »Dingen« zufriedengeben zu müssen.

Unglücklicherweise bewirkte die Einfalt der Forscher ihre erste Begegnung mit der ANGST. Immer dann, wenn sie sich ihrer Wirklichkeit verweigerten, bekamen sie es mit der ANGST zu tun. Bald schon verfielen sie dem Missverständnis, dass es Dinge gab, vor denen sie sich fürchten mussten. Und das war gar nicht lustig! Zu allem Übel brachte jedes neue Missverständnis eine Fülle verwirrender Emotionen mit sich.

In keiner Wirklichkeit sind so erhabene Wesen jemals in derartige Verzweiflung gestürzt. Entsetzen, Wut, Trauer und Schuld-

14

gefühle wucherten wie Unkraut. Es war der reinste Hohn. Doch dann setzte ein Heilungsprozess ein – keiner, der »oben« oder in ähnlichen Regionen seinen Ursprung hatte, auch wenn manche noch immer sagen, es habe sich um eine, auf geheimnisvolle Weise ausgelöste und von liebenden Wesen verschleierte Wirklichkeitskorrektur gehandelt. Die Heilung vollzog sich aus sich heraus; das Leben kümmerte sich sozusagen um sich selbst. Wie immer man diese Entwicklung versteht, ein WUNDER war sie auf jeden Fall.

Immerhin stellte sich heraus, dass die Abenteurer aus ihren Emotionen lernten. Wenn beispielsweise ANGST ihren Ursprung in dem Unvermögen hatte, die eigentliche Wirklichkeit zu erkennen, dann diente sie demjenigen, der gerade in ANGST verfiel, wenigstens als unmissverständlicher Hinweis darauf, dass er oder sie sich gerade von der Wahrheit entfernte.

Diese Emotionen hatten sogar noch andere Vorzüge. Es stellte sich heraus, dass sie warm und verspielt, lustig und albern, ja sogar wild und verrückt sein konnten! Und das Durchleben dieser Emotionen bescherte den »Glorreichen«, wie sie jetzt genannt wurden, ihre größte Errungenschaft: Indem sie jegliche Schöpfung so annahmen, wie sie war, fanden sie zu innerem FRIEDEN. Doch es waren wenige, so wenige, die die Vollkommenheit erkannten, die in allem, in jedem Augenblick, in jedem Ort, in jedermann lag – die Voraussetzung für inneren FRIEDEN.

Heutzutage hat jede Bewusstseinsform, welchen Ursprungs auch immer, etwas von RAUM, ZEIT und den genialen Abenteurern gehört, die sich all dies ausgedacht haben. Und diejenigen, die sich auf diesen kleinen Ausschnitt ihrer Schöpfung einlassen, sind so überwältigt, dass sie für alle Zeiten verändert sind.

Es ist nicht nur die Pracht des Planeten und all des Lebens, das auf ihm tobt, oder das weiterhin waghalsige und unerhörte Denken. Vielmehr fühlen sich die Betrachter von den wenigen, die von ihren Abenteuern zurückgekehrt sind – von denen, die sich tatsächlich selbst gefunden haben – geradezu beschämt und überrumpelt.

Sie sind die Glorreichen, deren strahlender Glanz und Aura eine Weisheit widerspiegeln, die darauf basiert, dass alle Dinge und Ereignisse ihren Ursprung im Denken haben, dass ZEIT und RAUM alles zum Guten wenden und dass alles überall und immer eins ist.

Nur weil sie sich selbst verloren und sich ihren Illusionen unterworfen hatten, fühlten sich die Abenteurer veranlasst, angetrieben von ihren Emotionen und ihrem brennenden Verlangen, das Wissen um die Tiefe ihrer eigenen Schöpferkraft wiederzuerlangen. Und weil sie ihre Wirklichkeit klar erkannten, wurden sie zur Inspiration und zum Vorbild für alle anderen.

Nachdem all dies gesagt ist, sind wir überrascht, dass sich nicht mehr Menschen den Glorreichen angeschlossen haben. Gewiss, jedem muss seine eigene Lebensweise zugebilligt werden, insbesondere da viele noch immer so sehr in ihrem Abenteuer verstrickt sind, dass sie kaum Interesse für das »Überall sonst« aufbringen können.

Vielleicht verstehst du sie besser. Dennoch, wir empfinden es als Schande, dass so viel unerschöpfliche Energie und kreatives Potenzial derart vernachlässigt wird. Wenn es ihnen doch gelänge – und ich versichere euch, es geht –, nur für einen Augenblick ihre umfassendere Wirklichkeit wahrzunehmen und sich selbst als die allwissenden, allmächtigen, freudvollen Gladiatoren zu erkennen, die sie schon immer waren – es würde so vieles ändern! Damit ist nicht gemeint, dass sie umkehren sollen. Auf keinen Fall! Ich meine lediglich, dass sie mehr Spaß haben würden, wenn sie sich daran erinnerten, dass sie selbst die Schöpfer sind, meinst du nicht auch?

Ach übrigens, ich habe dich gerade in deinem Versteck GEFUNDEN!

Nun, lass uns loslegen ...

Gib deinem Denken die Richtung,
die dein Leben nehmen soll

In vielerlei Hinsicht ist diese Geschichte wahr. Um genau zu sein: Es ist unsere Geschichte. Wir gehören zu den glanzvollen Architekten, die sich Zeit und Raum haben einfallen lassen. Und wir befinden uns nun inmitten unseres eigenen Daseins, um uns auf eine Weise zu erfahren, wie sie anders nicht möglich wäre. Wir sind einer der Gründe dafür, dass die Sonne jeden Morgen aufgeht.

Und indem du das begreifst, sei es instinktiv oder mit dem Verstand, solltest du erkennen, wie sehr du jedes Traumes würdig bist, den du dir ausmalen kannst. Außerhalb deiner selbst gibt es niemanden, der dir in dieser Hinsicht irgendwelche Vorschriften macht. Du bist nicht hier, um geprüft und beurteilt zu werden. Du musst lediglich deinem Denken die Richtung geben, die dein Leben nehmen soll. So einfach ist das.

Du bist einer jener ursprünglichen Abenteurer – allmächtig, furchtlos und vollkommen –, nicht einfach nur ein Mensch. Du bist ein Abenteurer, der Mensch spielt.

Unglücklicherweise irren die meisten unserer Artgenossen noch immer in den Weiten des irdischen Daseins umher – schließlich erinnert uns unsere Gesellschaft ja ständig daran. Sie redet uns ein, dass wir in unseren Gestaltungsmöglichkeiten begrenzte »Kreaturen« sind, die ihr Leben abhängig von Glück und Schicksal in einer gnadenlosen Welt fristen. In Wahrheit jedoch sind wir die freien, allmächtigen, verspielten Gladiatoren des Universums, denen die Ewigkeit zu Füßen und die Macht der Gedanken in Händen liegt, um alles zu gestalten.

Wir sind die Schöpfer unserer Wirklichkeit, unseres Schicksals, unseres Glücks. So allgewaltig sind wir, und so mächtig bist *du*. Und um all dem Gegenwind der Gesellschaft und der

Medien zu trotzen, musst du diese wahre Botschaft mindestens genau so oft hören wie alles andere.

Dieses Buch habe ich genau aus diesem Grund geschrieben. Es handelt von der Beschaffenheit der Wirklichkeit – einer einfachen, geordneten und vor allem durchschaubaren Realität. Mein Ziel ist es, dir zu erklären, an welcher Stelle genau du in diese Wirklichkeit gehörst; dich daran zu erinnern, wie viel Schöpferkraft du besitzt, wie weit du es bringen kannst und wie sehr du es verdienst, hell wie ein Stern am Himmel deiner Existenz zu erstrahlen. Ja, dir ist das Geschenk in die Wiege gelegt, deine Träume wahr werden zu lassen.

Schweiß, Blut und Tränen sind nicht nötig, um Veränderung herbeizuführen. Gefragt sind vielmehr deine Vorstellungskraft und deine Erwartungen, denn sie bewegen dich zum Handeln, führen dich zu den Umständen und »glücklichen Fügungen«, die die Manifestation deiner Träume unvermeidlich machen. Das ist kein Wunschdenken. So hat es sich schon immer im Dschungel von Zeit und Raum verhalten, in jener Traumdimension, die zugleich unser Versuchslabor und unser Spielplatz ist. Hier verwandeln sich unsere Gedanken in Dinge; hier stellt unser Wort den Zauberstab dar. Anhand unserer tagtäglichen Wunder, mit deren Hilfe wir mühelos Geist in Materie verwandeln und die gemeinsame selbstgeschaffene Welt aufrechterhalten, werden wir zu Zeugen unsere Göttlichkeit. Eine gute Ausbildung, tragfähige Beziehungen und Glück sind dafür keine Voraussetzung. Du musst lediglich die Prinzipien begreifen, die alle Propheten von alters her predigen. All das hat nichts mit Religion zu tun, dafür aber umso mehr damit, wer wir sind und warum wir hier sind.

Deine Träume hast du nicht zufällig. Du hast sie aus vielerlei Gründen, aber der wichtigste ist, dass du sie leben sollst. Deine Träume werden wahr – wenn du deinen Beitrag dazu leistest. Das kann eine schwere Aufgabe sein, insbesondere dann, wenn du deine Rolle in dem Prozess, der Träume wahr werden lässt, nicht vollständig verstehst. Noch schwieriger wird es, wenn die ganze Welt dich darauf einschwören will, dass Leiden und Opfer den Weg zum Erfolg pflastern. Sobald du jedoch ein tieferes Verständnis vom eigentlichen Wesen der Dinge erworben hast, weißt du, dass im Leben tatsächlich alles ganz leicht geht. Es gibt nichts, was du nicht leisten, haben oder sein kannst. Du wirst geführt, du hast alle Macht, und sogar das Universum verbündet sich mit dir, um es dir recht zu machen.

Das vorliegende Buch untersucht und vermittelt die Prinzipien, die dir den Weg ebnen. Es handelt sich um Gesetzmäßigkeiten, die bereits *jetzt* in deinem Leben wirken, ob es dir nun bewusst ist oder nicht, und die unglaublich leicht anzuwenden sind. Indem du sie erkennst, begreifst und sie dir vor den Karren spannst, gewinnst du eine Stärke, die im wahrsten Sinne des Wortes Träume wahr werden lässt.

Wirf doch einmal einen Blick auf die Erfolgreichen dieser Welt. Sind sie klüger als du? Sind sie verdienstvoller? Haben sie mehr investiert oder mehr Einsatz geleistet? Nein. Ob nun aufgrund ihrer Intelligenz oder ihrer Dummheit (meist Zweiteres, aber das spielt keinerlei Rolle) – sie leben tatsächlich auf eine Weise, die sich die Prinzipien des Lebens so zu eigen macht, dass das Universum ihnen zu Diensten ist. Solche Menschen sind der Beweis dafür, dass dieser Weg jedem offensteht. Und jetzt, da du das weißt, hast du einen Vorteil: Du kennst den Ursprung deines Erfolgs und musst keine Angst haben, dass man ihn dir wieder wegnimmt.

Ich habe es mir zur Aufgabe gemacht, dir die Augen zu öffnen, damit du erkennst, wie allmächtig du bist, und dir bei der Suche nach den Schlüsseln zum »Königreich« zu helfen. Was du dann mit diesen Schlüsseln anfängst, bleibt dir überlassen.

Ich werde dich an Dinge erinnern, die du eigentlich längst

weißt und die nur darauf warten, von dir wiederentdeckt zu werden. Es ist immer besser, jemandem das Fischen beizubringen, als ihm nur einen Fisch zu schenken. Ich möchte dich an deinen vollkommenen Ursprung und deine grenzenlosen Möglichkeiten erinnern, damit du selbst dein Glück und deine Erfüllung herbeiführen kannst.

Wenn dir jemand die Wahrheit über das Leben, die Realität und deine Möglichkeiten enthüllen würde – könntest du es als die Wahrheit erkennen? Wenn dir jemand den Schlüssel zum Reich deiner kühnsten Träume anbieten würde, könntest du ihn annehmen? Ich glaube, ja.

Ich habe gesagt: Ihr seid Götter.

PSALM 82,6 UND JOHANNES 10,34

Kapitel 1
Gedanken werden Dinge

Solange ich denken kann, auch noch als junger Erwachsener, immer hatte ich das Gefühl, alle anderen wüssten etwas, was ich nicht wusste. Ich fühlte mich wie der ewige Außenseiter. Was mir fehlte, wussten die anderen ebenso wenig wie ich, und sie schienen gar nicht zu bemerken, dass es mir fehlte. Mir selbst jedoch war der Unterschied zwischen ihnen und mir schmerzlich bewusst. Die »kleinen Dinge« des Lebens schienen für die anderen so selbstverständlich zu sein – ich hingegen fühlte mich gezwungen, so zu tun, als wären sie es für mich ebenfalls. Ich fühlte mich auf unangenehme Weise anders. Deshalb war ich von dem überwältigenden Wunsch erfüllt herauszufinden, was es mit diesen kleinen Dingen des Lebens auf sich hatte.

Anfangs beschäftigten mich die Themen Leben und Tod sowie die Macht des Geistes. Doch durch meine Fragen stieß ich auf immer neue faszinierende Geheimnisse im Hinblick auf Zeit, Raum, Himmel, Hölle, Hypnose, UFOs, Geister, außersinnliche Wahrnehmung, den Traumzustand, Wiedergeburt und so fort. Anfangs versuchte ich mir diese Geheimnisse mit grundsätzlichen Schlussfolgerungen zu erklären, doch sie ermöglichten mir lediglich Ahnungen, kein wirkliches Verständnis. Ich erinnere mich beispielsweise daran, dass ich, als ich mit etwa dreizehn Jahren meiner Mutter erklärte, dass Raum und Zeit, so wie sie üblicherweise definiert seien, gar nicht existieren könnten. Nicht anders verhalte es sich mit der

Hölle oder einem Gott, der eins sein sollte mit allem Lebendigen und Nichtlebendigen. Meiner Meinung nach war Gott nicht nur in uns allen, vielmehr konnte kein Teil unseres Erlebens weniger als hundert Prozent Gott sein.

Damals durchschaute ich es noch nicht, doch mein Drang nach Erklärung hatte mich auf den inneren Weg zur Erkenntnis geführt; mein Denken zog nach und nach ähnliches Denken an. Es kam mir so vor, als beantworteten sich meine Fragen langsam wie von selbst und als öffneten sie mir die Augen für Erkenntnisse, von denen ich heute weiß, dass sie in uns allen schlummern. Auf dem Weg der Suche wurden mir meine Fragen also aus mir selbst heraus beantwortet. Ich wusste nie genau, wann die Antwort auf meine Frage kommen würde. Doch immer, wenn ich meine Aufmerksamkeit auf ein bestimmtes Thema richtete, wurde mir nach einer gewissen Zeit, meist, wenn ich gerade mit etwas anderem beschäftigt war, intuitives Wissen zuteil. Ich erzähle dir das, weil ich dich darauf hinweisen möchte, dass meine Antworten aus meinem Inneren zu mir kamen. Denn ich bin überzeugt davon, dass es bei dir genauso ist.

Ich bin als Katholik aufgewachsen, bin getauft und gefirmt. Doch irgendwann stellte ich fest, dass viele der Lehren, Regeln und Rituale nicht nur einander widersprachen, sondern auch – und das ist noch wichtiger – den Schlüssen, die ich selbst intuitiv gezogen hatte. Zum Beispiel war ich immer davon überzeugt, dass jeder Mensch – auf der Basis seines Verständnisses, seiner Missverständnisse und Erziehung – sein Bestes tut. Ich kam zu dem Schluss, dass der Begriff »Sünde« mit all seinen Nebenbedeutungen ein von Menschen geschaffener Begriff sein müsse, und nicht einer, den ein verständnisvoller, allwissender Gott sich ausgedacht hatte. Damals wie heute glaubte und glaube ich, dass wir Fehler machen (oder meinetwegen »Sünden« begehen), um etwas daraus zu lernen.

Gerade weil ich als Kind in einem traditionellen religiösen Umfeld lebte, sehnte ich mich nach nachvollziehbaren Erklärungen. Zugleich spürte ich immer die Gewissheit, dass ich Zugang zu solchen Erklärungen bekommen würde. Statt das beiseitezuschieben, was mir an meiner katholischen Erziehung widersprüchlich erschien, suchte ich nach Entsprechungen zwischen ihrer Lehre und dem, was ich meinte, folgerte oder mit dem Verstand begriff. Schließlich zog ich mich mehr und mehr in mein Inneres zurück. So fand ich einiges über das Leben, Träume und Glück heraus. Beispielsweise war ich überzeugt, dass Jesus (wie viele andere weise Lehrer auch) gekommen war, um uns daran zu erinnern, dass wir alle »Kinder Gottes« sind. Jesus lehrte, dass wir alle das tun können, was er getan hat: Glaubt, und ihr werdet empfangen; klopfet an und euch wird aufgetan; wie im Himmel so auf Erden; es gibt also keine Sünde, nicht das Böse und keine Hölle – es sei denn in unserem eigenen Kopf. Er kam als Verkörperung seiner Lehren auf die Erde und um seinen Anhängern einen besseren Weg zu weisen – in einer Zeit, in der einengendes Denken so allgegenwärtig war, dass nur wenige Menschen sich ein Heraustreten aus ihrer Gedankenwelt vorstellen konnten. Meine Auffassung ist nicht neu. Sie deckt sich mit den Lehren unterschiedlichster Religionen und spiritueller Philosophien im Laufe der Geschichte, die gleichfalls versucht haben, uns an unsere Macht, Größe und Göttlichkeit zu erinnern. Und wenn wir uns selbst als die Schöpfer unserer zeitlichen und räumlichen Wirklichkeit begreifen, dann werden wir erkennen, welche unglaubliche Macht wir besitzen, um unser Leben zu formen.

Wir machen Fehler, um etwas daraus zu lernen.

Zwar habe ich mich während meiner gesamten Kindheit und in einem nicht unbeträchtlichen Teil meines Erwachsenenlebens als Außenseiter gefühlt, doch heute bin ich dankbar dafür. Denn genau diese Entfremdung hat mich zu meiner heutigen Sichtweise geführt. Und weil ich mich noch immer als Schüler und Abenteurer betrachte, glaube ich, dass mein Auftrag im Leben auf erstaunliche Weise dem deinen gleicht: Für uns beide geht es darum, die zeitlose Wahrheit über die Beschaffenheit der Wirklichkeit *in die Tat umzusetzen*, damit wir unsere eigene glückliche und erfüllende Realität bewusst steuern und aufbauen können.

Das größte aller Abenteuer

Ich bin davon überzeugt, dass wir alle uns mitten in einem Abenteuer befinden, das keinem anderen gleicht. Ohne Zweifel ist das Leben so gefährlich, dass man es durchaus als Abenteuer betrachten kann; keiner von uns weiß mit Sicherheit, ob er den nächsten Sonnenaufgang erlebt. Und ich bin sicher, auch du würdest zustimmen, dass jeder Tag seine ganz eigenen, immer neuen Erfahrungen für uns bereithält. Eine Reise zu weit entfernten Orten wie Kairo oder Istanbul ist sicher faszinierend. Doch auch wenn man zu Hause bleibt, kann ein gutes Leben Schönheit, Freude und Herausforderungen enthalten. Um das Abenteuer noch aufregender zu machen, birgt jeder neue Tag eine Fülle von Unbekanntem.

Und ist es denn nicht das Unbekannte, das ein Abenteuer zu dem macht, was es ist? Wir alle haben Hoffnungen, Träume, Sorgen und Befürchtungen, die allesamt ihren Ursprung in der Unwägbarkeit unseres Lebens haben. Mit nur ein bisschen Nachdenken weiß man sofort, dass das genau der Punkt ist, der das Leben lebenswert macht. Angenommen, man gäbe dir einen Zauberstab in die Hand, und du könntest jeden Morgen – in dem Wissen, dass dann alles so eintrifft – genau festlegen, was sich an diesem Tag in deinem Leben ereignen soll. Ist dir klar, wie *entsetzlich* langweilig dann alles wäre?

Wie oft wohl könntest du im Lotto gewinnen und jedes Mal wieder vor Freude aus dem Häuschen sein?

Außerdem sind im Leben die besten Dinge immer umsonst. Was die besten Dinge im Leben sind? Das Lachen eines Kindes, die Umarmung eines geliebten Menschen, mit einem Hund spielen, Schwimmen, Musik hören, Essen, Wandern, dem Regen zusehen, einen Baum pflanzen, vor einem Feuer sitzen, mit Freunden plaudern – und alles umsonst! Das Leben *ist* wunderbar, und solche Freuden sind meist Teil all unserer tagtäglichen Abenteuer.

Außergewöhnlich wird dieses Abenteuer dadurch, dass wir auch selbst die verrücktesten Träume haben und verwirklichen können. Worin läge schließlich der Sinn eines Abenteuers, wenn wir nicht ein bisschen Kontrolle über seinen Ausgang hätten? Vielleicht sagst du jetzt, dass die Ungewissheit der Zukunft dich daran hindert, und du ja nicht wissen kannst, was vor dir liegt. Aber ohne auch noch ein weiteres Wort in diesem Buch zu lesen, weißt du schon jetzt, wie sinnvoll es ist, sich Ziele zu setzen und auf sie zuzusteuern.

Du bist der Pilot deines Lebens; jeden Tag hast du die Wahl, welche Aufgaben du dir stellst, welche Beziehungen du fördern willst oder auch nicht, und wie du mit Enttäuschungen umgehst, um daraus wichtige Erkenntnisse zu ziehen. Und all diese Entscheidungen, verbunden mit deinen Erwartungen, Vorstellungen und natürlich deiner Fantasie führen dich im Verlauf deiner persönlichen Reise direkt zu den »Safaris«, die dich erwarten.

Geh auf Empfang!

Wie also kannst du das meiste aus deinem Abenteuer durch Raum und Zeit herausholen? Zwei einfache Schritte. Der erste: *Versteh* das Abenteuer. Du würdest ja auch nicht Auto fahren, bevor du verstehst, wie es funktioniert, und bevor du die Verkehrsvorschriften kennst. Der zweite: *Lebe* das Abenteuer. Um bei der gleichen Analogie zu bleiben: Wenn du erst mal mit dem Auto und den Verkehrsregeln vertraut bist, ist es dennoch deine bewusste Entscheidung, dich auf den Fahrersitz zu setzen, den Zündschlüssel umzudrehen, den Gang einzulegen und loszufahren!

Mit anderen Worten: *Wende deine Kenntnisse an* – und genau das ist ab sofort unsere gemeinsame Mission.

Die meisten Menschen glauben, nur weil sie lebendig sind, dass sie schon alles über das Leben wissen. Sie machen sich einfach keine Gedanken darüber, ob da vielleicht noch mehr dahinterstecken könnte. Bisher ist ihnen nicht eingefallen, dass »die Dinge« sich vielleicht anders verhalten könnten, als sie es sich vorstellen. Zum Glück muss man einfach nur ein klein wenig gründlicher nachdenken, um die Dinge als das zu erkennen, was sie wirklich sind, und grundlegende Veränderungen herbeizuführen.

Was könnte also einfacher sein als ein bisschen Nachdenken? Und was lohnenswerter? Kann nicht schon der nächste Gedanke den entscheidenden Durchbruch bringen, eine Entdeckung oder persönliche Offenbarung? Tatsächlich liegt die nächste umwälzende Erfindung, die unsere Gesellschaft vielleicht grundlegend verändert, keineswegs in ferner Zukunft. Sie wartet gewissermaßen um die Ecke, nur einen Gedanken weit entfernt von den Gedanken, die du dir jetzt gerade machst.

Erst war da der Gedanke, dass es großartig wäre, wenn Menschen fliegen könnten, *dann* wurde der Gedanke Wirklichkeit, als die Luftfahrt ihren Anfang nahm. Erst braucht man die Ziele, wie etwa, sich zu verlieben, Arbeit zu finden ein Haus zu kaufen, und dann – klick, klick, klick – können die Träume wahr werden.

Wenn man in Betracht zieht, dass sich die meisten Menschen

noch immer nur ums praktische Überleben im Alltag kümmern, dann ist es verständlich und verzeihlich, dass noch nicht mehr Menschen den Mut gefunden haben, ihre Lebensumstände in Frage zu stellen. Doch die Zeiten ändern sich schnell, und schon bald wird die Welt entdecken, dass wir die unbegrenzten Möglichkeiten schon immer direkt vor unserer Nase hatten.

Was du dir wünschst, könnte in Erfüllung gehen

Hast du schon einmal jemanden sagen hören: »Pass auf, was du dir wünschst, es könnte in Erfüllung gehen«? Bestimmt. Wir alle kennen diese Warnung. Und weißt du was, ich wette, dass du wenigstens bis zu einem gewissen Grad daran glaubst, dass die Warnung angebracht ist, stimmt's?

Aber wie oder warum könnte sie angebracht sein? Hast du darüber schon einmal nachgedacht? Welches geheimnisvolle Prinzip könnte hier dafür sorgen, dass aus einem Wunsch Wirklichkeit wird? Bestimmt bist du nicht abergläubisch, aber welche Erklärung gäbe es?

Du hast sicher schon einmal etwas von der Macht des positiven Denkens gehört oder vom »Gesetz der Anziehung«. Doch hast du dich je gefragt, was das positive Denken oder das Gesetz der Anziehung antreibt? *Irgendetwas* muss es ja aktivieren! Und vielleicht hast du auch schon einmal etwas von der Kunst des Visualisierens gehört oder es sogar schon einmal ausprobiert und kannst tolle Geschichten von deinen Erfolgen berichten. Doch hast du dich je gefragt, warum oder wie es funktioniert?

All diese Gedankenmodelle basieren auf mehr oder weniger den gleichen Vorstellungen, aber woher kommt es, dass Menschen auf allen Kontinenten dieser Erde an sie glauben, ohne sie je in Frage zu stellen?

Irgendetwas ist hier im Busch. Etwas Großes, sehr GROSSES. Meine Mutter hat gerne gesagt: »Wo Rauch ist, da ist auch Feuer.« Aber was genau ist denn nun im Gange? Und wenn tatsächlich etwas dran ist, wäre das es dann nicht wert, ein wenig nachzubohren, um es zu verstehen und vielleicht zu nutzen? Würde der Aufwand den Einsatz rechtfertigen? Darauf kannst du wetten!

Gedanken werden Dinge

Drei einfache Wörter erklären, was im Gange ist und was wir bisher übersehen haben: »Gedanken werden Dinge!« Das ist es. *Gedanken werden Dinge!* Das ist das zugrundeliegende Prinzip, das Wünsche in Wirklichkeit verwandelt. Dieses Prinzip erklärt, wie positives Denken, das Gesetz der Anziehung und Visualisierungen funktionieren.

Gedanken werden Dinge! Träume und Alpträume werden wahr, weil unsere Gedanken sich im wahrsten Sinne des Wortes in die »Dinge« und Ereignisse unseres Lebens verwandeln. Die Aussage »Gedanken werden Dinge« ist ein Gesetz und als solches genauso unumstößlich und genauso zuverlässig wie die Schwerkraft – nicht nur manchmal, sondern ununterbrochen, und nicht nur bei unseren eigenen positiven Gedanken, sondern bei denen aller Menschen.

Das ist eine atemberaubende Neuigkeit, denn in jedem einzelnen Augenblick können wir unsere Gedanken wählen. Selbstverständlich ist auch das, was wir sagen und tun, von größter Bedeutung. Doch Reden und Handeln sind nur der »verlängerte Arm« unseres Denkens. *Unsere Worte und Handlungen sind lediglich mit Flügeln versehene Gedanken.* Mit unseren Gedanken fängt *alles* an. Mit der Hilfe dieses Prinzips kannst du alles nur Vorstellbare zum Leben erwecken – und das beschränkt sich keineswegs nur auf materielle Belange. Du

30

kannst dir auch beispielsweise mehr Liebe, mehr Freude und mehr Lachen vorstellen.

Das Leben jedes Einzelnen beweist, dass Gedanken über die gleichen Eigenschaften wie Materie verfügen, und aus solchen Eigenschaften kann man auf Prinzipien und Gesetze schließen. Bis vor kurzem sind unseren Wissenschaftlern, Ingenieuren und sogar den meisten Philosophen diese Eigenschaften jedoch entgangen, weil sie natürlich für unsere physischen Sinnesorgane und die üblichen optischen Hilfsmittel unsichtbar sind. Zum Glück für all jene, die wissenschaftliche Beweise wollen, nimmt die Quantenphysik den Faden dort auf, wo Albert Einstein aufgehört hat: nämlich die Eigenschaften von Gedanken und den Einfluss des Beobachters auf sein Experiment zu untersuchen. Aber auch ohne wissenschaftlichen Beweis gibt es wohl niemanden, der die Existenz von Gedanken leugnen würde. Und damit etwas existieren kann, muss es Gesetzmäßigkeiten unterworfen sein und über Eigenschaften verfügen.

Meine Botschaft (und die zahlloser Lehrer aller Zeiten, wenn auch mit anderen Worten) lautet: Sobald ein Gedanke gedacht ist, wird er unmittelbar mit der Kraft und dem Willen ausgestattet, sich entweder zu materialisieren oder – was nicht weniger erstaunlich ist – seine unmittelbare Entsprechung wie ein Magnet anzuziehen (darauf basiert das Gesetz der Anziehung). Es scheint, als habe der Gedanke nur eine einzige Aufgabe: sich im Leben seines Denkers in Raum und Zeit zu manifestieren. Wenn du an materielle Dinge denkst, dann verwandeln sich deine Gedanken in diese materiellen Dinge. Und wenn du an Ereignisse und Umstände denkst, dann werden deine Gedanken die Akteure und Requisiten deines Lebens so arrangieren, dass du für genau diese Ereignisse und Umstände offen bist. Der *einzige* schwächende Faktor sind deine *anderen* Gedanken, die eine ganze Reihe verschiedener Formen annehmen können. Sie können als Überzeugungen,

Erwartungen oder Absichten auftreten. Wenn du liebevolle oder hasserfüllte oder von anderen Emotionen getragene Gedanken produzierst, dann werden sich diese mit den materiellen Umständen deines Lebens verbinden, und du wirst diesen entsprechenden Emotionen wieder und wieder begegnen.

Vorbehalte?

Nachfolgend ein paar Eigenschaften dieser Prinzipien, derer du dir bewusst sein solltest. Es spielt keine Rolle, welche Gedanken du hast, ob sie dir nützen oder nicht, ob sie »gut« sind oder nicht, ob sie anständig sind oder nicht. Gemäß diesem Prinzip verhalten sich die Gedanken wie die Schwerkraft: Sie sind einfach da; sie unterscheiden nicht, was du denkst, noch beurteilen sie es. *Es ist an dir, deine Gedanken weise zu wählen!*

Das Denken stellt für uns als Urheber praktisch unsere einzige Möglichkeit zur Einflussnahme auf die Welt und den Zauber des Lebens dar. Als Kinder haben wir oft Sätze zu hören bekommen wie: »Träume sind Schäume« oder »Gedanken sind flüchtig, unwirklich und wenig greifbar, ganz anders als etwa ein Stuhl oder das Essen auf deinem Teller.« Doch tatsächlich trifft genau das Gegenteil zu: Unsere Gedanken sind das einzige »Wirkliche«; bei ihnen fängt alles an, was in unserem Leben greifbar ist. Wenn man so will, sind sie eine Art Vorstufe der Materie. Die Dinge in Raum und Zeit hingegen sind lediglich das Spiegelbild dessen, was zuvor individuell oder von allen zusammen gedacht wurde und somit kaum mehr als eine Fata Morgana. Folglich kann nichts beim Entstehen unseres Glücks oder Unglücks eine wichtigere Rolle spielen als die Gedanken, denen wir Raum geben.

Mittels unserer Gedanken gelingt es uns auf »wundersame« Weise, genau die Menschen in unseren Dunstkreis zu holen, *die ähnlich denken oder deren Träume zu den unseren passen,* und all jene außen vor zu lassen, die diese Kriterien nicht erfüllen. *Was* hingegen *nicht geht,* ist, das Verhalten *bestimmter Personen* durch unsere Gedankenkraft in eine gewünschte Richtung zu lenken. Und das ist ein Glück, denn es bedeutet umgekehrt, dass unsere Gedanken durch andere ebenfalls nicht manipulierbar sind. Eine Beeinflussung gelingt gelegentlich, doch eine Manipulation nie. Unser Gegenüber muss sich mit unseren Gedanken in Übereinstimmung befinden oder ihnen wenigstens zustimmen, damit eine Partnerschaft – privater oder geschäftlicher Natur –, eine Freundschaft oder auch eine Gegnerschaft entstehen kann. Doch da wir aus einer Weltbevölkerung von mehr als sieben Milliarden Menschen auf diesem Planeten auswählen können, die alle durch ihre innewohnende Göttlichkeit miteinander verbunden sind, gelingt es uns immer, *genau* die gewünschte Person zu finden, solange wir uns nicht auf einen bestimmten Menschen versteifen. Wenn es also um die Gedanken geht, die du dir über eine bestimmte Person machst, dann probiere doch einmal folgende Herangehensweise aus: Nimm die betreffende Person aus dem Bild deiner Gedanken und stell dir stattdessen vor, welche Emotionen sie in dir auslösen soll oder welches Endergebnis du dir wünschst.

Angenommen du möchtest einen früheren Liebsten zurück in dein Leben holen, dann denke nicht an diesen Menschen. Stell dir besser die Liebe vor, die du empfinden und teilen willst. Räume deinen Gedanken die Möglichkeit ein, dir deinen Wunsch zu erfüllen – in diesem Fall den Wunsch nach einer liebevollen Beziehung zur »richtigen« Person und nicht zu jemandem bestimmten. Ich höre förmlich deinen entrüsteten Aufschrei angesichts meines Vorschlags und deinen Hinweis, dass es sich doch um eine bestimmte Person handelt, die dir in deinem Leben fehlt, genauso wie die Liebe, die zwischen euch war. Ich weiß, es fällt uns schwer, unsere

Aufmerksamkeit vom anderen zurück auf *uns selbst* zu verlagern. Deshalb werde ich später noch auf dieses Problem näher eingehen. Jetzt möchte ich dich lediglich darauf hinweisen, dass du etwas missverstehst, wenn du dich auf einen bestimmten »Anderen« versteifst. Du unterliegst einem Irrtum in Hinblick auf dein einzigartiges Selbst und die unendliche Vielzahl von Möglichkeiten, die du in den verbleibenden, glücklichsten, vielleicht romantischsten Jahren deines Lebens haben wirst. Vielleicht ist diese bestimmte Person ja deshalb aus deinem Leben und Einflussbereich verschwunden, damit du deinen Irrtum erkennen und möglicherweise einen anderen Menschen finden kannst, der noch besser zu dir passt, als du dir gegenwärtig vorstellen kannst.

Und jetzt die gute Nachricht: Was immer es auch ist, das du vermisst, es ist nur einen Gedanken weit entfernt und dir unendlich näher als jene bestimmte Person, und außerdem für dich unendlich leichter zu erreichen. Und sobald du den Gedanken gedacht hast – aufgepasst! –, die Liebe, die du vermisst, wird dein Leben schon bald neu und in einem nie zuvor gefühlten Maße erfüllen. Das genau ist es, worauf du gefasst sein musst!

> *Nichts* spielt bei der Entstehung unseres Glücks
> oder Unglücks eine wichtigere Rolle als
> die Gedanken, denen wir Raum geben.

Ich will dir ein Beispiel dafür geben, wie du deine Gedanken am besten einsetzen kannst, um dennoch Einfluss auf eine bestimmte Person zu nehmen. Angenommen, du möchtest erreichen, dass es deinem Kind in der Schule bessergeht. Am wirkungsvollsten ist es, wenn du dir vor deinem inneren Auge ausmalst, wie dein Kind glücklich, erfüllt, lachend und voller Selbstvertrauen umherspringt – denn das ist es doch ohnehin, was du dir für dein Kind wünschst, nicht wahr? Diese

Verfahrensweise ist wirkungsvoller, als seine Gedankenkraft auf bestimmte Dinge zu richten wie bessere Noten oder Erfolg bei bestimmten Vorhaben. Wir alle wünschen uns letztlich Glück – entweder für uns selbst oder für unsere Nächsten. Und es ist wirklich leicht, sich davon ein Bild zu machen: *Sieh* glückliche Gesichter, *spüre* liebevolle Umarmungen und *höre* Lob und Gratulationen.

Bei all diesen Vorstellungen lässt du offen, *wie* etwas zustande kommen soll. So wie Luftblasen vom Grund des Sees immer den kürzesten Weg an die Oberfläche suchen, so läuft auch der Manifestationsprozess immer schnell und harmonisch ab. Vorausgesetzt, wir stellen uns ihm nicht in den Weg. Deine Gedanken sind wie die Luftblasen voreingestellt, um sich so rasch wie möglich zu manifestieren, *jedoch immer unter Berücksichtigung deiner anderen Gedanken.* Wenn du beispielsweise deinen Wunsch mit der Forderung verbindest: »Ich kann nur dann glücklich sein, wenn der-und-der das-und-das tut«, dann verbarrikadierst du allen übrigen Möglichkeiten, die ebenfalls dein Glück bewirken könnten, die Tür. Lass ab vom »Wie«. Klopfe weiter an Türen und drehe Steine um, aber beharre nicht darauf, hinter *welcher* Tür oder unter *welchem* Stein du das Gesuchte findest. *Konzentriere dich ausschließlich auf das Endergebnis.*

Der Beweis

Wahrscheinlich willst du Beweise dafür sehen, *dass Gedanken Dinge werden*, hab ich recht? Kein Problem. Doch da man einen Gedanken, sobald er erst einmal gedacht ist, nicht sehen oder verfolgen kann, musst du den Beweis für seine Existenz suchen. Am erfolgversprechendsten ist die Suche in deinem direkten Umfeld. Nachfolgend ein paar Beweise aus meinem eigenen Leben:

Meine erste Begegnung mit dem Prinzip *Gedanken werden Dinge* erfolgte, als ich neun Jahre alt war und Reitstunden erhielt. Meine Mutter fuhr meine Schwester und mich jede Woche zum Reitunterricht, wo wir lernten, Aufstellung zu nehmen, zu traben und im langsamen Galopp zu reiten. Nach sechs Wochen Reitunterricht hatten wir unseren ersten öffentlichen Auftritt. Bis zum heutigen Tag erinnere ich mich lebhaft daran, wie die Preisrichter uns Teilnehmer auf unseren Ponys in der Mitte des Rings aufreihen ließen, bevor sie den Sieger verkündeten. Als ich mitbekam, dass mein Name als erster aufgerufen wurde, geriet ich derart in Aufregung, dass ich fast von meinem kleinen Pferd heruntergefallen wäre – bis mir klar wurde, dass ich von sechs Teilnehmern den sechsten Platz gemacht hatte.

Nun, ich war nicht so leicht zu entmutigen und blieb bei der Stange (bestimmt trug meine Mutter das ihre dazu bei). Als unser zweiter Auftritt bevorstand, fragte ich meine Mutter: »Mom, wie kann ich es anstellen, dass ich gewinne? Ich möchte gewinnen.« Und sie antwortete: »Mike, du musst drei Dinge tun: erstens Hacken unten behalten. Zweitens Schultern zurück. Und drittens, bete jeden Abend vor dem Zubettgehen und bitte den lieben Gott, dich darin zu unterstützen, dein Bestes zu geben.« Besser hätte sie es nicht ausdrücken können!

Ich fühlte mich angespornt. Der Guru meines Lebens hatte gesprochen und mir alles gesagt, was ich tun sollte, um zu gewinnen. Ich erinnere mich sogar daran, dass ich mich in der Woche vor dem Wettkampf jeden Tag auf meine kleine Unterhaltung mit dem lieben Gott über das Gewinnen freute. Und am eigentlichen Tag stieg ich vom Schlechtesten zum Bestplatzierten in meiner kleinen Gruppe auf. Und, ich möchte zwar nicht angeben (in meinem Gesicht steht jetzt ein breites Grinsen), aber seither habe ich, im tatsächlichen wie im übertragenen Sinn, meine sehr unterschiedlichen Unternehmungen weit häufiger mit einem vorderen Platz abgeschlossen.

Wenn ich heute auf die Woche vor dem zweiten Wettkampf zurückblicke, dann wird mir klar, dass sich während meiner allabendlichen Gespräche mit Gott noch etwas anderes ereignete, was ich heute als den alles entscheidenden Faktor begreife: Während meines fünf- oder zehnminütigen Gebets *malte ich mir in Gedanken den Sieg aus.* Vor meinem inneren Auge sah ich den ersten Preis, nicht den Trostpreis. Ich hörte, wie mein Name als letzter aufgerufen wurde, nicht als erster. Und ich stellte mir vor, wie ich den Pokal, der mit einem kleinen Pferdchen geschmückt war, in Empfang nahm. Jeden Abend stellte ich mir mit aller Intensität vor, wie ich gewinnen würde, und *diese Gedanken brachten den Durchbruch.*

Beim nächsten Mal begegnete ich dem Prinzip *Gedanken werden Dinge* kurz nach meinem College-Abschluss. Ich hatte eine Anstellung bei *PriceWaterhouseCoopers* gefunden, damals die Topfirma unter den acht großen Wirtschaftsprüfungsgesellschaften, bis zum heutigen Tag berühmt, hochangesehen und international aktiv. Leider waren meine ersten drei Monate bei der Firma ein Alptraum. Mir gelang rein gar nichts. Alles, was ich in die Finger bekam, schien irgendwie schiefzugehen. Kurz, ich war eine Katastrophe und hatte in der kurzen Zeit fünf oder sechs Aktenvermerke durch meine Vorgesetzten kassiert, die alle im Wesentlichen zum gleichen Ergebnis kamen: »Mike Dooley *muss* besser werden.«

Ich glaube nicht, dass ich dir vermitteln kann, wie schrecklich diese Phase meines Lebens war. Ich war von morgens bis abends in Panik, dass ich aus meinem ersten richtigen Job hochkant hinausfliegen würde. Monatelang war ich umhergelaufen, um diesen Job zu ergattern, und ich hatte dafür gesorgt, dass aber auch wirklich jeder wusste, bei welcher angesehenen Firma ich arbeitete.

Ich erinnere mich daran, wie ich eines Abends zu meiner

Mutter nach Hause kam, das Wohnzimmer betrat und ihr mit absoluter Überzeugung erklärte, dass ich meinen Job verlieren würde. Zum damaligen Zeitpunkt hatte sich in mir die Vorstellung, dass Gedanken Dinge werden, bereits festgesetzt. Doch erst, als ich mich zu meiner Mutter sagen hörte, »Mom, die werden mich rausschmeißen, da bin ich sicher!«, da ging mir das sprichwörtliche Licht auf. Mit einem Mal wurden mir die negativen Gedanken bewusst, die ich nun schon seit Monaten in meinem Kopf hin und her schob – Gedanken, die alles nur noch schlimmer machten.

Ich ging sofort zum Sofa, legte mich hin, schloss meine Augen und begann zu visualisieren. Nun, auf den ersten Blick hört sich das nicht schwierig an, doch *wie* soll man, wenn man selbst ein schlechter Controller ist, sich einen guten vorstellen? Schließlich kann ja ein schlechter Controller nicht wissen, was ein guter tut, sonst wäre er ja nicht so schlecht!

Das ist es, was ich visualisiert habe und was du visualisieren kannst, wenn du einmal nicht genau weißt, *wie* sich dein Vorhaben umsetzen lässt: Ich dachte *ausschließlich* an das Endergebnis und hielt mich nicht einen Augenblick mit der Frage auf, wie ich dieses Ziel erreichen würde. Ich stellte mir nicht mit geschlossenen Augen vor, wie ich Bilanzen prüfte, weil ich gar keine Ahnung hatte, wie man das macht. Stattdessen sah ich mich strahlend vor Lebensfreude und glücklich mit meiner Arbeit den Gang bei *PriceWaterhouseCoopers* entlanggehen. Ich sah mich, wie ich die Inhaber und alle Kollegen freundlich grüßte und wie sie meinen Gruß tatsächlich sogar erwiderten (was bisher keiner tat). Seither machte ich jeden Abend gleich nach dem Nachhausekommen meine kleine Visualisierungsübung.

Drei Wochen später klingelte das interne Telefon des Büroraums, in dem wir fünfzehn Anfänger unsere Arbeit taten. Ich wusste sofort, dass der Anruf für mich war, denn ich war der einzige Controller, dem bisher kein realer Fall zugewiesen worden war (kein Wunder). Der Anruf war nicht nur für mich, sondern kam außerdem direkt vom Personalchef. Während sich auf meiner Stirn Schweißperlen bildeten und mein Herz wie wild zu hämmern begann, erklärte er mir, dass die Abteilung der Steuerberater ausgerechnet jetzt, wo es auf den geschäftigsten Jahresabschnitt zuging, unterbesetzt sei und dass die Buchhaltung sich bereit erklärt hatte, mich an die Steuerabteilung auszuleihen.

Das war überhaupt keine gute Nachricht! Wie allen Anfängern erschien mir der Bereich Steuern erschreckend komplex und wie eine fremde Welt, aber ich hatte keine Wahl. Ich war an die Steuerabteilung ausgeliehen.

Doch in null Komma nichts marschierte ich mit strahlendem Gesicht durch die Gänge von *PriceWaterhouseCoopers*. Es stellt sich heraus, dass mich die Leute vom Steuerbüro mochten, und mir gefiel es dort ebenfalls. Mein Status als Leihgabe wurde festgeschrieben, und ab diesem Augenblick machte ich bei dieser Firma Karriere.

Ich dachte *ausschließlich* an das Endergebnis und hielt mich nicht einen Augenblick mit der Frage auf, wie ich dieses Ziel erreichen würde.

Nun, da ich endlich nicht mehr unter dem Damoklesschwert der Angst lebte, in hohem Bogen aus meinem ersten richtigen Job gefeuert zu werden, konnte ich anfangen, über mein berufliches Vorankommen nachzudenken, statt mich immer nur mit meinem Überleben zu beschäftigen. Um es mir leichter zu machen, Gedanken des Vorwärtskommens zu denken, besorgte ich mir ein großes Notizbuch, dessen Seiten ich mit Bildern von Dingen beklebte, die ich mir für mein erträumtes Leben wünschte. Diese meist aus Werbeanzeigen ausgeschnittenen Fotos halfen mir, alle Einzelheiten meines Traumlebens zu visualisieren.

Auf den Fotos waren edle Uhren, schöne Häuser, Eigentums-
wohnungen, teure Autos und internationale Reiseziele wie
London, Paris, Hongkong und Tokio zu sehen. Reisen ins
Ausland war eines meiner Ziele für die ferne Zukunft einfach
deshalb, weil ich mir nicht vorstellen konnte, dass ich als Be-
rufsanfänger schon so bald solche Reisen würde machen können. Da ich mir jedoch Bilder meines Traumlebens ausmalte,
wollte ich nichts auslassen, was mir wichtig war. Doch wie
hatte ich mich geirrt! Ich hatte die unglaubliche Macht der
Gedanken vollkommen unterschätzt.

Träume werden wirklich wahr

Als ich zehn Monate später an einem Lehrgang bei einer
Zweigstelle von *PriceWaterhouseCoopers* teilnahm, erfuhr ich,
dass die Firma jedes Jahr einigen handverlesenen Mitarbeitern
eine Stelle im Ausland anbot. Der Lehrgang fand Ende No-
vember statt, ein paar Tage vor Thanksgiving. Sechs Wochen
später, als das neue Jahr gerade angefangen hatte, lebte und
arbeitete ich im sonnigen ... Riad, der Hauptstadt von Saudi-
Arabien!
Nun, das hört sich für dich vielleicht nicht nach einem wahr
gewordenen Traum an, und ich muss außerdem zugeben, dass
mein Notizbuch auch kein Foto von einem Reiseziel im Mittleren Osten enthielt. Doch das Endergebnis, Reisen und Leben im Ausland, *hatte* ich visualisiert, und rückblickend betrachtet, hätte ich dieses Ziel wohl kaum schneller erreichen
können.
Während meines Aufenthaltes in Saudi-Arabien sparte ich
meine Urlaubstage, sammelte Überstunden und Gleitzeit-
tage, so dass ich schließlich drei Monate bezahlten Urlaub
beisammenhatte. Außerdem berechtigte mich meine Arbeit
im Ausland zu einem Sonderzuschlag und einer bezahlten

Heimreise alle sechs Monate, die ich jedoch auch für andere Reiseziele verwenden durfte. Und genau das wollte ich!

Zweimal machte ich eine Weltreise und besuchte jede Stadt und jedes Land auf diesem Planeten, von dem ich nur träumte: in Afrika, Asien, dem Fernen Osten und in der Südsee. Und als ich eines Tages mein Frühstück im Regent Hotel in Kowloon, Hongkong, einnahm, da machte mein Herz einen Sprung, als ich von meinem Kaffee aufblickte und sah, dass der Blick auf Hongkong Island genau der war, den ich vor zwei Jahren in mein Notizbuch geklebt hatte.

Als sich mein Aufenthalt im Mittleren Osten seinem Ende näherte, durfte ich – zur besseren Wiedereingliederung in die Heimat – wählen, wo ich in den Vereinigten Staaten stationiert sein wollte, und ich entschied mich für Boston. Dort kaufte ich in der Innenstadt eine Wohnung und ging jeden Tag durch die Faneuill Hall zur Arbeit und wieder zurück. Achtzehn Monate später, als ich zum Manager befördert werden sollte, eine Auszeichnung, die nur noch von dem Angebot zur Firmenpartnerschaft zu übertreffen war, entschloss ich mich, etwas Neues zu versuchen und meinen Traum, selbst Unternehmer zu sein, wahr zu machen. Die einzige Schwierigkeit bestand darin, dass ich keine Ahnung hatte, *wie* man Unternehmer wird und womit ich denn eigentlich handeln wollte.

Unsere Aufgabe ist es vor allem, uns unseren Traum so detailliert wie möglich auszumalen, insbesondere das Endergebnis.

Zum Glück hatte das Leben mir inzwischen beigebracht, dass es nicht wichtig ist, zu wissen, *wie* man sich einen Traum erfüllt, denn das *Wie* ist die Domäne des Universums. Unsere Aufgabe ist es vor allem, uns unseren Traum so detailliert wie möglich auszumalen, insbesondere das Endergebnis.

Also beschäftigte ich mich intensiv mit meinem Wunsch, selbst Unternehmer zu sein, kündigte bei *PriceWaterhouse-Coopers*, verkaufte meine Eigentumswohnung in Boston und zog nach Orlando, Florida. Innerhalb weniger Monate tat ich mich mit meinem Bruder, der Grafiker ist, und meiner Mutter zusammen, und wir gründeten *TUT* – Totally Unique T-shirts –, eine Firma, die T-Shirts individuell nach Kundenwünschen bedruckte. Im Lauf der nächsten zehn Jahre verkauften wir drei mehr als eine Million Stück.

Ich könnte die nächsten elf Kapitel damit füllen, dir noch mehr Abenteuergeschichten zu erzählen, die allesamt wahr gewordene Gedanken sind, aber die dir dennoch nicht alles verraten. Weißt du, wer das noch könnte? Du. Denn es spielt keine Rolle, ob du das Prinzip kennst oder daran glaubst, es funktioniert in jedem Fall.

Deine Gedanken haben deinem Leben schon immer seine Richtung gegeben; auch in diesem Augenblick sind sie bei der Arbeit, und sie werden so lange weitermachen, wie du sie denkst. Doch vielleicht schaust du dir lieber das Leben deiner Freunde, Familienmitglieder, Kollegen und Nachbarn an anstatt dein eigenes (denn wir sind bei der Betrachtung unseres eigenen Lebens nicht immer so objektiv, wie wir es gerne wären). Da findest du ausreichend Beweise dafür, dass die Gedanken und der Lebensweg eines Menschen Hand in Hand gehen.

Befass dich insbesondere mit den Menschen, die ein erfülltes Leben in Wohlstand führen. Falls du keine wohlhabenden Menschen kennst, dann nimm dir Rollenvorbilder oder Leute vor, die in den Medien zu sehen sind – Rockmusiker, Schauspieler, Wirtschaftsbosse –, und frag dich: »Welche eine Sache (außer Geld) haben sie alle gemein?«

Haben sie alle einen Abschluss von einer Elite-Uni? Das bezweifle ich. Viele meiner wohlhabenden Freunde hatten Glück, dass sie überhaupt das Abitur geschafft haben. Wurden sie alle in wohlhabende und gut vernetzte Familien hineingeboren? Wohl kaum. Jedenfalls nicht die, die ich kenne. Sind sie alle mit einem hohen IQ gesegnet – sei es in emotionaler oder geistiger Hinsicht? Na komm schon, wir alle kennen einen Haufen reiche und zugleich dumme Leute, oder? Man braucht nur den Fernsehapparat anzuschalten, und schon sieht man sie. Aber was könnte es dann sein? Was außer Geld haben all diese Leute gemeinsam?

Zumindest glauben sie alle daran, dass »es« ihnen passieren könnte. Und sobald man an etwas glaubt, ob nun berechtigt oder nicht, »richtig« oder »falsch«, kann man gar nicht anders, als *Gedanken zu produzieren*, die das unterstützen, woran man glaubt. Unsere Gedanken spiegeln unsere Wünsche (darüber werden wir später noch sprechen). Und was passiert, sobald man *Gedanken produziert*? Die Gedanken setzen alles daran, reale Dinge und Ereignisse in deinem Leben zu werden. So ist das Gesetz.

Jetzt denk noch einmal an die reichen Leute, die du kennst, die vielleicht nur halb so gut aussehen, nur halb so viel Charme besitzen und nur halb so intelligent sind wie du (ich bin sicher, dir fallen welche ein), die aber trotzdem jedes Jahr doppelt so viel verdienen. Und dann frag dich, warum das so ist? Wie kann das sein? Sind wir nicht alle gleich geschaffen – aus Fleisch und Knochen, mit einem Herzen und rotem Blut? Tatsache ist, zwischen dir und ihnen gibt es keinen Unterschied, ebenso wenig wie zwischen dir und mir. Wir sind alle genau gleich, bis auf eins: unsere Gedanken. Ein Leben geht in die eine, ein anderes in eine andere Richtung, und liegt das nicht zuletzt immer daran, dass jeder Mensch sich für andere Gedanken entscheidet?

Ich vermute, du kannst mir folgen und denkst vielleicht sogar: »Ja, das ist wahr, das kann ich glauben. Gedanken werden wirklich Dinge, unsere Einstellung ist alles, und wir selbst sind die Schöpfer unserer Wirklichkeit; ich hatte schon immer eine positive Einstellung.« Aber ich glaube, du hast es doch noch nicht kapiert, noch nicht ganz, weil ich meine, du erfasst noch nicht vollständig, dass es *niemals* auch nur eine Ausnahme von der Regel gibt. Gedanken werden Dinge, immer – es gibt keine mildernden Umstände, keine Ausnahmen. Deine Gedanken erklären jedes wunderbare und »schwierige« Ereignis, das dir je zugestoßen ist. Ehrlich gesagt, deine Gedanken sind die einzige Ursache für *alles*, was sich je in deinem Leben ereignet oder nicht ereignet hat.

Jeden Zweifel beseitigen

Mir ist klar, dass sich diese Behauptungen extrem anhören, aber es ist meine Absicht, dich an deine Grenzen zu führen. Ich will, dass du deine Fähigkeit, diese Gesetzmäßigkeit zu verstehen, vollständig ausschöpfst, und dich dazu bringen zuzugeben, dass sie etwas mit dir zu tun hat. Warum? Weil wir, wenn wir uns den Dingen stellen, die uns betreffen, sie durchdringen und deshalb die Funktionsweise des fraglichen Prinzips besser begreifen können. Leben ist durchschaubar; es gibt Antworten auf deine Fragen, aber nur, wenn du die Fragen auch stellst. Indem wir das Gesetz vollständig erfassen, können wir es uns zunutze machen, ohne an uns zu zweifeln oder zu mutmaßen, ob da vielleicht noch andere Kräfte im Spiel sind, die unsere Anstrengungen untergraben.

Falls du also nicht schon vorher über das »Absolute« dieses Prinzips nachgedacht hast, dann gibt es aller Wahrscheinlichkeit nach zwei Hindernisse, die dich davon abhalten, vollständig die Tatsache zu verstehen, dass deine *Gedanken* deine Wirklichkeit *vollständig* erschaffen.

»Warum habe ich noch nicht im Lotto gewonnen?«

Es wäre folgerichtig, wenn du nun fragen würdest: »Also gut, Mike, wenn der Satz *Gedanken werden Dinge* so unumstößlich ist wie das Gesetz der Schwerkraft, was ist dann mit den Träumen, die sich nie erfüllt haben? Warum habe ich noch nie im Lotto gewonnen?«

Das erste Hindernis ist also die Tatsache, dass es Dinge in deinem Leben gibt, die du dir zwar *mit aller Kraft* gewünscht hast, mit denen du dich in *Gedanken* intensiv, vielleicht sogar jahrelang beschäftigt hast – und trotzdem sind sie nie wahr geworden.

Die Antwort ist einfach. Wir wollen nie nur eine Sache. Wir denken auch nie nur einen Gedanken. Ja, Wissenschaftler behaupten, dass wir an einem einzigen Tag mehr als sechzigtausend verschiedene Gedanken haben können! Aber wenn wir eine derartige Menge von Gedanken produzieren, ist die Wahrscheinlichkeit dann nicht sehr groß, dass einige unserer Gedanken einander widersprechen oder sich sogar gegenseitig ausschließen?

Es könnte zum Beispiel sein, dass du seit Jahren darauf hinarbeitest, die höchste Karrieresprosse in deiner Firma zu erklimmen und dass du einen um den anderen Monat, jahrein, jahraus an nichts anderes denkst. Du stellst dir vor, wie du das Eckbüro mit den zwei Fensterfronten beziehst, wichtige Entscheidungen fällst und das »Fußvolk« zum Rapport antreten lässt. Doch noch während du solchen Gedanken nachhängst, kommst du Abend für Abend nach Hause und begrüßt deine Frau an der Tür mit den Worten: »In meinem Betrieb hat keiner auch nur die geringste Ahnung, wie unverzichtbar ich bin«, oder: »Keiner weiß wirklich zu schätzen, was ich leiste«, und diese Gedanken sind ebenfalls verpflichtet, den Weg aller Gedanken zu gehen: Sie müssen ein Bestandteil deiner Wirklichkeit werden. Leider ist es eben so, dass der Mensch, der sich für unterschätzt hält, für gewöhnlich auch verkannt wird. Und das ist nun wahrlich keine gute Voraussetzung, wenn man auf die oberste Sprosse der Karriereleiter will.

Es gibt in der Tat in deinen Gedanken feine Nuancen, die sich auf die Manifestationen auswirken und dann andere als die erhofften Ergebnisse bewirken können. Diese Nuancen lassen sich unter dem Begriff »deine anderen Gedanken« zusammenfassen. Und diese *anderen Gedanken* über das Leben, deine Mitmenschen oder das Glück haben sich vielleicht häufiger wiederholt, wurden durch intensivere Gefühle und größere Erwartungen verstärkt oder waren öfter die Basis für dein Handeln als die Gedanken, die sich noch nicht manifestiert haben.

Ein anderes Beispiel. Angenommen, du stellst dir täglich ein erfülltes Leben in Saus und Braus vor – malst dir aus, wie du in einem großen Haus wohnst, ein teures Auto fährst und stilvoll durch die Welt reist. Doch wenn du ein Leben lang (ob bewusst oder unbewusst) die Überzeugung gehegt hast, dass Leute, die Geld haben, nicht spirituell sein können oder dass viel Geld auch mit großen Problemen verbunden ist ... na ja, beides zugleich geht nun einmal nicht! Geld ist entweder großartig und gut, und du willst welches haben, oder es ist schlecht und böse, und du willst nichts davon wissen. Die Gedanken beider Extreme zuzulassen kann bedeuten, dass du irgendwo in der Mitte zwischen zu wenig und zu viel klebenbleibst.

Es kann also sein, dass deine Gedanken einander bekämpfen, ohne dass es dir überhaupt bewusst ist. In einem späteren Kapitel werden wir uns damit befassen, wie man Gedanken am Kragen packt und sich besser konzentriert. Aber jetzt geht es erst einmal darum zu erkennen, dass solche Konflikte dafür verantwortlich sind, dass sich deine bisherigen Träume nicht alle verwirklicht haben. Doch auch die Gedanken, die die Oberhand gewonnen haben, waren die deinen. Die Lektion lautet also: Zwar hast du nicht immer das bekommen, was du am meisten wolltest, aber du hast dennoch deine Gedanken manifestiert. Deine Wünsche haben sich deshalb nicht erfüllt, weil deine *anderen Gedanken* sich ihnen in den Weg gestellt haben und wahr geworden sind.

»Wessen Gedanken sind das?«

Das zweite Hindernis, das dich abhält zu glauben, dass deine Gedanken Dinge werden, könnte die Tatsache sein, dass in deinem Leben manches völlig Unerwartete wahr geworden ist – Dinge, an die du nie und nimmer vorher gedacht hast. Jetzt könntest du vielleicht fragen: »Nun, Mike Dooley, wenn Gedanken mit hundertprozentiger Sicherheit wahr werden, *wessen* Gedanken sind dann in diesem Fall wahr geworden?« Auch hierzu ein Beispiel. Wochenenden verbringe ich zur Erholung gelegentlich gerne am Miami South Beach. Ich liebe Miamis Flair, die dortige Kultur und die vielen Menschen unterschiedlicher Herkunft. Für mich ist Orlando – mein Wohnort – Punkt A. Und Miami – der Endpunkt beziehungsweise das Ziel, an das ich *denke* – bezeichne ich als Punkt B. Damit ich von Punkt A nach Punkt B komme, muss ich mich auf den Weg machen. Diese Fahrt wird zwangsläufig einige *nicht bedachte* Überraschungen bereithalten. So stellt sich etwa die Frage, ob der Verkehr wohl mitspielt, ob mich möglicherweise eine Baustelle zwingt, eine Umleitung in Kauf zu nehmen, welche lächelnden oder mürrischen Gesichter ich in den Autos sehe, die mich überholen oder an denen ich vorbeifahre. Dennoch sind all diese *nicht bedachten* Einzelheiten meiner Reise erforderlich, um mich an mein Ziel zu bringen. Mit ähnlichen *nicht gedachten* Einzelheiten müssen wir rechnen, wann immer wir uns auf eine Reise begeben, die mit neuen Gedanken ihren Anfang nahm.

Um das zu verstehen, musst du dir klarmachen, dass jeder neue Gedanke dich von deinem gegenwärtigen Standpunkt im Leben zum Ziel deines neuen Denkens befördern muss. Auf dieser Reise von Punkt A nach Punkt B ist *nicht bedachtes* Gelände zu durchqueren, und das heißt, auf einem solchen Weg könnte alles nur Denkbare geschehen. Dennoch basiert jedwedes dieser Ereignisse auf deinen *anderen Gedanken*, die du dir sehr wohl zum Leben, zu deinen Mitmenschen und zur Reise selbst machst.

Angenommen, du wünschst dir für dein Leben grenzenlose Liebe, Freude und Fröhlichkeit. Um eine Veränderung zu bewirken, müssen dich deine Gedanken auf eine Reise durch Raum und Zeit, also durch die materielle Welt, führen, damit Umstände entstehen können, die die Erfüllung deiner Träume ermöglichen. Und wie können deine Gedanken das schaffen?

Nun, es könnte sein, dass du ganz »zufällig« auf einen lange schon aus den Augen verlorenen früheren Freund triffst und dass ihr eure Freundschaft erneuert. Daraus entstehen vielleicht viele neue Bekanntschaften, und schon geht's los! Oder dir läuft ganz »unerwartet« ein Hund zu, den du behältst und der dir so viel Freude macht, dass du dich unendlich bereichert fühlst. Oder aber eine Kette von Umständen zwingt dich, in eine andere Stadt zu ziehen, von der du schon bald begeistert bist.

Wann immer uns also etwas Unerwartetes oder *Unbedachtes* über den Weg läuft, dann ist dies nichts anderes als eine Etappe auf der Reise zu dem »Ziel«, an das wir gedacht haben. Wie du hoffentlich weißt, gibt es in Raum und Zeit keine Zufälle. Doch bloß weil jeder gedachte Gedanke eine Rolle spielt, bedeutet das nicht, dass er auch von »tiefer Bedeutung« ist. Alles spielt eine Rolle in der Hinsicht, dass jeder unserer Gedanken, jedes unserer Worte, jede unserer Emotionen einen Beitrag zur Schöpfung leistet. Jeder einzelne deiner Gedanken wie etwa »Immer lassen meine Freunde mich warten«, oder »Manchmal geht eben etwas daneben«, oder »Alle Männer lügen« kann *abhängig von all deinen* anderen *Gedanken,* die zum Teil eventuell in die entgegengesetzte Richtung weisen, bedeutenden Einfluss auf dein Leben nehmen oder auch nicht. Was ein Gedanke bewirkt, ist also immer abhängig vom großen Zusammenspiel all deiner Gedanken, der tiefschürfenden wie der banalen.

Wann immer uns also etwas Unerwartetes oder
***Unbedachtes* über den Weg läuft, dann ist dies**
nichts anderes als eine Etappe auf der Reise
zu dem »Ziel«, an das wir gedacht haben.

Wo anfangen?

An den Gedanken zu arbeiten setzt voraus, sich der eigenen Gedanken bewusst zu sein und sie zu kennen. Das kann dir sehr schwierig erscheinen, vor allem dann, wenn du realisierst, dass du den ganzen Tag lang ohne Punkt und Komma denkst, ohne dass du dir je Gedanken darüber machst, worüber du eigentlich nachdenkst! Und dann sind da auch noch deine verborgenen Überzeugungen, die dir nicht einmal bewusst sind und dennoch ihren eigenen Unterstrom von Gedanken erzeugen. Hilfe! Wo anfangen?
Tu einfach, was dir möglich ist. Dein Leben ist ohnehin schon randvoll mit Herausforderungen. Ob zu Hause oder bei der Arbeit – ganz egal, was du tust, du bist ständig mit Überraschungen konfrontiert, und das ist nicht immer leicht. Wir alle waren schon einmal an dem Punkt, wo wir uns gewünscht hätten, kündigen zu können, ob die Arbeit oder die Beziehung, einfach fortzugehen und nie mehr zurückzuschauen, doch wir tun es nicht. Warum?

Wir tun es nicht, weil wir wissen, dass selbst die kleinste Herausforderung eine Belohnung verspricht, und es macht sich eigentlich immer bezahlt, durchzuhalten. Wir wissen, wenn wir wenigstens unser Möglichstes tun, dann wird es besser. Und genauso verhält es sich, wenn du an deinen Gedanken arbeitest. Tu es einfach! Tu, was du gerade kannst.

Visualisierung: Bilder vor deinem inneren Auge

Wenn du begreifst, dass deine Welt die Folge deiner Gedanken ist, dann ist dir auch klar, dass es von Vorteil wäre, gelegentlich, am besten täglich, die Art von Gedanken zu »denken«, deren Auswirkungen du gerne spüren würdest. Ich rate dazu, mit Visualisierungen zu beginnen, denn fast jeder kann pro Tag hierfür fünf Minuten erübrigen. Nachfolgend vier Regeln, die ich beim Visualisieren befolge:

1. Nicht übertreiben. Visualisiere nie länger als fünf Minuten am Stück, weil man zu leicht ins Tagträumen gerät und sich ablenken lässt, wenn man länger visualisiert. Fünf intensive Minuten sind besser als fünfzehn oder dreißig halbherzige Minuten; Qualität ist wichtiger als Quantität. Als ich während meiner Anfangszeit bei *PriceWaterhouseCoopers* fünf Minuten täglich visualisierte, um mich beruflich in besseres Fahrwasser zu bringen, da trat ich mit dieser kurzen Zeitspanne gegen eine ganze Tagesration Sorgen und Ängste vor einer Kündigung an, und doch reichte es aus. Die fünf Minuten Visualisierung setzten sich gegen den riesigen Überhang der Sorgen durch, weil wir auf natürliche Weise zum Erfolg neigen (mehr dazu im sechsten Kapitel »Das magische Universum«), und das macht Visualisierung umso wirkungsvoller.

2. Geh nachsichtig mit dir selbst um. Immer mit der Ruhe. Sei geduldig. Sei nicht sauer auf dich selbst und verzweifle nicht, wenn du merkst, dass deine Gedanken negativ sind oder du manchmal den ganzen Tag lang deinen Sorgen nachhängst. Ich weiß, wie das ist: Man fährt gerade von A nach B und trägt im Geiste eine Debatte mit sich aus oder man denkt endlos darüber nach, warum die Dinge zu Hause oder bei der Arbeit nicht so laufen, wie man es sich wünscht. Wenn du anfängst, dir dein Denken bewusstzumachen, dann werden dir viel öfter überraschende Gedanken auffallen, und dies kann sogar während der Visualisierung geschehen. Das ist in Ordnung. Immerhin werden dir nun Dinge bewusst, die du nie zuvor bemerkt hast, und das ist ein guter Anfang. Als ich meine Zukunft bei *PriceWaterhouseCoopers* visualisierte, erwischte ich mich immer wieder dabei, wie ich meinen Ängsten vor dem Rausschmiss nachgab. Was ich dagegen getan habe? Was *konnte* ich dagegen tun? Ich setzte meine Visualisierung fort und tat mein Bestes – und es reichte aus.

3. Spüre die Freude. Wenn du deine Gedanken aufladen und ihnen wirklich Kraft geben willst, dann verbinde sie mit Emotionen. Nicht alle Gedanken sind gleich. Es stimmt zwar, dass sie sich alle als Dinge manifestieren wollen, doch tun sie dies mit unterschiedlicher Intensität. *Emotionen sind reine Macht* und verleihen Gedanken Flügel. In Verbindung mit Visualisierungen sorgen sie dafür, dass die Dinge weit rascher geschehen. Spüre die Emotionen, die mit dem verbunden sind, was du dir wünschst. Spüre die Erregung, die Freude, das Vergnügen, den Triumph oder das, was immer die Manifestation deiner Gedanken in dir auslösen würde.

Häufig werde ich von Kursteilnehmern gefragt, was sie tun sollen, wenn sie nicht visualisieren können – wenn sie vor ihrem inneren Auge keine Bilder sehen. Ich bitte sie, sich keine Sorgen zu machen, da es sich vielleicht sogar um einen Vorteil handeln könnte. Ich rate ihnen, auf Bilder zu verzichten und sich stattdessen auf die Klarheit der Emotionen zu konzentrieren, die sie empfinden wollen. Je stärker du Freude empfinden kannst, desto schneller wird sich das materialisieren, was du dir erhoffst.

4. Visualisiere nicht mehr als ein- oder zweimal pro Tag. In aller Deutlichkeit sei gesagt: Dein Leben und dein Glück haben ihren Ursprung in der Gegenwart und nicht in der Zukunft. Indem du dich zu sehr mit deinen Hoffnungen für das Morgen beschäftigst, könnte leicht in Vergessenheit geraten, worüber du heute glücklich sein kannst. Wenn du dich zu viel mit den Träumen befasst, die du verwirklicht sehen möchtest, dann könnte dir der Unterschied zwischen deinem gegenwärtigen Leben und deiner Wunschvorstellung zu deutlich bewusst werden. Dieser Unterschied könnte dir dramatisch vorkommen und dich an dir zweifeln lassen. Du könntest dein Selbstvertrauen verlieren und die Visualisierungsarbeit aufgeben.

Was würdest du dir wünschen?

Der Satz »*Gedanken werden Dinge*« ist das A und O auf dem Weg zur Erfüllung deiner Träume. Tatsächlich ist er die einzige Regel von Bedeutung. Ihn zu verstehen ist der erste Schritt, um dein Leben zu meistern und deine Träume zu leben. Du musst nicht verstehen, *wie* das alles funktioniert, sondern lediglich wissen, *dass es so ist* – *u*nd zwar so sicher wie das Amen in der Kirche. Verliere dieses Wissen nie aus dem Blick. Und noch während du deine neue Einsicht wie ein Licht vor dir herträgst, werden die Beweise für ihre Gültigkeit in dein Leben Einzug halten. Du wirst erkennen, dass dir dieser Weg schon immer offenstand.

Emotionen sind reine Macht und verleihen
Gedanken Flügel. In Verbindung mit
Visualisierungen sorgen sie dafür, dass die Dinge
weit rascher geschehen.

Dein Wissen um die Kraft der Gedanken, verbunden mit deinen eigenen Beweisen für die Gültigkeit dieses Prinzips, wird dir Stärke verleihen. Du wirst an dich glauben und an deine angeborene Fähigkeit, dein Leben nach deinen Vorstellungen zu gestalten. Du wirst deine Träume mit größerem Selbstvertrauen zu verwirklichen suchen als jemals zuvor. Warum? Weil du erkennst, dass du deine Träume lediglich träumen musst, um sie zu verwirklichen! Und was könnte leichter sein?

Nun, zum Ende des ersten Kapitels möchte ich dir eine Frage stellen und dich auffordern, bei der Beantwortung durch und durch egoistisch zu sein.

Wenn du einen Wunsch frei hättest – irgendeinen Wunsch, alles, was du dir nur vorstellen kannst –, was würdest du dir wünschen? Würdest du dir einen Haufen Geld wünschen? Würdest du dir Gesundheit wünschen oder Liebe? Hundert weitere Wünsche? Welchen Wunsch würdest du wählen?

Also wenn du sorgfältig, *wirklich sorgfältig* gelesen hast und wirklich begreifst, dass deine Gedanken zu den Dingen und Ereignissen deines Lebens werden, dann weiß ich schon, was du dir wünschen würdest. Eigentlich gibt es nur eines, was du dir vernünftigerweise wünschen kannst. Ich weiß, du würdest dir wünschen, dass die Dinge genau so bleiben, wie sie jetzt sind: Damit du in dem Königreich, dass du mit deinen selbstgewählten Gedanken regierst und in dem dir die Herrschaft über alle Dinge anvertraut ist, weiterhin leben kannst, oder? Weil du jetzt deine Existenz als deine eigene Schöpfung verstehst, hier im Dschungel von Raum und Zeit, und dass es nichts Besseres geben kann.

Gedanken werden Dinge! Es gibt keine Vorbedingungen, keine versteckte Tagesordnung und keine unbekannten Variablen, die deinen Aufenthalt in diesem Garten Eden, in diesem Paradies, in dem jeder der Meister seines eigenen Schicksals ist, zu vereiteln versuchen.

Kapitel 2
Überzeugungen

Alles, was sich auf unser Denken auswirkt, beeinflusst auch unser Leben. Und nichts beeinträchtigt unser Denken auf ähnliche Weise wie unsere Überzeugungen. Im Folgenden werde ich mich damit befassen, wie das, wovon wir überzeugt sind, unsere Gedanken und unsere Welt formt.

Denken ist Glauben

Tagein, tagaus produzieren wir einen Gedanken nach dem anderen und wissen erstaunlicherweise kaum, was unsere Gedanken beinhalten. Doch unser ununterbrochener Gedankenstrom setzt sich um in Vorstellungen, Erwartungen, Spekulationen und schließlich in die Manifestation des Lebens, wie wir es führen. Unbewusst und mühelos hauchen wir unseren Erfahrungen Leben ein und kümmern uns wenig darum, wie der dazugehörige Prozess wohl aussehen mag. Und so soll es sein. Doch sollten wir uns wenigstens klarmachen, dass sich unsere Gedanken aus vagabundierenden Fantasien und Alltagsgedanken zusammensetzen und dass vor allem sie es sind, die für die Art und Weise unserer Erfahrungen verantwortlich sind.

Folglich stellt sich die Eine-Million-Euro-Quizfrage: »Wie kann es mir gelingen, den Strom meiner täglichen Gedanken so zu lenken, dass sie mir dienen? Und die Eine-Million-Euro-

Quizantwort lautet: »Indem du deine Überzeugungen mit dem von dir erträumten Leben in Einklang bringst.«

Was wir glauben, das denken wir auch.

Anders ausgedrückt, damit du die Kontrolle über deine Gedanken und Fantasien und so auch über dein Leben und dein Schicksal gewinnen kannst, musst du dir zunächst die Herrschaft über ihren Anführer – deine Überzeugungen – erkämpfen. Indem du dafür sorgst, dass deine Vorstellung von deinem Platz in der Realität mit deinen Träumen übereinstimmt, kannst du dich beruhigt zurücklehnen, denn du wirst automatisch und auf natürliche Weise auch dann »gute« Gedanken produzieren, wenn du gar nicht darauf konzentriert bist. Diese »guten« Gedanken wiederum werden sich in die Dinge und Ereignisse deines Lebens verwandeln.

Glauben ist Denken

Zunächst einmal, was sind eigentlich Überzeugungen? Ich will dir ein paar Beispiele nennen, indem ich dir einfache Fragen stelle, die mit zwei oder drei Worten zu beantworten sind. Erstens, welche Meinung hast du allgemein von den Menschen? Hältst du sie beispielsweise für freundlich, vertrauenswürdig und gutmütig oder eher für oberflächlich, hinterhätig und egoistisch? Also gut. Zweitens, was hältst du ganz allgemein vom Leben? Ist es leicht, schwer, aufregend oder langweilig? Und Gesundheit? Ist sie flüchtig oder beeinflussbar? Und dann erzähl mir noch von dir selbst. Bist du kreativ, dickköpfig, entschlossen, sorglos oder enttäuscht?

Welche Antworten du auch gefunden hast, sie basieren auf deinen Überzeugungen. Und genau da liegt die Schwierigkeit: Du meinst, du gibst mit deinen Antworten Beobachtungen wider, die du im Hinblick auf dich und deine Wirklichkeit gemacht hast. Tatsächlich aber hast du deine Wirklichkeit mit deinen Antworten eben erst *erschaffen*. Wenn du beispielsweise meinst, das Leben sei schwer, dann wird es auch schwer. Bevor du angefangen hast zu glauben, dass es schwer ist, war es das keineswegs. Mit der Zeit jedoch hast du vergessen, dass es sich bei dieser Einschätzung um »deine persönliche Meinung« handelt, und hast sie als Tatsache eingeordnet, und so wurde eine neue Überzeugung geboren.

Wir haben Tausende Überzeugungen, Erwartungen, Meinungen, Anschauungen, Ansichten, Auffassungen und Einstellungen. Nicht alle sind hinderlich, doch mit der Zeit können sie unsere Gedanken zu sehr beherrschen. Sie stellen Regeln für unser Denken auf, und wir leben nach diesen festen Vorgaben. Tatsächlich aber gibt es nur sehr wenige absolute Gewissheiten und nur selten irgendwelche Regeln. Nachfolgend möchte ich einige dieser absoluten Gewissheiten auflisten, die ich selbst in meinem Leben erfahren und beobachtet habe.

Die absoluten Gewissheiten des Lebens

Wir sind eins (mit allen Menschen, mit dem Göttlichen, mit der Schöpfung). Außerhalb von Gott kann es nichts geben. Es gibt nichts Nicht-Göttliches. Woher sollte das Nicht-Göttliche kommen, und *wie sollte es beschaffen sein*? Diese Gewissheit ist vielleicht die grundlegendste und zugleich augenfälligste. Zu ihr kann jeder mit ein wenig Nachdenken leicht selber finden. Sie führt zu der naheliegenden Schlussfolgerung vieler Religionen, dass es schon immer nur einen einzigen Gott gegeben hat und auch immer nur einen geben kann. Jedes Sandkorn, das Vakuum im All, jeder Gedanke und *jeder Einzelne von uns* ist göttlich. Nur weil wir uns bei der Interpretation der Wirklichkeit und ihrer Beurteilung fast ausschließlich auf unsere physischen Sinne verlassen, fällt es uns schwer, diese Tatsache zu durchschauen. Stattdessen begreifen wir das Leben als

Ausdruck von Dualität: entweder – oder, schwarz oder weiß. Deshalb nehmen manche Menschen an, wenn es einen Gott gibt, dann muss es auch das Gegenteil geben. Gibt es aber nicht; kann es nicht geben.

Gedanken werden Dinge (wir sind Schöpfer). Unsere Gedanken, da sie ja der beschriebenen absoluten Gewissheit zufolge göttlich sind, besitzen eigene Energie und eine eigene »Lebenskraft«. Sie sind »lebendig«, wach und aktiv. Das bedeutet nicht, dass sie über die gleichen Eigenschaften verfügen wie ein Mensch – das behaupten wir ja auch nicht von einem Zebra oder einer Rose (obgleich beide göttlich sind) –, aber unsere Gedanken haben ihre eigene Art Bewusstsein. Eine typische Eigenschaft unserer Gedanken ist es, dass sie im Rahmen von Raum und Zeit danach streben, sich auf »intelligente« Weise sofort physisch zu manifestieren. Betrachtet durch das Prisma der Zeit, heißt das: Gott wird Bewusstsein, Gedanken und Materie, aber er wird das eine nicht auf Kosten des anderen, und seine Göttlichkeit verbraucht sich auch nicht.

Alles Leben (Bewusstsein; wir selbst) ist ewig. Wir (das Göttliche, Energie, Bewusstsein) sind die Schöpfer dieser illusorischen Dimension »Zeit« (die Einstein als relativ bezeichnet hat), folglich müssen wir »vor« ihr und »nach« ihr existieren, und so ist es. Allerdings könnte diese Aussage wieder jenen Schwierigkeiten bereiten, die sich bei der Interpretation der Wirklichkeit ausschließlich auf ihre physischen Sinne stützen. Aber ist es denn nicht offensichtlich, da wir doch so unübersehbar von unserem physischen Körper unabhängig sind? (Die nächtliche Traumaktivität, zahllose Berichte von Nahtod- und außerkörperlichen Erfahrungen sowie der Strom unseres Wachbewusstseins, von denen keines das Produkt unserer Zellen, Atome und Moleküle sein kann, beweisen es doch.) Und wenn unser Bewusstsein unabhängig von unserem Körper und folglich vom Raum existiert, dann gilt Gleiches auch für die Zeit. (Zeit ist einfach ein Attribut des Raumes oder sein Maß; sie sind ein und dasselbe, so wie die X- und die Y-Achse zusammen eine Ebene definieren. Ohne Zeit kann es den Raum nicht geben und umgekehrt.)

Alles ist Liebe (alles ist Gott). Ist es denn nicht naheliegend, dass die *gesamte* Wirklichkeit auf göttlicher Liebe basiert – einer Liebe, die weit über den menschlichen Begriff hinausgeht? Warum die Erschaffung von Welten und die Entwicklung von Bewusstsein, wenn es nicht aus Liebe und Fürsorge geschieht? Außerdem muss man sich im Hinblick auf unendliche, göttliche Intelligenz und den Schöpfer aller »Dinge« fragen, ob es denn überhaupt auch nur den kleinsten Bereich geben kann, der vergessen, verdorben oder so erschaffen wurde, dass er nicht von göttlicher Liebe erfüllt ist? Diese Frage führt uns zur nächsten absoluten Gewissheit.

Alles ist gut (alles ist genau so, wie es sein soll). Zwar hat der göttliche Geist alle Möglichkeiten offengelassen, wenn es um die Entwicklung geht, doch was letztendliche Ergebnisse wie etwa Wachstum, Lernen und das immerwährende Einssein mit dem göttlichen Geist betrifft, so wurden sie *nicht* dem Zufall überlassen. Raum für Fehler, Zufälle, Unfälle, »vielleicht«, »hätte doch« oder »hoffentlich« ist nicht vorgesehen, denn alles wurde von einer höheren Warte aus betrachtet und beurteilt. Zwar scheint sich für uns aus unserem äußerst eingeschränkten Blickwinkel durchaus Schlechtes und Böses zu ereignen. Doch im umfassenden Gesamtzusammenhang der Dinge kann dies nur eine Fehlwahrnehmung sein. In Anbetracht der Tatsache, dass wir göttlich, reine Energie und unsterblich sind und in unserer selbstgeschaffenen Abenteuer-Traum-Welt leben, werden wir alle – ganz egal, was auch geschieht – am Ende unseres Abenteuers klüger, heiler, bereichert und mächtiger zu unserer himmlischen Quelle zurückkehren. Die einzig mögliche Schlussfolgerung daraus lautet, dass wirklich und wahrhaftig *alles gut ist.*

Diese Liste erhebt keinen Anspruch auf Vollständigkeit, denn jede der erläuterten absoluten Gewissheiten macht eine Reihe von Ablegern möglich, von denen ich einige in Klammern angedeutet habe. Unsere Liste reicht aus, um das Wesen unserer Wirklichkeit zu begreifen und uns zum wirkungsvollen Einsatz unserer Gedankenkraft zu veranlassen. Außerdem möchte ich darauf hinweisen, dass nur eine unserer absoluten Gewissheiten eine Variable enthält: Gedanken werden Dinge.

Die Punkte in der Liste sind unumstößlich. Sie sind wie die Luft, die wir zum Atmen brauchen – unverzichtbar. Sie sind unverrückbar. Sie existieren auch dann, *wenn wir nicht an sie glauben,* und sie bereiten die Bühne für unser Leben. Natürlich könnte man behaupten, dass es sich hier um meine privaten Anschauungen handelt, und ich muss zugeben, dass ich ihre Gültigkeit nicht beweisen kann – zumal sie physisch ja auch nicht messbar sind. Doch muss man etwas messen und wiegen können, um von seiner Existenz *überzeugt* zu sein? Ist es unvernünftig, wenn ich von dir verlange, dass du dein Leben nach Hinweisen auf diese absoluten Gewissheiten durchforsten sollst? Ist es denn nicht offensichtlich, dass jeder der Punkte dazu dient, dir mehr Stärke zu verleihen. Mir geht es lediglich darum, dass du dich von deinen selbstgeschaffenen Beschränkungen befreist.

Wenn diese Art des Denkens neu für dich ist, dann hast du wahrscheinlich Vorbehalte. Aber ich versichere dir, als besonders wissbegieriger Schüler des Lebens habe ich die letzten dreißig Jahre damit zugebracht, »meine« absoluten Gewissheiten auf jede nur vorstellbare Weise in Frage zu stellen und zu durchdenken. Obwohl ich im Laufe der Jahre meinen Horizont stark erweitert habe, konnten die absoluten Gewissheiten jedem meiner Angriffe mühelos standhalten; außerdem erklären sie so einiges im Leben.

Damit du die Kontrolle über deine Gedanken und Fantasien und auf diese Weise über dein Leben und dein Schicksal gewinnen kannst, musst du dir zunächst die Herrschaft über ihren Anführer – deine Überzeugungen – erkämpfen.

In dem durch die absoluten Gewissheiten abgesteckten Feld unterliegen wir keinerlei Beschränkungen. Es sei denn, wir *glauben* etwas anderes – dann sind wir in der Tat Regeln, Einschränkungen und Bedingungen unterworfen. Anders als die Erfahrungen und Manifestationen, die durch die absoluten Gewissheiten ermöglicht werden, sind sie selbst unveränderlich.

Unsere Überzeugungen sind deshalb besonders hinterhältig, weil sie uns – ohne dass es uns bewusst wäre – darin einschränken, was wir uns selbst zu denken »erlauben« und daher auch manifestieren können. Sie verschleiern die Tatsache, dass die »Dinge« auch anders sein könnten. Wenn du beispielsweise der Meinung bist, dass das Wissen um die tiefsten Geheimnisse des Lebens nichts für uns Sterbliche ist, dann wirst du dich nicht mit dem Sinn des Lebens befassen und alle neuen Gedanken blockieren, die dir entsprechende Antworten einbringen könnten. Außerdem beschränkst du deine gesamte Wahrnehmung auf Beweise, die deine Theorie untermauern.

Möglicherweise meinst du sogar von dir, dass du für Gegenbeweise aufgeschlossen bist. Doch wenn du auf der Basis deiner übergeordneten Überzeugung nicht an dein Recht auf alles Wissen *glaubst*, dann wirst du entsprechende Beweise automatisch für nichtig erklären und von vornherein wegdiskutieren. Deine Überzeugungen gleichen einem unsichtbaren

Filter, der all deine Gedanken durchsiebt – unsichtbar, aber nicht undurchschaubar.

Überzeugungen beherrschen das Denken

Stellen wir uns mal vor, dass Überzeugungen wie eine Sonnenbrille sind. Und das, was du durch die getönten Gläser siehst, steht für die Gedanken, die du dir durch den Filter deiner Überzeugungen machst. Sieht, durch die Sonnenbrille betrachtet, alles nicht ganz anders aus? Doch sobald du sie eine Weile trägst, merkst du gar nicht mehr, dass du sie aufhast. Ja, du weißt gar nicht mehr, wie die Wirklichkeit ohne Brille aussieht. Herausfinden kannst du es nur, wenn du sie wieder absetzt.

Stellen wir uns ferner vor, dass alle Menschen Sonnenbrillen tragen und dass jede anders getönt ist. Manche filtern blaue Farben heraus, und alles hat einen Gelbstich, andere rote oder grüne Farbschattierungen – jede Brille in einem anderen Maße. Hat nun also die Tatsache, dass jeder eine andere Brille trägt, irgendwelche Auswirkungen auf die Wirklichkeit und darauf, was die Leute sehen, oder nur darauf, *wie* sie ihre Umwelt wahrnehmen? Könnte es nicht sein, dass manche Menschen, Farben, ja sogar »Dinge« sehen, die andere nicht erkennen können? Und fällt es uns nicht oft leichter, die Brille auf der Nase der anderen zu bemerken als die eigene? Ich glaube, du weißt, worauf ich hinauswill.

Genau so verhält es sich mit Überzeugungen. Die meiste Zeit sind wir uns ihrer nicht einmal bewusst – auch nicht, wie sie funktionieren –, und das ist gar nicht mal *unbedingt* schlecht. Wenn unsere Erwartungen und automatischen Annahmen mit unseren Träumen übereinstimmen, dann dienen sie uns, aber wenn nicht, dann stellen sie ein großes Problem dar. Zum Glück verhält es sich bei Überzeugungen ähnlich wie bei Sonnenbrillen – wenn sie uns nicht gefallen, müssen wir sie ja nicht tragen.

Erwartungen schaffen eine Art Schablone. Sie sortieren und verarbeiten unsere Gedanken systematisch und ohne sie zu bewerten. Erwartungen sorgen dafür, dass wir unser Denken an bestimmten Vorgaben ausrichten. Es könnte zum Beispiel sein, dass du dir etwas von ganzem Herzen wünschst. Doch wenn du nicht daran glaubst, dass sich dein Wunsch erfüllen lässt, dann kannst du nicht die *Gedanken* aufrechterhalten, die nötig sind, um das Gewünschte zu manifestieren. So kommt es, dass man in der Regel die Hoffnungen und Befürchtungen manifestiert, die man selbst am *überzeugendsten* findet, denn ihnen werden die größten Freiräume »gewährt«. Alle Gedanken, die dir nicht überzeugend erscheinen – seien sie nun wunderbar oder schrecklich – werden in der Regel *nicht* manifestiert. Da ihnen die nötige Überzeugungskraft fehlt, sind sie schwer vorstellbar und *spürbar*.

Denk einen Augenblick darüber nach, welche Art Gedanken du produzierst, wenn du Auto fährst oder Besorgungen machst. Stellst du dir automatisch vor, wie du gerade ein Interview mit dem *Spiegel* führst? Oder siehst du dich bei der Entgegennahme des Nobelpreises? Malst du dir aus, wie du ein Ferienhaus an einem exotischen Ort auf der anderen Seite unseres Planeten kaufst? Unwahrscheinlich. Genauso wenig stellst du dir vermutlich irgendwelche vernichtenden Schicksalsschläge, überwältigendes Elend, grenzenlosen Schmerz, abgrundtiefe Verzweiflung und erdrückende Armut vor. Du denkst diese Gedanken nicht, weil sie nicht mit deinen Überzeugungen und Erwartungen übereinstimmen. So erklärt es sich, warum das Leben der meisten Menschen mehr oder weniger gleichförmig verläuft. Wir denken immer wieder die gleichen Gedanken, die im Einklang mit unseren relativ starren Erwartungen sind. Deshalb werden die Reichen immer reicher und die Armen immer ärmer. Nicht, weil der Kapitalismus oder unsere Gesellschaft es so will, sondern weil viele Menschen mit ihren Gedanken auf den immer gleichen, altvertrauten Wegen bleiben: entweder Fülle oder Mangel, *je nach Überzeugung.*

Finde dein eigenes Tempo

Da all unsere Überzeugungen zusammengenommen ein großes, schwer aufzulösendes Mosaik bilden, solltest du deine Erwartungen *nicht gleich* zu hoch schrauben. Beginne mit einem erreichbaren Ziel, an das du glauben und das du deshalb auch gut und regelmäßig visualisieren kannst. Ich denke, du weißt schon, was ich meine. Damit will ich nicht sagen, dass du großen oder gar weltbewegenden Träumen nicht nachhängen darfst. Ich rate dir lediglich, dich anfangs zurückzuhalten und dir eher kurzfristige Ziele zu stecken.

Wenn du zum Beispiel derzeit einen Toyota Corolla fährst, dann kannst du dir vermutlich besser vorstellen, auf einen Mercedes umzusteigen als auf einen Lamborghini. Sobald du deinen Mercedes hast, steckst du dir wieder ein höheres Ziel und so fort. Deshalb kann ein exotisches Luxusauto dennoch auf deinem Wunschzettel stehen, nur darfst du nicht darauf beharren, dass es schon nächsten Monat in deiner Einfahrt parkt.

Ein anderes Beispiel. Wenn du noch nie irgendwo außerhalb deines gewohnten Umfelds Urlaub gemacht hast, es dir aber dringend wünschst, dann ist es besser, wenn du zunächst einen Aufenthalt am Bodensee visualisierst, als dir gleich Luxor in Ägypten vorzunehmen.

Oder wenn du krank und bettlägerig bist, dann mal dir lieber aus, wie du im Garten arbeitest, kochst oder einkaufen gehst – statt dich in Gedanken gleich mit deinem ersten Marathon zu befassen.

Wenn du dich langweilst und einsam bist, dann stell dir vor, wie du Zeit mit einem Freund verbringst, statt dich gleich auf dem roten Teppich bei der Verleihung des Goldenen Bären in Berlin zu sehen.

Hör auf dein Gefühl, wenn du dir Ziele setzt. Sei halbwegs vernünftig, wenn es um die *kurzfristigen Ziele* geht. Versuche, die emotionalen Widerstände zu verstehen, denen du begegnest, denn sie zeigen dir an, dass du auf irgendwelche dich limitierenden Erwartungen gestoßen bist, denen du auf den Grund gehen musst. Steckst du andererseits aber deine Ziele zu niedrig, dann inspirieren sie dich nicht genug. Deinen Visualisierungen fehlt dann die nötige emotionale Tiefe. Lass dich vielfältig inspirieren, aber übertreib es nicht.

Erwartungen lösen Emotionen aus, und Emotionen beschleunigen Manifestationen

Erwartungen sind mit starken Emotionen verbunden, die deine Gedanken mit zusätzlicher Energie aufladen. Sind die Erwartungen im Hinblick auf eine bestimmte Sache stark genug, dann entsteht ein Vorgefühl, das die Manifestation beschleunigt. Wer wirklich an etwas glaubt – sei es gut oder schlecht –, der ist damit gedanklich unablässig beschäftigt. Die ständige Wiederholung solcher Gedanken zwingt dich förmlich, immer wieder passende Bilder vor deinem inneren Auge abzuspielen. Die mit ihnen verknüpften Emotionen lassen das Bild in deinem Geiste umso realer erscheinen. Und je realer es wirkt, desto schneller erfolgt die Manifestation.

Ist die Erwartung stark genug, dann wirst du dich schließlich auch physisch auf die Manifestation dieser Gedanken vorbereiten, auch wenn du dir dessen gar nicht bewusst bist. Beispielsweise bereitet dein Körper jedes große Ereignis durch eine Adrenalinausschüttung vor. Du beginnst, schöne Häuser wahrzunehmen, noch bevor du dein altes verkauft hast; du greifst beim Shoppen automatisch nach Kleidungsstücken, die eine Nummer kleiner oder größer sind, als du sie gegenwärtig trägst; oder aber du formulierst im Geiste bereits die Sätze eines Streits, der dich erwartet.

Das sind Beispiele dafür, wie deine Erwartungen und Überzeugungen deinem Denken, deinen Emotionen und schließlich deinem Handeln den Marsch blasen. Wenn das geschieht, und weil das Prinzip *Gedanken werden Dinge* unumstößlich ist, gib acht! Sobald sich die Bilder wieder und wieder in deinem Kopf abspulen und mit ihnen die zugrundeliegenden Erwartungen und Emotionen, dann ist die Manifestation deines Traums beziehungsweise Alptraums praktisch nicht mehr aufzuhalten. So einfach ist das. Und nun das Unglaubliche: Genau das tust du bereits, jeden Tag. Du benötigst keine ausgeklügelte Technik oder besondere Erfahrung. Du musst gar nichts Neues lernen. Du kannst einfach so weitermachen wie bisher. Doch sobald du dir dieses wundersame Prinzip bewusstmachst, kannst du mit dem Planen anfangen, mit dem Hegen und Pflegen von Träumen, die in naher und ferner Zukunft wahr werden sollen.

Du sorgst dafür, dass Raum und Zeit gut aussehen!

Du bist der Künstler, der niemals schläft, der die Einzelkomponenten auf der Leinwand deines Lebens mit den Pinselstrichen deiner Gedanken ununterbrochen neu arrangiert – wenn auch unbewusst. Du bist der Künstler, dessen Bilder so planvoll oder planlos zustande kommen, wie es deine eigenen Überzeugungen zulassen. Und jetzt das Beste: Die Manifestation von Träumen ist keine Zauberei. Sie gehört zu den unerschütterlichen Prinzipien von Raum und Zeit und klappt ausnahmslos. Sie funktioniert, egal ob du arm oder reich, krank oder gesund bist. *Du musst nicht einmal wissen, dass und wie sie funktioniert!* Doch sobald du es weißt, kannst du dir dein Wissen zunutze machen und der Manifestation von Gedanken willentlich und zu deinem eigenen Vorteil nachgehen.

Die eigenen Gedanken in der Realität zu materialisieren ist nichts Neues. Wie Zauberei mutet es jedoch an, wenn wir zu träumen wagen, wenn wir den Mut haben, neue Gedanken hervorzubringen, uns Ziele zu setzen, die uns erst einmal unerreichbar scheinen, und dann auch noch die Unverfrorenheit besitzen zu glauben, dass wir sie erreichen können.

Der Mut zu träumen

Träume werden Dinge – so läuft das in Raum und Zeit. Das gilt für alle Menschen gleichermaßen, doch uns fällt es zumeist schwer, den Schritt vom Bekannten hin zum Unbekannten zu wagen. In einem einzigen goldenen Augenblick, in dem du einem Traum Flügel verleihst und er nur noch landen muss, ist die Arbeit getan. Die stereotypen Glaubenssätze der Gesellschaft und die Dogmen des Zeitgeists, die uns auf die Sicherheit der schon einmal gedachten Gedanken festnageln wollen, verlangen von uns Konformität, Umsicht und Sorgfalt. Aber *warum?* Wovor müssen wir uns denn fürchten? Wir sind spirituelle, unsterbliche Wesen – und nichts, was wir tun, könnte das jemals ändern! Bring den Mut auf zu träumen, glaub an deinen Traum, und schon beginnt der Manifestationsprozess. Spektakuläre Gedanken nehmen ebenso wie bescheidene Form an, und zwar unter gleichen Voraussetzungen!

Nicht weniger erstaunlich ist es, wenn man seine Fantasie planvoll als Mittel einsetzt, um die eigenen Träume zu verwirklichen. Ich frage mich oft, warum nicht mehr Menschen ihre Zeit in Visualisierungen investieren, obwohl es sich doch überall auf der Welt als wirkungsvolles Hilfsmittel bewährt hat. Ich bin zu dem Schluss gekommen, dass sie wohl einfach das Prinzip *Gedanken werden Dinge* noch nicht verstehen. So wenige Menschen haben bisher erkannt, wie mächtig ihre Gedanken sind. Mit etwas Disziplin – nicht größer, als sie für das tägliche Zähneputzen erforderlich ist – könnten sie den Prozess in Gang setzen, der ihre Träume wahr werden lässt. Nur ein paar wenige intensive Augenblicke einmal täglich sind erforderlich, um einen gewaltigen materiellen Durchbruch auszulösen, und das, ohne irgendwelche Regeln zu brechen. Selbst wenn es möglich wäre zu schummeln, könnte es überhaupt einfacher sein, dass zu erhalten, was man haben will?

Alte Überzeugungen ablegen

Selbstverständlich haben die Erwartungen und Überzeugungen deiner Eltern und Erzieher, der Kultur und des Zeitalters, in die du hineingeboren wurdest, sehr viel mit deinen persönlichen Überzeugungen und Erwartungen zu tun und folglich mit den Gedanken, die du denkst, und dem Leben, das du führen wirst.

Doch die gute Nachricht lautet: Zwar beeinflussen und formen die Erziehung und die Umstände des Aufwachsens das Denken eines Menschen, doch ist niemand gezwungen, sich damit abzufinden. Von deiner Vergangenheit kannst du dich zwar nicht lösen, aber deine Zukunft gestaltest du durch deine Gedanken hier und heute.

Überzeugungen erschaffen die Wirklichkeit

Als ich kürzlich einen Vortrag hielt, kam eine Frau zu mir und sagte, sie wundere sich über den Erfolg einiger ihrer Bekannten, die weit weniger spirituell seien als sie (und ihrer Meinung nach sogar gierig) und gar nichts über die zugrundelie-genden Prinzipien des Lebens wie *Gedanken werden Dinge* wüssten. Ich erwiderte, wir alle würden solche Menschen ken-nen. Für unser Leben sind sie ein Segen, denn sie sind der un-widerlegbare Beweis dafür, dass es niemanden gibt, der da oben herumsitzt und uns aburteilt und entscheidet, ob wir der Dinge, die wir uns wünschen, auch wert sind. Wir sind sie wert! *Du bist sie wert!* Solche Menschen sind der Beweis da-für, dass Gedanken sich *wirklich* in Dinge verwandeln, ganz egal, in wessen Kopf und warum sie gedacht werden. Außer-dem kann man an ihnen sehen, dass man nicht erst vollkom-men, wunderbar, selbstlos und ein »Heiliger« sein muss, um Fortschritte zu erzielen, zu wachsen und die Erfüllung der ei-genen Träume zu erleben. Du musst nichts anderes können, als zu träumen und an deine Träume zu glauben.

Deine Überzeugungen sind nicht nur der Filter für deine Ge-danken; sie wecken und stimulieren außerdem deine Fantasie. Wenn du beispielsweise davon überzeugt bist, dass Menschen grundsätzlich falsch sind und stehlen, sobald man ihnen den Rücken zukehrt, dann wird dein Denken bis zu einem gewis-sen Grad von dieser Überzeugung gefärbt. Um diese Tatsache sichtbar zu machen, wollen wir uns vorstellen, dass du eine Urlaubsreise planst, während der dein Haus unbeaufsichtigt bleibt. Zwar beschäftigst du dich oberflächlich mit der Pla-nung deiner Reise, doch deine auf einer tieferen Ebene verfes-tigte schlechte Meinung von den Menschen könnte – ohne dass du es willst – Bilder von Einbrechern in dir wachrufen, die sich während deiner Abwesenheit deines Besitzes bemäch-tigen. Was meinst du, was das wohl nach sich ziehen würde?

In einer anderen Situation werden vielleicht zwei Menschen Zeugen eines Straßenraubs. Wenn sie sich später an den Vor-fall erinnern, sieht der eine darin den Beweis dafür, dass der Mensch von Natur aus schlecht ist. Der andere jedoch nimmt womöglich nur die Fürsorge und Besorgnis der Umstehenden wahr. Beide beobachteten das gleiche Ereignis, und sie taten es wie wir: durch den Filter ihrer Überzeugungen. Sie zogen ihre Schlüsse über das Gesehene auf der Basis dessen, was sie für die Wirklichkeit halten. Auch hier traten wieder zuerst die zugrundeliegenden Überzeugungen in Erscheinung, die dann die nachfolgenden Gedanken und Schlüsse auslösten. Die Schlussfolgerungen wiederum bestätigten und verstärkten die eigentlichen Überzeugungen.

Bisher bist du davon ausgegangen, dass deine Überzeugungen durch die Wirklichkeit definiert wurden, doch tatsächlich ist es genau umgekehrt: Deine Überzeugungen und Erwartungen bestimmen deine Wirklichkeit. Bisher hast du viel Kraft darauf verschwendet, unerwünschte Umstände zu verändern: Du bist davon ausgegangen, dass du ganz alleine gegen die ganze Welt ankämpfen musst, statt zu erkennen, *dass du selbst die Welt bist*. Deine Welt ist das Spiegelbild deiner Gedanken, Überzeugungen und Erwartungen – wie man in den Wald hineinruft, so schallt es heraus.

Es ist erschreckend leicht, sich in diesem Zustand zu verbarrikadieren. Die eigenen Überzeugungen ersparen dir, Grenzen zu überschreiten. Wenn etwa die Wright-Brüder nicht davon überzeugt gewesen wären, dass der Mensch fliegen kann – sie hätten sich nicht eine Sekunde lang der Fantasie vom Fliegen hingegeben, denn sie hätten es gar nicht *gekonnt*. Ohne die Überzeugung wäre weder ihr Traum noch ihr Flugzeug je vom Boden abgehoben. Deine Überzeugungen *ermöglichen* oder *verhindern* deine Träume.

Das Unsichtbare sehen

Na gut, jetzt fragst du dich also, wie *deine* Überzeugungen und Erwartungen wohl aussehen und welche von ihnen dir möglicherweise Türen verschließen. Außerdem willst du bestimmt wissen, wie du sie aufspüren kannst, da sie doch unsichtbar sind. Keine Angst, sie *sind* zwar wirklich unsichtbar, aber ihre Folgen sind es keineswegs.

Oft heißt es, Erwartungen und Überzeugungen einmal niederzuschreiben, aber mir hat das nie geholfen. Außerdem scheint mir, als sei das Suchen nach problematischen Überzeugungen und Erwartungen eine Lebensaufgabe. Hinzu kommt, was jeder weiß: Wenn man erst einmal anfängt, nach Problemen zu suchen, dann findet man sie entweder und verstärkt sie im Geiste durch neue Bilder oder – wenn es sie gar nicht gibt – man erfindet sie, was noch unsinniger ist. Statt meine Überzeugungen aufzuschreiben, was du natürlich tun kannst, wenn es für dich funktioniert, greife ich zurück auf eine der nachfolgenden beiden Taktiken: Entweder ich »Beobachte und Zerlege« diejenigen meiner Überzeugungen, die mich behindern, oder ich stürme mit meinem Traum voran und versuche es mit »Plattmachen und Verdampfen«.

Beobachten und Zerlegen

Mit dieser Methode spioniere und forsche ich mir selbst ein wenig nach. Dies tue ich weder sehr gezielt noch besonders bewusst. Stattdessen gebe ich im Alltag genau acht auf das, was ich denke, sage und tue. Denn diese drei Dinge offenbaren mir am ehesten, was sich in meinem Geist tut. Wenn es dort irgendwelche Begrenzungen gibt, dann werden sie in meinen Gedanken, Worten und Taten sichtbar.

Ein paar kleine Beispiele. Hast du dich schon einmal mit ein klein wenig Neid zu jemandem sagen hören: »Du hast's gut!«? Mit diesem kleinen Ausruf gibst du zu, und *sei es nur zum Scherz*, dass du dir nicht einmal *vorstellen* kannst, welche tolle Sache auch immer zu tun, und *du deutest damit an*, dass du es mit größter Wahrscheinlichkeit auch nie tun wirst! Mach dir diesen Satz das nächste Mal bewusst, und frag dich, warum du glaubst, dass dieser Gegenstand oder diese Erfahrung außerhalb deiner Reichweite liegt. Wenn du deine Argumentationen so bis in deine Gedanken hinein zurückverfolgst, dann stehen die Chancen gut, dass du dabei auch über die zugrundeliegenden Überzeugungen stolperst.

Hast du je aufgestöhnt, wenn ein Kassierer oder Handwerker dir eine besonders hohe Rechnung präsentiert hat? An was denkst du dann? Zweifelsohne bringt es zum Ausdruck, dass Geld knapp und schwer zu bekommen ist und dass die Aussicht auf Änderung hin zum Besseren auf weiteres wohl kaum in Sicht ist. Und natürlich sorgen solche Überzeugungen, selbst wenn sie auf deine gegenwärtige Situation genau zutreffen, nur dafür, genau diese gegebenen Umstände aufrechtzuerhalten. Veränderungen sind nur dann zu erwarten, wenn sie von innen kommen. Die Veränderung hin zum Besseren muss trotz der widrigen Situation in Gedanken bereits vollzogen sein.

Deshalb reagiere ich schon seit Jahren auf unerwartet hohe Rechnungen mit dem Ausruf: »Oh weh! Zum Glück bin ich reich!« Dann müssen der Rechnungssteller und ich lachen, und ich muss mich in Gedanken nicht an irgendwelchen Einschränkungen festhalten. Außerdem ist der Satz eine wunderbare Affirmation, denn ich habe mich keineswegs immer als reich empfunden. Indem ich ihn jedoch immer wieder sagte, habe ich ohne Zweifel zu meiner heutigen finanziellen Unabhängigkeit beigetragen.

Gehörst du zu den Menschen, die aus Sparsamkeitsgründen langsamer fahren, im Supermarkt nach Sonderangeboten Ausschau halten oder zu Hause den Heizungsthermostaten herunterdrehen? Wir alle tun das, und auch mir geht es nicht anders. Aber diese Haltung ist Ausdruck deines Glaubens an die eingeschränkte Verfügbarkeit von Mitteln, an Mangel und deine Unfähigkeit, all das zu bekommen und zu tun, was du haben und tun willst. Damit will ich nicht sagen, dass es falsch ist, gelegentlich auch genügsam zu sein. Aber indem du dir solche Überzeugungen bewusstmachst, kannst du erkennen, dass deine Erwartungen an die Wirklichkeit nicht die Wahrheit widerspiegeln. Du könntest jetzt antworten, dass die beschränkte Verfügbarkeit deiner Mittel keine Überzeugung ist, sondern eine Tatsache, und damit hast du recht. Aber *warum* sind deine Mittel und Möglichkeiten eingeschränkt, wenn doch dein ganzes Leben der Beweis dafür ist, dass *deine Gedanken Dinge werden*? Warum fällt es dir schwer, dich auf Reichtum und Überfluss zu konzentrieren oder umgekehrt, warum richtest du deine ganze Aufmerksamkeit ausgerechnet auf das, was fehlt, und Einschränkungen? Die Antworten auf diese Fragen erscheinen dir möglicherweise schwer fassbar oder auf unerträgliche Weise unerreichbar. Das ist nur zu verständlich. Aber im Augenblick geht es erst einmal nur darum, die Widersprüche überhaupt wahrzunehmen. Übernimm die Verantwortung, und du erhältst deine Macht zurück. Im vierten Kapitel »Das Leben wartet auf dich« werden wir darüber sprechen, wie man gegen dieses Verhalten ansteuern kann.

Hast du dir je etwas von ganzem Herzen gewünscht und dich dann dabei erwischt, wie du deinen Freunden das genaue Gegenteil gesagt hast? Vielleicht sehnst du dich wirklich nach einer erfüllten Beziehung, doch dann hörst du dich selbst etwas sagen wie: »Partnerschaften sind sowieso nicht von Dauer.« Oder möglicherweise bist du entschlossen abzunehmen, sagst jedoch einer Freundin, dass es egal ist, was du isst, denn dein Gewicht ändert sich einfach nicht. All das sind Beispiele dafür, wie du deine sogenannten unsichtbaren Überzeugungen zum Ausdruck bringst. Wie gesagt, sie sind nichts anderes als deine *Meinung* über die Wirklichkeit. Wann immer du dich also dabei ertappst, wie du deine Überzeugungen in Gedanken, Worten oder Taten zum Ausdruck bringst, mach dir klar, dass du soeben eine von ihnen dabei erwischt hast, wie sie versucht, über dein Leben zu bestimmen.

Plattmachen und Verdampfen

Um es einfach auszudrücken: Bei dieser Methode lasse ich mich so sehr von meinen Wünschen und Zielen in Besitz nehmen, dass ich automatisch und mühelos jede kontraproduktive Überzeugung, die sich mir in den Weg stellt, plattmachen und verdampfen kann. Wie? Indem ich begründe und analysiere, warum ich eine bestimmte Sache besitzen oder eine Erfahrung machen will und warum ich sie verdiene. *Und dann spiele ich die Rolle mit aller Überzeugungskraft.* Manchmal schreibe ich sogar Punkt für Punkt auf, warum mein Ziel erreichbar und eigentlich *unumgänglich* ist.

Statt also meine Überzeugungen erst noch zu beobachten und dann zu zerlegen, nehme ich mein Ziel gleich in Angriff und bin bewaffnet bis an die Zähne mit guten Argumenten und den Zielsetzungen für mein Leben. Wenn ich diese Argumente mit aller Überzeugungskraft vorbringe und *durch Handlung verstärke*, dann kann ich jedem »Angriff« meiner unbewussten und unsichtbaren Überzeugungen trotzen. Mit der gleichen Intensität beschäftige ich mich immer wieder auch mit der Magie des Lebens und mit dem Wunder meiner Existenz. Durch die Beschäftigung mit all dieser Vollkommenheit fällt es mir immer schwerer, mich selbst als jemanden zu sehen, dem Grenzen auferlegt sind.

Beide Methoden funktionieren deshalb, weil ich meine alten Überzeugungen durch ein höheres Verständnis meiner selbst, meines Lebens und meiner Wirklichkeit ersetze. Dieses Verständnis erreicht man unter anderem, indem man sich seiner Gedanken bewusst ist und die Gründe für diese einschränkenden Überzeugungen erkennt, die ein ganzes Leben bestimmen können. Wenn du meinst, dass es schwer ist, an Geld zu kommen, dann frag dich wieder und wieder, warum. Stell deine Antworten den absoluten Gewissheiten gegenüber und beobachte, wie sie schrumpfen und sich auflösen. Die

Auflösung alter Überzeugungen setzt immer ein *höheres Verständnis* voraus. Denn in seinem Licht müssen die überkommenen Überzeugungen weichen wie die Nacht vor dem Morgen. Letztlich ist es nicht einmal erforderlich, die eigenen Überzeugungen in allen Einzelheiten zu kennen. Es reicht aus, wenn du die absoluten Gewissheiten verstehst und lebst, insbesondere in den Bereichen, in denen du dir Veränderungen wünschst. Das Erwerben dieses Verständnisses muss kein langer oder sich ewig hinziehender Prozess sein. Die aufgezählten absoluten Gewissheiten des Seins sind so einfach. Mach sie dir zu eigen und lebe nach ihnen. Das Licht der Erkenntnis bringt unmittelbaren Frieden und blitzartige Veränderung.

Keine Vorleistungen

Kein Zweifel – einengende Überzeugungen blockieren dich, doch genau umgekehrt verhält es sich mit den hilfreichen. Sie katapultieren dich förmlich in ein All aus Liebe, Freude, Gesundheit und Fülle. Einengende und hilfreiche Überzeugungen sind wie das unsichtbare, aber unglaublich mächtige Stahlgerüst, das die Wolkenkratzer deiner Gedanken stützt. Selbst in der Bibel steht, dass dem, der glaubt, alles möglich ist – ohne jegliche Einschränkungen! Es steht nicht darin, dass dem, der glaubt, alles möglich ist, »wenn Gott will«, oder »wenn man ein guter Mensch ist« oder »wenn man keine Sünden begeht« oder »wenn man genug betet« oder »wenn man es verdient«. In der Bibel steht nur: »Alle Dinge sind möglich dem, der da glaubt.« Und das ist wahr, denn deine Überzeugungen ziehen alle erforderlichen Gedanken an, um deine Erwartungen in der materiellen Welt zu manifestieren. Alle anderen Voraussetzungen, die angeblich für den Erfolg auf dieser Welt so wichtig sind, können in ihrer

Wirksamkeit tatsächlich immer nur den zweiten Platz nach deinen persönlichen Überzeugungen belegen.

Wirf doch mal einen Blick auf moderne Erfolgsgeschichten in beliebigen Bereichen oder Berufen, und stell dir die folgenden Fragen: Gibt es irgendwelche grundlegenden Übereinstimmungen, etwa eine gemeinsame Religion, eine Formel oder ein Ritual, dem all diese Menschen ihren Erfolg verdanken? Waren sie alle Musterkinder oder Glückspilze, die im richtigen Viertel aufgewachsen sind und perfekte Eltern hatten? Haben alle von ihnen einen Hochschulabschluss und eine unerschütterliche Selbstdisziplin? Hatte jeder dieser Menschen den richtigen Mentor, hilfreiche Beziehungen oder einfach nur Glück? Oder haben sie einfach alle nur unglaublich viele Überstunden gemacht?

Nein, nein, nein und nochmals nein. Ihr Erfolg beruht nicht auf solchem Unsinn. Sie haben sich durchgesetzt, weil sie daran *geglaubt* haben, dass sie sich durchsetzen würden. Das ist der einzige Grund, auch wenn sie selbst es möglicherweise anders sehen. Die persönlichen Beziehungen, günstigen Umstände und glücklichen Fügungen ihres Lebens *wurden von ihren Überzeugungen herbeigerufen und um sie herum errichtet*, während sie am Erreichen ihrer Ziele gearbeitet haben.

Wann immer du dich also dabei ertappst, wie du deine Überzeugungen in Gedanken, Worten oder Taten zum Ausdruck bringst, mach dir klar, dass du soeben eine von ihnen dabei erwischt hast, wie sie versucht, über dein Leben zu bestimmen.

Du kannst gar nicht anders, als auf der Basis deiner persönlichen Überzeugungen Entscheidungen zu treffen und Handlungspläne zu entwerfen – deshalb sind sie von so herausragender Bedeutung. Es spielt keine Rolle, welchen Überzeugungen du anhängst und ob sie dir gefallen oder nicht.

Sieh dir erfolgreiche Künstler, Erfinder oder Wirtschaftsmagnaten an und denke dabei *nicht*: »Sieh an, da ist Der-und-der, und er ist erfolgreich, weil er talentiert, innovativ und mächtig ist.« Denk lieber: »Sieh an, da ist Der-und-der, ein Mensch, der genauso wie ich an sein Talent, seine Erfindungsgabe und seine schöpferischen Fähigkeiten *glaubt*.« Du bist nicht Sonntagskind oder Pechvogel, nicht populär oder verachtet, nicht gesund oder krank, nicht reich oder arm, sondern du *glaubst*, dass du es bist, und so wird es sein. Im Rahmen von Raum und Zeit sind wir nichts anderes als »Gedankenmaschinen«; mehr nicht. Wir denken, und *unsere Gedanken werden Dinge*. Selbstverständlich ist es unverzichtbar, außerdem auch noch zu handeln. Aber schon bald wirst du erfahren, dass unser Handeln seinen Ursprung in unseren Überzeugungen hat. Und sollten unsere Überzeugungen noch nicht ausgeprägt genug sein, können wir uns absichtlich und mit kleinen Minischrittchen auf unsere Träume zubewegen und so die Überzeugungen festigen, die wir brauchen (mehr dazu im vierten Kapitel »Das Leben wartet auf dich«).

Das erträumte Leben führt man dann, wenn man seine Wünsche mit den eigenen Überzeugungen in Einklang bringt. Nicht mit Tugend, Übung, Geld, Geduld, guten Beziehungen, Toleranz, Gebet, Meditation, Karma oder Gutsein, sondern mit *Überzeugungen* und *Erwartungen* und nichts anderem und mit dem *Glauben* an die Unvermeidlichkeit des Erfolgs. Die meisten Menschen erlauben es sich jedoch nicht, daran zu glauben, solange sie nicht »richtig« leben, die »richtige« Ausbildung haben oder »richtig« gute Eltern sind. Tatsächlich hätten sie all das bereits viel früher und viel ausgeprägter haben können, wenn sie es sich nur gestattet hätten, Erfolgsgedanken zuzulassen.

In unseren stummen inneren Selbstgesprächen sagen wir uns: »Ich werde wohlhabend sein, wenn mein Roman erst mal ein Bestseller ist.« Aber warum soll man auf die großen Ströme der Fülle verzichten und sich mit den kleinen Rinnsalen des Buchabverkaufs begnügen? Und warum überhaupt sollte man den Traum vom Schreiben eines Buches mit der Bürde des Geldverdienens belasten? »Ich werde glücklich sein, wenn ich erst mal mein Traumgewicht erreiche.« Verzeihung, aber was hat Glücklichsein eigentlich mit dem Gewicht zu tun? Nichts, es sei denn, wir glauben, denken oder sagen, dass es so ist. Solche selbstauferlegten Begrenzungen sind das Ergebnis eines unvollständigen, wenn nicht gar eines fehlenden Glaubens an unsere göttlichen Fähigkeiten. Diese vermeintlichen Einschränkungen veranlassen uns zu glauben, dass wir erst einmal herausfinden müssen, *wie* unsere Träume wahr werden können. Auf diese Weise erschaffen wir nur künstlich Begrenzungen, die es gar nicht geben müsste.

Wir sagen uns, wenn wir dann mal älter sind, lassen wir alles ruhiger angehen, bereisen vielleicht ein bisschen die Welt und genießen unser Leben. Doch warum sollten wir unsere Träume bis zum Sankt-Nimmerleins-Tag aufschieben? Ich bin in meinem Leben schon weit gereist, und jedes Mal bin ich wieder überrascht, wenn mich Freunde und Bekannte bei meiner Rückkehr darauf ansprechen und mir gestehen, dass sie ebenfalls vom Reisen träumen. Nicht, dass sie diesen Traum haben, überrascht mich, sondern dass sie ihn nicht umsetzen. Dabei weiß ich doch genau, dass es den meisten weder an Zeit noch an Geld mangelt. Warum erlauben sie es sich nicht, ihren Traum zu verwirklichen? Weil sie mehrere ihrer Träume miteinander verknüpft haben oder sich irgendwelche Hindernisse einreden. Es ist, als hinderte sie ihre Brille daran zu erkennen, wie leicht ihre Träume jetzt und sofort zu verwirklichen sind.

Was immer es ist, das du dir gerade wünschst, gestehe dir im Augenblick so viel davon zu, wie dir möglich ist. Und falls du Widerstand spürst, dann erforsche ihn. Dich heute an deinem Leben zu erfreuen, indem du deine Träume so gut wie möglich auslebst, ist wahrscheinlich der beste Weg, um nützliche Überzeugungen zu vermehren und einschränkende Überzeugungen unschädlich zu machen.

Visualisierungen gegen einschränkende Überzeugungen

Nachfolgend zwei Techniken, die dafür sorgen, dass einschränkende Überzeugungen dich auch dann nicht ausbremsen, wenn du keine genaue Vorstellung von ihnen hast:

1. Wenn du visualisierst, dann konzentriere dich immer auf das Endergebnis, das du anstrebst. Gewähre anderen Bildern, die sich mit dem Wie, dem Warum und dem Wann deines Wunsches beschäftigen, keinen Zutritt zu deinen Gedanken. Diese Details haben in deiner Visualisierung nichts zu suchen. Beschäftige dich ausschließlich mit der Vision, und lass deinen analytischen Verstand einmal Pause machen. Luftblasen kennen immer den schnellsten Weg an die Oberfläche, und wenn deine Gedanken vom Ballast deiner detaillierten Vorstellungen vom Wie befreit sind, dann wissen sie ebenfalls, wie sie sich als die Dinge und Ereignisse deines Lebens manifestieren müssen.

2. Vermische deine Träume nicht miteinander. Visualisiere einen Traum nach dem anderen. Wenn du dir Fülle wünschst, dann stell sie dir vor. Wenn du dir einen Bestseller erträumst, dann stell ihn dir vor. Indem du dich auf das Endergebnis konzentrierst und Träume nicht miteinander vermischst, befreist du den Manifestierungsprozess von Einschränkungen und erlaubst den unsichtbaren Kräften deiner Fantasie, die absolut kürzeste Distanz zwischen deinem Traum und seinem physischen Ausdruck zu finden.

Wenn du dich nach Liebe, Glück, Gesundheit oder Wohlstand sehnst, dann erschaffe sie zuerst in deiner Vorstellung. Stell dir dein Leben so lebhaft wie möglich vor. Visualisiere, wie es wäre, wenn sich dein Wunsch erfüllt hätte. Lass die Bilder, Klänge, Empfindungen und vor allem Emotionen in dir aufsteigen, die du erwartest. Besonders viel Spaß macht es, sich die überraschten Reaktionen und die erstaunten Gesichter der anderen vorzustellen. Oder aber du malst dir aus, wie du anderen hilfst, die Ähnliches verwirklichen wollen, was du bereits geschafft hast. Es geht nicht darum, dir zuerst zu überlegen, *warum* diese Menschen, denen du hilfst, glücklich reagieren oder *wie genau* du sie unterstützen kannst. Indem du nicht darauf bestehst, diese Details zu beeinflussen, überlässt du es dem Universum, den schnellsten und harmonischsten Weg zu finden.

Unendlich viele Möglichkeiten

Ich höre die Leute oft darüber klagen, dass es so schwer ist, mit alten Überzeugungen und Erwartungen fertig zu werden, weil sie so rätselhaft und so tief in der Psyche verankert sind. Diese Aussage ist natürlich selbst nur eine Überzeugung. Doch falls sie auch die deine ist, dann lass dich von ihr nicht daran hindern, das zu tun, was dir möglich ist. Glaube nicht, dass du zuerst dein gesamtes Repertoire an alten Überzeugungen analysieren musst, bevor du Fortschritte machen darfst. Du musst nicht nach dem Prinzip *Alles oder Nichts* vorgehen, um an deinen Überzeugungen zu arbeiten. Jede neue Reise, jede Veränderung beginnt mit einem ersten Schritt. Tu, was du kannst. Tu das, womit du dich wohl fühlst, und folge deinen Emotionen und Impulsen. Je weiter du vorankommst, desto mehr wird dein Verständnis wachsen und desto bewusster wird deine Wahrnehmung werden. Du wirst plötzlich Dinge sehen, die du zu Beginn des Prozesses nicht sehen *konntest*. Dein Fortschritt und dein Vorankommen werden dir zusätzliche Energie verleihen.

Dich heute an deinem Leben zu erfreuen, indem du deine Träume so gut wie möglich auslebst, ist wahrscheinlich der beste Weg, um nützliche Überzeugungen zu vermehren und einschränkende Überzeugungen unschädlich zu machen.

Denk daran, wir alle sind aus dem gleichen Stoff gemacht, was also der eine Mensch erreichen kann, steht auch allen anderen offen. So einfach ist das und so offensichtlich. Alles hängt nur davon ab, welche Gedanken zu denken du dich entscheidest.

Kapitel 3
Emotionen

Was also wünschst du dir am meisten? Ein Häuschen auf dem Lande? Wonach sehnst du dich von ganzem Herzen? Nach der Liebe deines Lebens? Wofür würdest du alles geben? Für mehr Freunde? Mehr Glück? Mehr Zeit?

Tatsächlich glaube ich, dass wir eine Menge gemeinsam haben, denn das, was du dir am meisten wünschst, das wäre auch für mich das Schönste: glücklich zu sein. Und die gute Nachricht lautet: *Glücklichsein kommt von innen!* Und wie man das hinbekommt, ist der Inhalt dieses Kapitels.

Bevor wir mit dem Glücklichwerden loslegen, möchte ich dich darauf aufmerksam machen, dass ich zwischen Emotionen und intuitiven Gefühlen unterscheide – Letzteren wenden wir uns im fünften Kapitel »Geschenke des Himmels« zu. Für den Augenblick reicht es aus zu wissen, dass ich – wenn ich über Emotionen wie Glück, Traurigkeit, Wut oder Depression spreche – die *Nebenprodukte* unserer Erfahrungen in Raum und Zeit meine, wie sie durch unsere Überzeugungen und Erwartungen gefiltert werden. Intuitive Gefühle hingegen haben ihren Ursprung in den Weiten unseres gegenwärtigen spirituellen Selbst und nehmen typischerweise die Form von plötzlichen Erkenntnissen, Geistesblitzen, Ahnungen, instinktiven Eingebungen oder Impulsen an. Sie helfen uns, unseren Weg zu finden, Entscheidungen zu treffen oder neue Richtungen einzuschlagen.

Aber was ist Glück? Das ist die Emotion, die uns spontan ergreift, wenn wir meinen, dass die Umstände unseres Lebens günstig sind, sich in Harmonie befinden und uns Freude bereiten. Aha, ... »wenn wir *meinen*, dass die Umstände unseres Lebens günstig sind«. Das ist eine *wirklich* gute Nachricht, denn sie bedeutet, dass *wir* entscheiden, wann wir uns auf der Basis dessen, wie wir unsere Lebensumstände *wahrnehmen*, glücklich fühlen. Und da wir wissen, dass die Umstände im Rahmen von Raum und Zeit nur das Spiegelbild unserer Gedanken sind, wissen wir auch, dass wir die Umstände, die uns nicht gefallen, ändern können, indem wir an unserem Denken und an unseren Überzeugungen arbeiten.

Wahrnehmung ist unsere Sicht auf die Welt und uns selbst *durch die Brille unserer Überzeugungen*.

Kurzfristig lässt sich Glück herbeiführen, indem wir unsere *Wahrnehmung* der unangenehmen Umstände verändern. Langfristig werden wir glücklich, wenn wir daran arbeiten, unsere Gedanken und Überzeugungen mit den Vorstellungen von unserer Zukunft in Einklang zu bringen, damit wir so *Einfluss* auf die unangenehmen Umstände nehmen können. Beides sind brauchbare Strategien. Da wir uns jedoch bereits ausführlich damit beschäftigt haben, wie man Veränderungen in der Zukunft bewirkt – nämlich indem man an seinem Denken und seinen Überzeugungen feilt –, wollen wir uns in diesem Kapitel mehr unseren gegenwärtigen Emotionen oder noch besser, unserer Wahrnehmung der Umstände zuwenden, in denen wir momentan leben.

In den Augen des Betrachters

Wahrnehmung ist unsere Sicht auf die Welt und uns selbst *durch die Brille unserer Überzeugungen*. Ich will dir ein Beispiel nennen. Als mein Bruder, meine Mutter und ich *TUT*, unseren T-Shirt-Versand, ins Leben riefen, da waren wir zuerst alles andere als erfolgreich. Die »Hauptniederlassung« befand sich in meiner kleinen Wohnung in Orlando, und ich erinnere mich gut an einen Arbeitstag im Frühling des ersten Jahres. Ich entschied mich, mir eine kleine Pause zu gönnen, und ging zum Pool in unserer Wohnanlage, um mich zu entspannen und ein wenig in der Sonne zu dösen. Bis zu diesem Zeitpunkt hatte ich ja für die Wirtschaftsprüfungsgesellschaft *PriceWaterhouseCoopers* gearbeitet und meinte, dass ich nun, in der Anfangsphase unseres Unternehmens, den zu erwartenden Leerlauf würde genießen können. Doch meine Überzeugung, dass die Neugründung eines Unternehmens mit Fleiß, persönlichen Opfern und Anstrengung verbunden sein müsse, sorgte dafür, dass ich Schuldgefühle hatte, mich selbst als faul beschimpfte und entsprechend unglücklich war. Mein Morgen am Pool war somit ruiniert.

Die Emotion Glück, hinter der wir *alle* herjagen, ist also wie alle Emotionen ein Produkt unserer Wahrnehmung, und unsere Wahrnehmungen haben ihren Ursprung in unseren Überzeugungen.

Wenn es mir an diesem Morgen eingefallen wäre, meine Wahrnehmung zu verändern, dann hätte ich meine Zeit am Schwimmbecken als *Beweis* dafür erkannt, dass ich auf dem richtigen Weg war, um meine Träume wahr werden zu lassen. Ich hätte begreifen können, dass ich es verdiente, mein Leben zu genießen. Aus dieser Perspektive hätte ich mich an der lauen Frühlingsluft, dem kühlen Wasser, dem Gesang der Vögel und überhaupt an dem Paradies, in dem ich lebte, erfreuen können. Stattdessen aber verspottete ich mich selbst, weil ich mich nicht mehr anstrengte, und machte mir Sorgen darüber, ob ich vielleicht nachlässig mit meinen Verpflichtungen sei.

Zum Glück ist mir dieser Morgen gut in Erinnerung geblieben, und ich habe schon oft an die Lektion gedacht, die ich ihm verdanke, denn bereits nach zwei Jahren durchbrach der Jahresumsatz bei *TUT* die Eine-Million-Dollar-Schallmauer. Rückblickend kann ich sagen, wenn ich an jenem Morgen geahnt hätte, wie erfolgreich unsere Firma sein und wie reich mein Einsatz belohnt würde, ich hätte schon damals von ganzem Herzen mein Leben genossen. Wenn ich heute Schuldgefühle habe oder daran zweifle, ob ich mich auch genug anstrenge, dann untersuche ich meine *Überzeugungen und Erwartungen*, verändere meine Wahrnehmung und denke bei mir: »Ach, Mike, wenn du nur wüsstest, wie gut dein Geschäft schon sehr bald laufen wird, du würdest dich einfach entspannen und den Tag so genießen, wie er ist.«

Die Emotion Glück, hinter der wir *alle* herjagen, ist also wie alle Emotionen ein Produkt unserer Wahrnehmung, und unsere Wahrnehmungen wiederum haben ihren Ursprung in unseren Überzeugungen. Möchtest du etwas daran ändern, wie du die Dinge siehst? Dann beschäftige dich mit deinen Überzeugungen und Erwartungen. Und bei Gelegenheiten wie diesen ist es relativ leicht, die eigenen Überzeugungen aufzudecken, weil du bereits einen klaren Ausgangspunkt hast: *die unangenehmen Emotionen, die du gerade fühlst.*

Emotionen (insbesondere Glück) sind also nicht nur etwas, was wir anstreben, sondern sie sind auch ein wichtiger Hinweis auf Überzeugungen, die uns daran hindern, die Dinge in einem anderen Licht zu sehen. Emotionen sagen uns, worauf unser Denken abzielt, und *folglich weisen sie mit dem Finger genau auf unsere Überzeugungen.* Wenn sie unangenehm sind, dann dienen sie uns außerdem als Erinnerung daran, dass unsere momentane Wahrnehmung nicht auf der Wahrheit selbst, sondern auf ihrer Fehlinterpretation beruht.

Freude gibt's gleich um die Ecke

Als vor kurzem meine Beziehung in die Brüche ging, wurde ich daran erinnert, wie gewaltig der Einfluss unserer Erwartungen und Überzeugungen auf unsere Wahrnehmungen ist und wie sie bestimmen, was wir fühlen. Die erste Woche war äußerst schmerzhaft und bestimmt von dem typischen leichten Übelkeitsgefühl und dem realen Schmerz eines gebrochenen Herzens. Aber in dieser Woche gab es auch Momente, in denen ich plötzlich glaubte (wahrnahm), dass wir uns wieder annäherten.

Zu meinem Erstaunen waren in diesen kurzen Augenblicken, in denen ich meinte, alles würde wieder gut, meine schmerzlichen Emotionen und die damit einhergehenden physischen Symptome innerhalb von Sekunden *vollständig verschwunden!* Ja, während dieser Phasen, die nie länger anhielten als etwa einen halben Tag, fragte ich mich, wieso mich die Trennung in solch abgrundtiefe Verzweiflung hatte stürzen können. Dann wieder holte mich ein Gespräch oder eine plötzliche Einsicht auf den Boden der Tatsachen zurück, und ich musste erkennen, dass die Beziehung tatsächlich nicht zu retten war. Ohne Vorwarnung stürzte ich dann wieder in ein tiefes Loch. *Also selbst während der kurzen Atempausen, als ich mich wieder auf der Höhe fühlte, war ich blind für meine Überzeugung, die mir vorgaukelte, dass mein Glück und meine Selbstachtung von einem anderen Menschen abhinge.* Die erste Woche war geprägt von diesem mehrmaligen Hin und Her, und jedes Mal machte ich die gleichen Beobachtungen. Wenn ich es nicht am eigenen Leib erfahren hätte, ich hätte wohl kaum geglaubt, dass meine Überzeugungen derart *unmittelbaren* Einfluss auf die Wahrnehmung meiner selbst und meiner emotionalen Situation nehmen könnten.

Wenn ich jetzt eine schwierige Phase durchzustehen habe, dann führe ich mir genau das immer wieder vor Augen. Ich mache mir bewusst, dass jegliche unangenehme Emotion auf meiner negativen Erwartung und auf der entsprechenden Wahrnehmung meiner Situation beruht. Da ich erfahren habe, wie rasch es mir bessergehen kann, entwickle ich sofort konstruktive Gedanken, die die Grenzen meiner Überzeugungen und meiner Wahrnehmung erweitern. Ich erwarte, mich besser zu fühlen, und schon fühle ich mich besser. Meiner Trennung verdanke ich also unter anderem die Erkenntnis, dass unsere Überzeugungen und Erwartungen gewaltigen Einfluss auf alle unsere Emotionen haben. Uns trennt demnach (im wahrsten Sinne des Wortes) immer *nur ein Gedanke* von den neuen Überzeugungen, die uns mit Freude, Glück und einem allumfassenden Gefühl des Wohlergehens hier und jetzt erfüllen.

Was wäre, wenn heute jemand zu dir käme – jemand wie der liebe Gott, an den die meisten Menschen glauben – und dir definitiv ankündigen würde, dass sich in der unmittelbaren Zukunft all deine Träume erfüllen werden? Die psychologischen und physischen Veränderungen, denen du ausgesetzt wärst, sind umfassender, als du dir vorstellen kannst. Du wärst begeistert, zuversichtlich, erleichtert, aufgeregt, glücklich, tolerant gegenüber der Welt *und so vieles mehr.* Du würdest mit unbeschreiblicher Leichtigkeit durch den Tag kommen – gleichgültig, welche Überraschungen er auch bereithält. Nichts könnte dich entmutigen. Du wärst unbezwingbar und unaufhaltbar. Also, wie wär's? Warum sagst du dir nicht gleich jetzt, dass all deine Träume schon bald wahr werden? Was wäre dazu nötig? Du selbst hältst den Schlüssel in den Händen, denn dir wurde die Freiheit gegeben, so zu denken, wie du willst, und damit all das zu erschaffen, was du dir nur vorstellen kannst.

Unsere Emotionen verleihen jeder unserer Erfahrungen Farbe; was wäre ohne sie wichtig? *Nichts!* Welche Ziele würden wir ohne unsere Emotionen verfolgen? Was würde uns motivieren? Nichts.

Emotionen erfüllen unser Leben mit Sinn – auch die unangenehmen. Sie entzünden unsere Sehnsucht nach einem besseren Leben und inspirieren uns, damit wir uns den täglichen Herausforderungen stellen – Herausforderungen, an denen wir nicht scheitern, sondern die uns wachsen lassen.

Herausforderungen

Es liegt in unserer menschlichen Natur, Herausforderungen zu suchen, denn tief in unserem Inneren wissen wir, dass wir sie bewältigen und uns durchsetzen können; dass wir am Ende daran reifen werden. Herausforderungen zu meistern löst positive Emotionen in uns aus und sorgt zudem für Erkenntnisgewinn. Sich mit kniffligen Angelegenheiten auseinanderzusetzen, muss keineswegs unangenehm sein. Vor allem dann nicht, wenn man erkennt, dass sie mehr wie »Geschenke« sind, die ein tieferes Verständnis des Lebens ermöglichen.

Egal, wer du bist, wo du im Leben stehst oder was dich gerade beschäftigt: In Anbetracht der unendlichen Zahl von Möglichkeiten, aus denen du auswählen kannst, wirst du in spiritueller Hinsicht immer nur dazugewinnen können. Außerdem: Was wäre unser Leben ohne Herausforderungen? Und wie wäre es, wenn unser Weg zwar mit vorübergehend schmerzhaften Hindernissen gespickt wäre, wir aber genau wüssten, dass wir sie *alle* überwinden können? Und wie ginge es uns erst, wenn wir die Gewissheit hätten, dass wir – allen Schwierigkeiten zum Trotz – selbst unsere kühnsten Hoffnungen und Träume umsetzen können? Das ist doch eine äußerst aufregende Vorstellung, oder? Solche Fantasien sind natürlich nur etwas für Abenteurer, die das Leben voll auskosten wollen.

**Emotionen erfüllen unser Leben mit Sinn –
auch die unangenehmen.**

Jeder Mensch manifestiert seine Gedanken; das an sich ist keine Leistung. Doch während unsere Gedanken uns durchs Leben befördern, konfrontieren sie uns immer auch mit einer Vielfalt von Emotionen. Deshalb sagt man auch: »Der Weg ist das Ziel«, denn erst die Emotionen, die wir auf dem Weg zu einem Ziel durchleben, verleihen unseren Erfahrungen Farbe und bereichern uns um neue Überzeugungen in Form von Rückmeldungen und Erkenntnissen. Mit unseren Emotionen reagieren wir auf die Objekte und Ereignisse, die wir durch unsere Gedanken zum Leben erweckt haben. Ihre Intensität ist ausschließlich von unserer Fähigkeit abhängig, diese Objekte und Ereignisse »richtig« einzuordnen. Je weniger Verständnis wir dafür aufbringen, desto größer ist unser Unbehagen, ja, unser Schmerz. Je mehr Verständnis wir für die jeweiligen Ereignisse aufbringen, desto größer ist unsere Freude und unser Vertrauen. Wenn wir unangenehme Emotionen zulassen und annehmen, dann stellen sie eine natürliche Therapie dar, die in genau der richtigen Menge zum exakt richtigen Zeitpunkt kommt. Diese Emotionen sind so wirkungsvoll, dass ihr Vorhandensein oft bereits ausreicht, um Missverständnisse auszuräumen. Das kann man leicht bei einem weinenden Kind beobachten, das spontan wieder zu lachen beginnt, noch bevor die Tränen getrocknet sind.

Natürlich müssen dich deine Emotionen nicht erst zum Weinen bringen, damit du durch sie lernst und sie dir nützen. Sie sind wie ein Fluss, der unablässig durch dich hindurchströmt und einen Reichtum mit sich führt, den du nur erkennen musst, um ihn nutzen zu können. Sie sind ein Schatz, der dir jederzeit ermöglicht, die augenblickliche Zielrichtung deines Denkens auszumachen, deine Überzeugungen zu erkennen und zu verstehen, welche Art Leben du gerade im Begriff bist zu erschaffen.

Ich möchte jetzt im Einzelnen auf die geläufigsten Emotionen zu sprechen kommen und erklären, wie und warum sie in deinem Leben in Erscheinung treten und was das bedeutet. Die erste dieser Emotionen ist natürlich die Liebe.

Liebe

Meiner Meinung nach gibt es zweierlei Arten von Liebe: jene, von der die Leute reden, wenn sie verliebt sind, und die Liebe, die Gott oder das Universum uns entgegenbringt. Diese beiden Arten von Liebe unterscheiden sich so stark, dass es für die Liebe des Universums eigentlich einen anderen Begriff geben müsste. Da er jedoch fehlt, bezeichne ich sie hier als »unendliche Liebe«.

Unendliche (bedingungslose) Liebe

»Am Anfang« war der Funke, der das Zustandekommen von Raum und Zeit ermöglichte. Er war ein gewaltiger Wunsch, hervorgebracht von der »Göttlichen Intelligenz«. Im Handumdrehen erwachten Himmel und Erde zum Leben. Das Schöpfertum der Göttlichen Intelligenz muss allmächtig sein – die bloße Existenz unserer überwältigenden, vielschichtigen, teilweise verrückten Welt beweist es. Die Göttliche Intelligenz muss einzigartig sein, denn alles kann überall und immer auf eine einzige Quelle zurückgeführt werden.

In Anbetracht der Ausmaße des Universums und seiner Vollkommenheit, seines Gleichgewichts und seiner Harmonie kann der Schöpfer nichts anderes als unendliche Liebe sein. Ein solches Bewusstsein lässt keinen Raum für Unvollkommenheit. Am Anfang war nur dieses eine Bewusstsein, und es war und ist unendliche Liebe.

Wieso irgendetwas schaffen ohne Liebe?

Unendliche Liebe ist immer und überall. Sie kennt keine Schwäche. Sie ist Zeit, Raum und Materie. Sie ist Gedanke, Bewusstsein und Energie. Sie ist der gegenwärtige Augenblick und jede in ihm enthaltene Form von Bewusstsein. Sie ist das Verlangen und die Erfüllung jedes jemals geträumten Traumes, der Geist des Lebens in einem immerwährenden Tanz des Werdens. Also kann man dieser Liebe nicht entgehen, selbst dann nicht, wenn man es will; sie ist absolut. Jetzt, in diesem Augenblick, hält sie dich, wer immer du auch bist, in ihrer Hand – eine Hand, die groß genug ist, um auch noch den abscheulichsten aller Menschen zu halten und zu *verstehen*. Diese unendliche Liebe ist nicht emotionaler Natur; sie ist nicht abhängig von Raum, Zeit oder Materie noch von Gedanken, Überzeugungen oder Wahrnehmungen. Doch wenn es sich nicht um eine emotionale Liebe handelt, warum beschäftigen wir uns dann hier mit ihr? Weil sie dein Erbe ist – du bist durch sie erschaffen worden – und weil sie *deine Bestimmung* ist. Sie ist immer da, um Trost zu spenden und Unterstützung zu gewähren. Doch allzu oft ist uns ihre immerwährende Gegenwart nicht bewusst, denn sie ist so lange unsichtbar, bis wir sie suchen.

Meine Argumentation mag naiv scheinen, doch manchmal sind die Antworten, die wir suchen, einfach. Und was die Bereiche in dieser Welt betrifft, in der sich kein Hinweis auf diese unendliche Liebe findet: Vielleicht liegt es an dem sehr engen Blickwinkel, den unsere physischen Sinne uns eben nur gestatten. Dennoch, wir begreifen immerhin, dass in Raum und Zeit sehr viel mehr geschieht, als das Auge wahrnimmt. Und was die überwältigende Fülle, Vollkommenheit und Harmonie betrifft, der wir überall begegnen und die das Leben auf unserem Planeten erst möglich macht – sie lässt uns mit Gewissheit darauf schließen, dass alle Dinge von Gutem durchdrungen sind.

Menschliche Liebe

Die menschliche Art von Liebe *ist* schön, aber sie beruht fast immer auf Emotion. Das heißt, dass sie an Bedingungen geknüpft ist – an Überzeugungen und Wahrnehmungen. Somit ist sie etwas, was gegeben und genommen werden kann. Leider ist sie oft mit Konflikten, Erwartungen und Hoffnungen verbunden. Meist ist sie vorübergehend und tritt nur zutage, wenn die Umstände in eine vorgefertigte Form passen oder wenn abhängig von Zustimmung, Respekt, Erwiderung oder Freundschaft bestimmte persönliche Regeln erfüllt werden. Sie ist selten, *wenn überhaupt jemals,* wirklich bedingungslos.

Die menschliche Liebe hat sich so entwickelt, weil wir unsere Illusionen als realer empfinden als die Wirklichkeit, in der sie ihren Ursprung haben. Folglich basiert unsere Liebe auf den Dingen und Umständen in Raum und Zeit statt auf dem Geist, der all dies erfüllt. Nur indem wir uns auf diesen Geist konzentrieren, können wir erkennen, dass Liebe ewig, mitfühlend, inspirierend, verzeihend, unerschütterlich und *wirklich* bedingungslos ist, und dann Zugang zu ihr finden. Sie basiert ganz sicher nicht auf Emotionen.

Die menschliche Liebe hält in ihrer Schönheit eine Menge wertvoller Lektionen für uns bereit. Liebe schmerzt nur dann, wenn du Überzeugungen pflegst, die dir nur einen eingeschränkten Blick auf dich selbst und deine Wirklichkeit gestatten.

Schmerzhafte Erfahrungen ereilen dich nicht willkürlich; sie treten immer dann in Erscheinung, wenn du bereit dafür bist. Betrachte also den Schmerz nicht als Unglück, sondern als Hinweis darauf, dass es Zeit ist, zu wachsen und ein tieferes Verständnis deiner selbst und deines Lebens zu erlangen. Nutze den Schmerz, um den Blick auf deine dich beschränkenden Überzeugungen zu richten.

Fühlst du dich abgewiesen und der Liebe nicht würdig? Hast du das Gefühl, mit deinem Leben von vorn beginnen zu müssen, wenn eine Beziehung schiefgeht? Es ist nichts falsch daran, von vorn zu beginnen. Wir alle müssen das jeden Tag wieder tun, *auch dann, wenn wir uns in einer Beziehung befinden.* Die Menschen verändern und entwickeln sich ständig, und jede beliebige Partnerschaftsbeziehung ist heute anders, als sie es vor einem Jahr oder auch nur vor einem Monat war.

Hast du das Gefühl, auf dich allein gestellt zu sein? Wie könntest du, wenn es doch Millionen anderer gibt, die hier und jetzt das Gleiche erleben wie du, und du zudem fester Bestandteil des gesamten Universums bist?

Schmerzen anzunehmen ist wichtig, ebenso wie sie wieder loszulassen, wenn es dafür an der Zeit ist. Durch schmerzliche Erfahrungen wirst du weiter vorankommen und mehr Erkenntnisse dazugewinnen, als du glaubst. Durch sie wirst auf zukünftiges Glück noch besser vorbereitet und dem Verständnis für die Geheimnisse deines Herzens einen Schritt näher kommen.

Hass

Hass ist Liebe auf dem Rückzug, und das bedeutet, wenn die Liebe nicht zuerst da gewesen wäre, dann könnte es keinen Hass geben. Hass zwischen Fremden ist kein echter Hass; entweder handelt es sich um Angst oder um Wut. Hass zwischen früheren Freunden hingegen ist die Spiegelung einer emotionalen Liebe, die an Bedingungen geknüpft war, und die unerfüllte Bedingung ist mit großer Wahrscheinlichkeit die der Erwiderung. Wir dürfen nicht vergessen, dass es hier um Wahrnehmungen geht. Wahrzunehmen, dass eine Liebe nicht erwidert wird, heißt nicht zwangsläufig, dass sie es nicht noch werden kann.

Damit Hass entstehen kann, musst du irgendeine Regel aufgestellt oder eine Bedingung vorausgesetzt haben, die missachtet worden ist. Indem du den aus deinem Hass resultierenden Schmerz verstehst, kannst du ihn bis zur Ursache deiner Fehlwahrnehmungen zurückverfolgen. Dachtest du, dass dein Glück von einem anderen Menschen abhängt? Wenn ja, dann erinnere dich, dass Glück eine Folge deiner Wahrnehmung ist und dass du allein die Kontrolle über deine Wahrnehmungen hast. Hast du dich verletzt gefühlt? Verletzungen sind wie Herausforderungen: Du begegnest ihnen nur, wenn du gerade etwas Wesentliches daraus lernen kannst. Wenn wir verletzt sind, fällt es uns schwer, einen Sinn darin zu finden. Aber indem wir begreifen, dass es keine Zufälle gibt, erkennen wir auch, dass niemals etwas ohne Grund geschieht. Und dieser Grund hat immer etwas mit uns selbst zu tun. Das zu akzeptieren, lindert den Schmerz.

Angst

Angst ist eine lähmende Emotion. Aber beschränke dich nicht darauf, sie zu empfinden, sondern nutze sie! Jede unangenehme Emotion macht dich lautstark darauf aufmerksam, dass du hemmende Überzeugungen hegst oder etwas missverstehst. Bei der Angst verhält es sich nicht anders.
Natürlich sind nicht alle Ängste eindeutig. Die Angst vor Versagen, Enttäuschung, Verletzung oder Ablehnung beispielsweise ist so lange unsichtbar, bis man damit auf die Probe gestellt wird. Und dann, rums! Man weiß: *Jetzt bin ich dran!* Aber auf die Probe gestellt zu werden bedeutet, dass es Zeit für Wachstum ist, und das geschieht nur, wenn man sich seinen Ängsten stellt und ihnen, wenn möglich, zu den einschränkenden Überzeugungen folgt, auf deren Konto die vorangegangenen Fehlwahrnehmungen gehen.

Traurigkeit und Depression

Die beste Definition des Begriffs Depression habe ich in einem der *Seth*-Bücher von Jane Roberts gelesen: Depression ist die Folge, wenn man sich zu machtlos fühlt, um die eigenen Umstände zu verändern, und sich als Gefangener des eigenen Lebens empfindet. Wenn du dich so fühlst, dann hast du den ersten Schritt bereits getan, wenn du dich dieser Tatsache stellst und sie dir eingestehst. Dann lässt du die Erkenntnis folgen, dass du natürlich sehr wohl Macht besitzt. Du hast nur ein bisschen an Schwung verloren. Es ist wie beim Fahrradfahren, du musst immer schön treten, damit du nicht umkippst. Ich weiß, das ist leichter gesagt als getan, insbesondere unter stressigen oder schwierigen Umständen. Deshalb ist der beste Rat, den ich dir geben kann, mit kleinen Schritten dagegen anzugehen und in den Bereichen deines Lebens Veränderung zu *erzwingen*, die dir am meisten Kopfzerbrechen bereiten. Wenn du dich einsam fühlst, dann geh ins Einkaufszentrum (oder ins Museum), lächle und suche nach freundlichen Gesichtern. Du musst mit niemandem sprechen, aber geh – setz dich in Bewegung.

Falls du wegen irgendetwas traurig bist, dann ermutige dich nach der ersten Heilungsphase, während der du vielleicht allein sein musst, dich auf neue Dinge einzulassen. Suche Orte und Plätze auf, die du noch nicht kennst, probier neue Dinge aus, setz dich aufs Rad und fahr los. Das alles ist zunächst zwar nicht leicht, aber es ist auch nicht leichter, die Traurigkeit und den Schmerz auszuhalten, an dem du jetzt gerade leidest. Nur indem du dagegen angehst, ermöglichst du das Nachlassen der Emotionen. *Tue immer das, was du kannst.* Vielleicht lernst du im Einkaufszentrum niemanden kennen, aber auf dem Weg dorthin siehst du vielleicht ein Plakat, das für eine Veranstaltung wirbt, die dich interessiert (in den Genuss der magischen Glücksfälle des Lebens kann man nur kommen, wenn man aktiv wird). Indem du dich beschäftigst, vielleicht eine alte Freundschaft auffrischst oder eine früher gerne betriebene Sportart reaktivierst, eröffnest du dir die Möglichkeit neuer Freundschaften und Erfahrungen, die du dir jetzt noch gar nicht vorstellen kannst. Indem du tust, was du kannst, öffnest du dich für all die wunderbaren Gedanken, die als neue Manifestationen in dein Leben eintreten wollen. Und wenn du unerreichbar bist, zu Hause sitzt und auf ein Wunder wartest, dann kannst du diese neuen Erfahrungen einfach nicht machen.

Wut

Wut ähnelt Depression insofern, als dass sie aus einem empfundenen Kontrollverlust resultiert, der schon längere Zeit anhält. Statt dich von einer Depression überwältigen zu lassen oder konstruktiv mit deinen Wahrnehmungen unmittelbar nach ihrem Zustandekommen umzugehen, erlaubst du der Situation, in dir zu brodeln, bis die Wut schließlich hochkocht. Da du derjenige bist, der sich seiner Wut überlässt, wirst du auch unter den Folgen zu leiden haben – vielleicht in Form von gesundheitlichen Problemen oder als zunehmender Stress in deiner Beziehung. Eine Lösung für die ursprüngliche Störung bietet Wut nie. Zwar ist sie immer der Ausdruck des Wunsches, eine Situation zu korrigieren oder zu verbessern, doch leider bewirkt sie das genaue Gegenteil.

Wut verschlechtert immer die Situation, für dich und den Menschen, auf den sich deine Wut richtet. Und weil Wut ein großes destruktives Potenzial besitzt, ist es immer wichtig, sie anzugehen und nicht zu unterdrücken. Unterdrückte Wut kommt immer wieder hoch und wird durch ihre Unterdrückung nur noch verstärkt. Wenn du dich deiner Wut jedoch stellst, kannst du Verständnis für sie entwickeln. Falls sich

deine Wut auf einen anderen Menschen richtet und es dir
nicht möglich ist, ihm aus dem Weg zu gehen, dann könntest
du dir klarmachen, dass dieser Mensch sein Bestes tut, wie gering auch immer du seine Leistung einschätzt. Auf dem Weg
seiner spirituellen Entwicklung hat er eben genau dieses Leis-
tungsvermögen erreicht.

Mach dir klar, dass du selbst die Quelle der Wut bist – nicht
ein anderer Mensch oder ein Ereignis in deinem Leben. Sie
sind so, wie sie sind, bis du daherkommst und sie auf der Basis
deiner Überzeugungen beurteilst; an einem solchen Aufein-
andertreffen entzünden sich die Emotionen. Ohne dass du ins
Bild trittst, gäbe es keine Wut – wenigstens nicht *deine* Wut.
Es mag schon sein, dass du dich im Recht fühlst, aber was
bringt dir das ein, wenn letztlich du derjenige bist, der mit
seiner Wut fertig werden muss? Arbeite lieber an deinem
Denken, an deinen Überzeugungen und an deinen Wahrnehmungen, damit du dir den Ausdruck und – nicht weniger
wichtig – die Unterdrückung deiner Wut ersparen kannst.

Große Trauer

Möglicherweise ist sie die dunkelste aller Emotionen. Normalerweise wird sie durch einen Verlust ausgelöst, vielleicht
durch einen Todesfall. Große Trauer beraubt den Menschen
seines Lebenswillens, und doch muss sich jeder mit ihr auseinandersetzen und sie überwinden. Das beste Heilmittel für
Trauer ist die Zeit, und die Trauer zuzulassen, ist Bestandteil
des Heilungsprozesses. Danach jedoch ist besondere Anstrengung erforderlich, um den Weg zurück ins Fahrwasser des Lebens zu finden.

Große Trauer hat, ebenso wie alle anderen unangenehmen
Emotionen, ihren Ursprung in deinen einschränkenden
Überzeugungen und will dir weismachen, dass dein Verlust

etwas Endgültiges ist. Doch als unsterbliches spirituelles Wesen solltest du wissen, dass kein Verlust jemals endgültig ist und dass es keine unwiederbringlichen Trennungen gibt; all das sind Illusionen. Du wirst wiedervereint sein mit deinen geliebten Menschen, und das schon bald. Und für die Zwischenzeit hast du noch das Geschenk des Lebens, diese kostbare Gelegenheit hier zu sein, zu lieben und zu lachen. Die Tatsache, dass du »zurückgelassen wurdest« bedeutet ohne Zweifel, dass du noch einiges zu erledigen hast.

Mein Onkel hat immer gesagt: »Die Dinge sind nie so schwarz, wie sie auf den ersten Blick zu sein scheinen.« Zwar mag dir im Augenblick die Finsternis völlig undurchdringlich vorkommen, doch später im Rückblick wirst du dich fragen, warum du die Dinge derart schwarz gesehen hast. Wir alle mussten da irgendwann durch, und falls du jetzt gerade an diesem Punkt angelangt bist, dann bleib einfach dran; es geht vorüber.

Freude und Glück

Zum Glück sind nicht alle Emotionen unangenehm. Freude und Glück sind die Emotionen, die dir deinen Fortschritt signalisieren. Erfolgreich bewältigte vorangegangene Lektionen haben dich auf deinem Weg an einen Ort des Friedens und der Akzeptanz geführt, und du kannst mit innerer spiritueller Zufriedenheit auf deine Angelegenheiten blicken. Ob es nun offensichtlich ist oder nicht, Freude und Glück sind der Lohn, den du dir durch zurückliegenden Schmerz, bewältigte Herausforderungen und überwundene Hindernisse verdient hast. Zum Beispiel glaubst du vielleicht, dass ein Urlaub auf Hawaii der beste aller Zeiten ist und dich glücklich macht. Du meinst vielleicht sogar, dass es an der atemberaubenden Landschaft liegt, der entspannten Atmosphäre und dem idealen Wetter.

Was du jedoch wirklich empfindest, ist die Leistung, bei früheren Herausforderungen im Leben – manche liegen vielleicht schon Jahre zurück – drangeblieben zu sein, durchgehalten zu haben und erfolgreich gewesen zu sein. Sie haben dich an einen Punkt geführt, an dem du ein derart idyllisches Urlaubsziel genießen kannst. Weil du dich tapfer mit inzwischen längst vergessenen Herausforderungen und Ängsten herumgeschlagen hast, konntest du wachsen und bist deinem Ziel näher gekommen, das Leben deiner Träume zu führen.

Frag doch jemanden, der auf Hawaii wohnt. Er wird dir sagen: »Das ist auch bloß eine Insel«, wenn auch eine besonders schöne. Ein Ort allein kann Freude und Glück nicht bewirken; beides kommt *von innen*. Und so wird es auch bei dir sein, sobald du die Oberhand über deine Wahrnehmungen gewonnen hast.

Nach Gold graben

Deine Emotionen sind wie Edelsteine, von denen jeder seine eigene Botschaft in sich trägt. Wenn du richtig mit ihnen umgehst, dann werden sie dir helfen, die Überzeugungen zu erkennen, die hinter deinen selbstgeschaffenen Illusionen liegen. Richtig mit ihnen umzugehen heißt an erster Stelle, sie zu fühlen und zuzulassen. Erst wenn du sie fühlst, kannst du verstehen, warum sie in deinem Leben auftauchen und was sie dir mitteilen wollen. Wenn dich eine Emotion schmerzt oder ablenkt, dann verfolge sie bis zu ihrer Quelle zurück – suche die Überzeugung, durch die sie entstanden ist –, und entwickle Verständnis für die Dinge, die du bisher falsch interpretiert hast. (Beim Unkrautjäten im Garten schneidest du die Pflanze schließlich auch nicht nur ab, sondern du reißt sie mit der Wurzel aus, so dass sie nicht nachwachsen kann.) Wenn du deine Emotionen unterdrückst, dann stauen sie sich in dir auf wie Wasser hinter einem Damm. Denn Gedanken – wenn sie erst einmal gedacht sind – wollen sich zum Ausdruck bringen. Werden sie aber laufend unter Verschluss gehalten, dann explodieren sie eines Tages mit aufgestauter Kraft. Dieser plötzliche Ausbruch zerstört das wertvolle Gleichgewicht, das es dir erst ermöglicht, dein Leben aus der richtigen Perspektive betrachten zu können. Zurückgehaltene Emotionen überschwemmen dich mit einer derart verzerrten Wahrnehmung deiner »Wirklichkeit«, dass deine anschließende Reaktion ebenfalls jedes Maß sprengt.

Beim Unterdrücken von Emotionen weigerst du dich, zur Kenntnis zu nehmen, dass deine zugrundeliegenden Überzeugungen die Ursache dafür sind. Gesteh dir deine unangenehmen Emotionen ein – du bist ihre Quelle, und nur du kannst sie ersetzen, sobald du ihr Vorhandensein verstehst. Es liegt in deiner Hand, Einfluss auf deine Gefühlslage zu nehmen. Damit dir das aber gelingt, musst du bei dir selbst anfangen. Handle, tu etwas, und erinnere dich daran, dass du in einer vollkommenen und gerechten Welt lebst – die dir nur dann ein Rettungsseil zuwirft, wenn du bereit bist, zu verstehen, zu wachsen und glücklicher zu sein als zuvor.

In seinen Emotionen zu schwelgen ist ebenso ungesund, wie sie zu unterdrücken. Natürlicherweise sind sie im Fluss – sie kommen und gehen wie Ebbe und Flut. Nimm sie an, und du wirst sehen, sie bereichern dich um neue Perspektiven und lassen deine persönliche Entwicklung weiter voranschreiten.

**Gesteh dir deine unangenehmen Emotionen ein –
du bist ihre Quelle, und nur du kannst sie
ersetzen, sobald du ihr Vorhandensein verstehst.**

Unangenehme Emotionen zu haben heißt nicht zwangsläufig, dass du jetzt sofort in die Abgründe deiner Überzeugungen steigen musst. Die Emotionen einfach nur zu spüren ist

100

oft die bessere Therapie. Sie zu *fühlen* ist jedoch etwas ganz anderes, als in ihnen zu schwelgen. In ihnen zu schwelgen heißt, ihnen zusätzliche Macht einzuräumen und weitere, ähnlich geartete anzuziehen. Traurigkeit ist nicht nur ansteckend, sie erzeugt auch in einem selbst noch mehr Traurigkeit, ebenso wie Glück mehr Glück nach sich zieht.

Gleiches zieht Gleiches an

Deine Gedanken verwandeln sich nicht nur in Dinge oder ziehen sie an, sie rufen auch ähnliche Gedanken herbei – mehr davon, was du bereits *denkst* oder, im Fall von Emotionen, was du *fühlst*.

Dass deine Gedanken beziehungsweise Emotionen sich gegenseitig fördern, hat auch wieder mit dem Prinzip *Gedanken werde Dinge* zu tun. Gedanken der Trauer und des Glücks wollen sich ebenfalls manifestieren, doch das kann eine knifflige Angelegenheit sein. Zwar können Emotionen wie Depression oder Freude sich nicht in materielle Dinge verwandeln, doch ihr Selbstausdruck auf der »Ebene der Manifestation« *kann* zustande kommen, wenn Ereignisse und Umstände in deinem Leben so umgebaut werden (wie es ja auch geschieht, wenn sich Gedanken in reale Dinge verwandeln), dass deine Reaktion auf die neuen Umstände diese Emotionen immer wieder zutage fördert. Zum Beispiel visualisierte ich eine Zeitlang, wie mich die Leute beglückwünschen. Vor meinem inneren Auge sah ich Kollegen, Nachbarn und Freunde, die mir die Hand schüttelten, mir Komplimente machten, mich lobten und mir auf den Rücken klopften. Doch ich verzichtete absichtlich darauf, ein Ereignis auszuwählen, das eine derartige Beglückwünschung hätte rechtfertigen können. Stattdessen stellte ich mir lediglich die Emotionen vor, die bei so viel Zuspruch in mir entstehen.

In den folgenden Monaten und Jahren steigerte sich der Umsatz unserer kleinen Firma *TUT* in nie geahntem Maße und brach alle Rekorde. Ich kaufte mir ein großes Haus, schaffte mir einen Hund an und freute mich über all die anderen Errungenschaften, die sich bei mir ansammelten. Man gratulierte mir ohne Ende. Natürlich tat ich in jener Zeit noch viele andere Dinge, die zu diesem Erfolg beitrugen, doch darum geht es nicht. Indem du dich mit bestimmten Emotionen beschäftigst, seien sie angenehm oder unangenehm, sorgst du dafür, dass sie im wahrsten Sinne des Wortes *Umstände und Ereignisse* in dein Leben holen, die der Aufrechterhaltung ebendieser Emotionen dienen.

Ein anderes, aber weniger schönes Beispiel für dieses Phänomen ist die Abwärtsspirale, in die Menschen geraten, die Unglück erfahren haben. Ohne es zu wollen, stützen sie diesen Abwärtstrend nicht nur mit immer mehr negativen Gedanken und Gefühlen, sondern bringen ihn auf diese Weise sogar noch mehr in Fahrt. Solche Menschen fühlen sich, als ob ihnen der Boden unter den Füßen weggerissen würde. Doch Aufwärtsspiralen kommen noch viel häufiger vor und stimmen auch besser mit unserem natürlichen Optimismus überein. Wunderbare Gedanken und Gefühle bringen ebensolche Manifestationen und Lebensumstände hervor, die ihrerseits wieder wunderbare Gedanken und Gefühle auslösen und so fort. Und das Beste ist: Man braucht nur ein paar Gedanken und Gefühle, um diesen Kreislauf für sich in Gang zu setzen.

Noch ein Visualisierungstipp

Was jetzt kommt, ist wichtig: Wenn du visualisierst, dann entscheide dich für positive, angenehme Gefühle – ohne sie mit irgendwelchen Dingen oder Ereignissen zu verknüpfen. Ich zum Beispiel male mir gerne aus, wie ich mit hochgerissenen

Armen, Freudengeschrei ausstoßend durch mein Haus laufe oder vor der Haustür Luftsprünge mache, weil ich gerade eine nicht näher definierte gute Nachricht erhalten habe. Und manchmal tu ich all das auch wirklich. Ich stelle mir vor, wie ich die Schnellstraße entlangfahre, die durch Orlando führt, mir irgendwelche fröhliche Musik richtig schön laut anhöre, dabei in den höchsten Tönen »JUCHUUU!!!« schreie und meine überbordende Freude kaum im Zaum halten kann. Dann male ich mir aus, wie Nachbarn und Freunde anrufen, um mir zu was auch immer zu gratulieren.

Solche Visualisierungen machen sogar Spaß, und man kann sich richtig schön in sie hineinsteigern. Sie stellen im wahrsten Sinne des Wortes das »Mobiliar« in deinem Leben so um, dass sich deine Gefühle manifestieren können.

Du bist nicht deine Emotionen

Im Umgang mit Emotionen, insbesondere mit den unangenehmen, ist es wichtig, uns nicht über die zu definieren. Nach meiner Trennung war ich natürlich mit einer Vielzahl unangenehmer Emotionen konfrontiert. Bei meinen Emotionen überwogen die traurigen, und durch sie dachte ich, ich hätte versagt. In der Folge zweifelte ich an meinem Charakter und meiner Persönlichkeit. Ich hielt mich für nicht liebenswert und der Liebe unwürdig und konzentrierte mich immer mehr auf all meine Schwächen. Meine Emotionen sorgten dafür, dass ich mich selbst abwertete und beschränkte; ich wurde immer unfähiger, meine Charakterstärken und meine einzigartige Persönlichkeit zu sehen und wertzuschätzen.

Wenn ich dem nichts entgegengesetzt hätte, hätte diese Abwärtsspirale ganz und gar von mir Besitz ergriffen. Stattdessen rief ich mir ins Bewusstsein, dass mich diese Emotionen lediglich auf bestimmte Fehlwahrnehmungen und mich einschränkende Überzeugungen hinweisen sollten. *Ich war nicht diese Emotionen.* Ich fing an, sie mir als die Hilfsmittel zunutze zu machen, die sie sein können, ließ mich nicht mehr dazu verführen, mich mit ihnen zu identifizieren, und untersuchte lieber meine Überzeugungen. Außerdem erinnerte ich mich daran, dass ich eine »Gedankenfabrik« bin und dass meine Gedanken die Umstände erschaffen, denen ich in meiner Zukunft begegne. Ich rief mir ins Gedächtnis, dass ich selbst mit meinen Gedanken mein Leben programmiere.

Es sind nicht die Emotionen, die uns zu dem machen, was wir sind; Emotionen tun nichts anderes, als uns unablässig auf unsere Wahrnehmungen und Überzeugungen aufmerksam zu machen. Nutze sie, damit sie dir die Muster deiner Gedanken und Überzeugungen zeigen.

Was du wirklich willst

Immer wenn wir uns nach neuen »Dingen« in unserem Leben sehnen, dann sind es eigentlich die mit ihnen verbundenen Emotionen, auf die wir erpicht sind. Aber tatsächlich sind es natürlich gar nicht diese »Dinge«, die in uns Emotionen auslösen; sie sind lediglich Inspirationen auf unserem Lebensweg und Ausdruck unserer Leistungen. Ohne Zweifel ist dieses Missverständnis der Grund dafür, warum es so viele unglückliche Lottogewinner gibt, die erst glaubten, ihr Traum sei wahr geworden, dann immer unglücklicher wurden und schließlich pleite waren. Ich sehe das so: Wir alle wollen zu den »Gewinnern« des Lebens gehören, denn solche Menschen haben durchgehalten und etwas erreicht. Doch die Mitgliedschaft in diesem illustren Kreis setzt voraus, dass man sich Herausforderungen stellt und »gewinnt« – nicht in dem Sinne, dass man andere übertrumpft, sondern dass man seine selbstgesteckten Ziele erreicht. Die Belohnung für diesen

Kampf, für das Durchhalten trotz aller Ängste und Zweifel, ist das Glücksgefühl. Glücklich wird man, wenn man das tut, was man gerne macht, wenn man es gut macht und sich den Hürden auf dem Weg dorthin stellt. Das Leben belohnt dich mit Erfolg bei der Arbeit, in deinen zwischenmenschlichen Beziehungen und in vielerlei anderer materieller wie immaterieller Hinsicht. Wer jedoch die Belohnung verlangt, ohne das persönliche Wachstum zu absolvieren; das Ziel erreichen will, ohne die Reise anzutreten; vom Club der Gewinner träumt, ohne am Wettkampf teilzunehmen, der hat etwas Grundlegendes missverstanden. Insbesondere im Hinblick auf das Wesen von Herausforderungen, Träumen und des Glücks schlechthin.

Die Überholspur

Uns inspiriert die Vorstellung davon, wie wir uns, verglichen mit unserer gegenwärtigen Gefühlslage, an einem Punkt in der Zukunft fühlen wollen. Dabei dürfen wir nicht vergessen, dass unsere gegenwärtige Gefühlslage nichts anderes als eine Wahrnehmung ist. Selbstverständlich gibt es keine unerfüllbaren Träume, und auch deine Zielvorstellungen sind ohne jegliche Einschränkung. Dennoch fällt es uns noch leichter, unsere Träume zu verwirklichen, wenn wir unsere gegenwärtige Situation würdigen, uns für das Erreichte Anerkennung zollen und uns für das, was wir jetzt sind, lieben. Die Zufriedenheit mit sich selbst und die glückliche Anerkennung der bisherigen Leistungen ist der beste Start. Oder, was glaubst du, wer ist besser motiviert: der Glückliche oder der Unglückliche?

Wir sind alle verschieden, und manchmal kann Unglück tatsächlich eine sehr starke Motivation sein. Ich glaube, wir alle wissen, dass glückliche Menschen es im Leben oft weiter bringen, und das meist auch noch schneller als unglückliche. Wenn du glücklich bist, dann fühlst du dich weniger *gezwungen*, dein Leben zu ändern, und bist folglich entspannter und machst dir weniger Sorgen; du hast nicht das Gefühl, die Last der ganzen Welt auf deinen Schultern tragen zu müssen und dass zwischen dir und deinem Glück ein Abschluss, ein Vertrag, ein Tag oder irgendeine Person steht.

Nichts, was wir jetzt oder jemals erreichen könnten, ist vergleichbar mit der einfachen Tatsache, dass wir jetzt *sind*, jetzt und hier lebendig in Raum und Zeit. Genau jetzt sind wir frei, das zu denken, was wir denken wollen. Genau jetzt sind wir an der Reihe. Es gibt Millionen von Menschen auf der Welt, die fast alles gäben, wenn sie mit dir tauschen könnten, dein Leben und deine Möglichkeiten hätten. Ja, alles was du bisher erreicht hast, ist viel mehr als das, wovon viele auch nur träumen können. Leider verlieren wir diese Tatsache so leicht aus dem Blick, sind undankbar und unglücklich. Wenn du dich bei solchen Gedanken ertappst, dann kannst du diese Emotionen nutzen, um zu verstehen, wieso deine Wahrnehmung aus dem Gleichgewicht geraten ist. Und, noch wichtiger, welche Überzeugungen dich davon abhalten, die Wahrheit zu sehen und deinem wunderbaren, einzigartigen Leben die gewünschte Richtung zu geben.

Emotionen verleihen unseren Erfahrungen Tiefe und Sinn. Nimm deine Gefühle an, insbesondere die unangenehmen, versteh sie und wisse ihre Bedeutung in deinem Leben – und auch ihre Schönheit – zu schätzen. Dann wirst du dich im Verlauf deiner Reise selbst besser kennenlernen, deine Göttlichkeit, deine atemberaubende Schöpferkraft – die so gewaltig ist, dass du alle Träume jederzeit wahr machen kannst, wo immer du auch heute stehen magst.

Kapitel 4
Das Leben wartet auf dich

Viele Leute sagen, das einzig Beständige im Leben sei die Veränderung. Ich meine jedoch, man kann das Leben auch noch anders sehen – besser. Das Leben ist unveränderlich; es ist vollkommen und fertig. Das Leben ist wie die große silbrige Leinwand, auf der Filme gezeigt werden, unveränderlich auch dann, wenn die gezeigten Filme alles auf den Kopf stellen. Hier, in Raum und Zeit, sind wir die Projektoren, die ihre Gedanken auf die Leinwand des Lebens werfen; wir sind es, die sich fortwährend verändern, nicht das Leben. Das Leben selbst ist sehr vorhersehbar, sobald man sich mehr mit den unerschütterlichen Prinzipien beschäftigt, auf dem es basiert.

Unser Leben ist eine leere Leinwand, die sehr viel mehr Spielraum für unsere Kreativität und unseren Selbstausdruck lässt, als wir uns vielleicht vorstellen können. Wir verallgemeinern gerne, wenn wir das Leben definieren, aber tatsächlich gibt es so etwas wie »das Leben im Allgemeinen« gar nicht. Du hast dein Leben, ich habe meines, und da draußen sind noch Millionen anderer, die auch ihr eigenes Leben haben. Unsere Leben sind viel persönlicher, kostbarer und einzigartiger, als man uns beigebracht hat, denn sie sind eher ein Produkt dessen, *wie und was wir denken*, als eines der Evolution oder des Schicksals.

Gegenwärtig scheinen wir zu glauben, dass wir alle im gleichen »Kino« sitzen und alle den gleichen »Film« sehen, eben nur jeder aus seiner Perspektive. Tatsächlich ist jedoch die Vorstellung, dass jeder in seinem eigenen Kino sitzt, sehr viel zutreffender. Wenn man einmal von den unveränderlichen Prinzipien des Lebens absieht, lebt jeder von uns nach seinen eigenen Regeln und Vorstellungen, die auf den eigenen Überzeugungen beruhen. Ich hoffe, du kannst mir folgen, denn dann wirst du erkennen, dass die Aspekte, die du dem Leben »im Allgemeinen« zugeordnet hast, in Wahrheit nur für *dein* Leben Gültigkeit besitzen. Dein Leben ist lediglich eine nach außen projizierte Reflexion all dessen, was du denkst, glaubst und erwartest.

Ohne dich gibt es kein »Leben« – lediglich ein inaktives Potenzial, das dich braucht, damit du ihm Sinn, Form und Zweck verleihst. Das Leben wartet darauf, dass du es *lebst* – auf *deine Weise*. »Leben« ist ein Tätigkeitswort; es bedeutet zu handeln, und darum geht es. Das Leben wartet darauf, dass du handelst, deinen freien Willen ausübst, deinen Weg wählst, indem du dich seiner Prinzipien und der Magie der Schöpfung bedienst, um das Leben zu führen, von dem du schon immer geträumt hast. Dazu bist du hier!

Der Tanz des Lebens

Indem du aus eigenem Antrieb aktiv wirst, dich physisch dafür einsetzt, deinen Traum wahrzumachen, setzt du das ganze Universum in Gang. *Der Schlüssel liegt im Handeln*. Dein Handeln ist der Funke, der das Universum zu deinen Gunsten entfacht. Du bist wie der Kommandant eines Raumschiffes. Du stehst auf der Brücke deines Lebens und gibst deine Kommandos, während zahllose Crewmitglieder, Maschinen und Computer auf dein Geheiß aktiv werden. Der einzige Unterschied zwischen solch einem Kommandanten und dir besteht darin, dass deine Kommandos für dein Leben unendlich komplexer sind als die, die dieses Raumschiff betreffen, und dass dir statt einer Crew, Maschinen und Computern *das ganze liebende und unfehlbare Universum, gerüstet mit seinen unantastbaren Prinzipien, zu Gebote steht.*

Fällt es dir schwer, das alles zu glauben? Nachfolgend einige Beispiele für deine eigene Interaktion mit dem Universum, die ich vor mehr als zwanzig Jahren in einem *Seth*-Buch gelesen habe. Sie sind so überzeugend, dass ich sie hier zum allseitigen Nutzen wiedergebe. Du beginnst Sätze, von denen du nicht weißt, wie du sie beenden wirst, und doch beendest du sie und gibst ihnen einen sinnvollen Gehalt. *Wo haben diese Sätze ihren Ursprung?* Du vollführst jedes Mal die kompliziertesten Muskelbewegungen, wenn du einfachen körperlichen Aktivitäten nachgehst, und weißt nicht, wie du das machst – *aber wer weiß es?* Du öffnest irgendein Buch – vielleicht dieses – und auf jeder Seite siehst du schwarze Gebilde, die eine Information weitergeben, die auf diesen Seiten gar nicht vorhanden ist, *aber irgendwo existiert sie.*

In jedem dieser Beispiele setzt du durch deine Intention und dein *nachfolgendes Handeln* die Dinge in Bewegung. Intentionen und Gedanken ohne Aktion sind *nicht* genug. Doch indem du deinen Mund öffnest, um zu sprechen, einen Fuß vor den anderen setzt, um zu gehen, das Buch aufschlägst, um zu lesen, lässt deine *Handlung* überzeugend darauf schließen: Du *glaubst* daran, dass deine Intentionen entsprechende Ergebnisse zutage fördern. Damit wird die ursprüngliche Energie deines Gedankens so verstärkt, dass nun das Universum deine Sache übernimmt; *alles nur deshalb, weil du aktiv geworden bist.* Du brauchst nicht einmal zu verstehen, *wie* der begonnene Prozess zu seinem Abschluss geführt wird. Doch dass du damit begonnen hast, beweißt dein Vertrauen darauf, dass die Sache schon irgendwie abgeschlossen werden wird.

Unser Handeln und Nichthandeln offenbart jene Gedanken, denen wir am meisten, und jene, denen wir am wenigsten

Glauben schenken. Sobald wir das begreifen, erkennen wir sofort, wie wichtig es ist, aktiv zu werden. *Wir handeln nicht um der winzigen Schrittchen willen, sondern um das sichtbar zu machen, woran wir wirklich glauben und worauf sich unser Denken richtet. So und nicht anders gewinnen wir die Magie des Lebens dafür, das, was wir angefangen haben, fortzusetzen und abzuschließen.*

Lass uns die Sache noch etwas genauer untersuchen.

Handeln: In Bewegung gesetzte Überzeugungen

Deine Gedanken haben ihren Ursprung, wie wir wissen, in deinen Überzeugungen. Als physische Geschöpfe müssen wir immer auch etwas in Bewegung bringen, also tätig werden, um etwas zu bewirken. Dann lass uns also dein Handeln und Tun mal näher anschauen, um zu erkennen, was diese Bewegung bedeutet und was sie für dich bewirken kann.

Tatsächlich sind Handlungen unsere *in Bewegung gesetzten Überzeugungen*; sie verknüpfen die vertraute Gegenwart mit der Zukunft, die wir erwarten. Sie sind die physische Erweiterung unserer Ansichten und treten häufig als Reaktion auf die uns umgebende Welt zutage. Im Allgemeinen handeln wir *automatisch* in Übereinstimmung mit unseren Überzeugungen.

Ich will dir folgende Frage stellen: Wenn du mit absoluter Gewissheit wüsstest, dass du dich nur an den Computer setzen müsstest, um einen internationalen Bestseller zu schreiben, denn das komplette Werk würde aus dir in vollendeter Form hervorquellen: Würdest du es dann tun? Da gehe ich jede Wette ein! Du könntest gar nicht anders. Doch wenn du nicht daran glaubst, wenn du das Schreiben für eine schwierige Aufgabe hältst und meinst, dass deine Aussicht, entdeckt zu werden, gering bis gar nicht vorhanden ist: Würdest du dich dann an deinen Computer setzen? Nein, aller Wahrscheinlichkeit nach wohl nicht.

Gedanken verwandeln sich *wirklich* in Dinge. Aber weil sich nicht alles, was du denkst, im Handumdrehen manifestieren kann, werden nur die Gedanken wahr, die mit deinen Überzeugungen übereinstimmen und so intensiv empfunden werden, dass sie dich automatisch aktiv werden lassen. *Gedanken werden Dinge* – diese Aussage bedarf keiner Korrektur. Zu diesen magischen Worten ließe sich lediglich hinzufügen: Arbeite an deinen Überzeugungen, denn sie sind der Ursprung all dessen, was wir tun und lassen.

> **Handlungen sind unsere *in Bewegung gesetzten Überzeugungen*; sie verknüpfen die vertraute Gegenwart mit der Zukunft.**

Wir befinden uns im handlungsorientierten Abschnitt dieses Buches, und so könntest du den Eindruck gewinnen, dass ich, bei all dem Gerede über unsere Überzeugungen und Erwartungen, vom Kurs abgekommen bin. Doch sobald ich alles darüber gesagt habe, wie unsere Handlungen unsere Überzeugungen spiegeln, werde ich erklären, was wir tun können, um unsere Überzeugungen zu verändern.

Taten sind sichtbarer als Worte

Indem wir unser normales Alltagsverhalten beobachten und verstehen, erfahren wir viel über unsere Überzeugungen. Sobald du das Motiv deines Tuns oder Nichttuns durchschaust, erkennst du normalerweise auch die Überzeugungen, die dahinterstecken und dich im Griff haben. Nicht nur hat *dein Handeln und Nichthandeln* seinen Ursprung in deinen Überzeugungen, es *unterstützt und verstärkt auch deine*

Erwartungen; und so kommt der Zyklus der Manifestation zustande. Wenn deine Überzeugungen deinem Wohl dienen, dann ist es wunderbar. Doch du hast ein echtes Problem, wenn sie es nicht tun.

Schon wenn du nur einen Fuß vor den anderen setzt, verleihst du Überzeugungen Ausdruck und verstärkst sie – nämlich deinen Glauben an deine Muskelkraft, Gesundheit, Koordinationsfähigkeit und an die Schwerkraft, um nur ein paar zu nennen. Ein anderes Beispiel. Wenn du dich für übergewichtig hältst und entsprechend kalorienreduzierte Nahrungsmittel einkaufst, dann *verstärkst* du diese Überzeugung durch dein Handeln. Falls du bisher nicht in materiellem Wohlstand lebst, dann könnte die einfache Tatsache, dass du regelmäßig Lotto spielst, deine empfundene Unfähigkeit, positiven Einfluss auf deine finanzielle Situation zu nehmen, nicht nur widerspiegeln, sondern sie sogar verstärken. Damit will ich nicht sagen, dass man sich nicht kalorienbewusst ernähren oder nicht Lotto spielen soll. Doch diese kleinen Beispiele machen deutlich, dass dein Handeln direkt auf deine Überzeugungen weist und du sie als Beweis für deine gegenwärtige Verfassung sogar noch aufrüstet.

Dein »innerer Beobachter« erhält die Mitteilung, dass du dich kalorienarm ernährst, weil du übergewichtig *bist*. »Aha«, stellt er fest, »ich bin übergewichtig!« Und wie alle Überzeugungen wird auch diese die passenden Bilder produzieren, die dich nach und nach in eine physische Wirklichkeit ziehen, die deine wahrgenommene Wirklichkeit wiedergibt. Ohne dass du es merkst, wirst du mehr essen, dich weniger bewegen und zu den ungünstigsten Zeiten die falschen Nahrungsmitteln zu dir nehmen. Es könnte sogar sein, dass dein Stoffwechsel nachlässt, nicht als Folge einer veränderten Körperchemie (obwohl auch sie betroffen sein wird), sondern weil du *überzeugt* davon bist, übergewichtig zu sein.

Jetzt denkst du wahrscheinlich: *Wenn ich tatsächlich überge-*

wichtig bin oder finanziell nicht zurechtkomme, wie kann ich
dann so handeln, als sei ich es nicht, und auch noch daran glau-
ben? Wäre es in meiner Situation nicht ein bisschen verrückt,
wenn ich Dickmacher verspeise bzw. auf Lottospielen verzichte?
Erstens, du kannst dein Verhalten *nach und nach* verändern,
indem du dir gelegentlich etwas leistest oder so tust, *als ob*
(mehr darüber später). Zweitens, und das ist noch viel wichtiger, du musst dir bewusstmachen, dass deine *gegenwärtige
Situation* nichts damit zu tun hat, was du *heute* isst oder ob du
heute Lotto spielst. Deine gegenwärtige Situation konnte erst
entstehen, nachdem du angefangen hast, daran zu glauben,
dass du zu dick bist. Und du bist deshalb noch nicht reich,
weil du irgendwann die Augen davor verschlossen hast, dass
die Welt dir ihre Fülle anbietet, oder weil du dir das überhaupt
noch nie bewusstgemacht hast.
Schokolade allein macht einen Menschen genauso wenig dick,
wie der Verzicht auf das Lottospielen irgendjemanden von
der Fülle abschneidet. *Der eigentliche Fehler in unserem Denken besteht darin, dass wir meinen, auf die physische Welt statt
auf die spirituelle Seite des Lebens Einfluss nehmen zu müssen.*
Wenn du voll und ganz begreifst, dass deine gegenwärtige Situation ihren Ursprung in deinem Denken und in deinen
Überzeugungen hat, dann erkennst du auch, dass du mit deinen Veränderungen an dieser Stelle ansetzen musst.

**Der eigentliche Fehler in unserem Denken besteht
darin, dass wir meinen, auf die physische Welt
statt auf die spirituelle Seite des Lebens
Einfluss nehmen zu müssen.**

Mir ist bewusst, dass es schwierig sein kann, sich plötzlich
nach den eigenen Träumen und inneren Visionen zu richten,
insbesondere dann, wenn du dich bisher bei Entscheidungen
darüber, wie du handeln oder dich verhalten sollst, ausschließ-

lich auf deine physischen Sinne verlassen hast. Erschwerend kommt hinzu, dass unsere Kultur uns bisher darauf eingeschworen hat, nach Richtungsvorgaben, Sinn und »richtigem« Verhalten außerhalb von uns selbst zu suchen. Doch deine Träume verwirklichst du nur dann, wenn du mit ihnen und nicht mit den Illusionen tanzt. Man braucht einiges an Übung, um in diese Richtung umzudenken, aber der Lohn ist den Preis allemal wert. *Die physische Welt ist nichts anderes als eine Spiegelung deiner Überzeugungen und Gedanken.* Wenn du also diesen äußeren Anschein ändern willst, dann musst du es von innen heraus tun.

Umgekehrte Konstruktion

Hoffentlich konnte ich genügend verdeutlichen, dass unser Tun und Handeln untrennbar mit unseren Überzeugungen verknüpft ist. Nun möchte ich mit ein paar Umkehrschlüssen aufwarten. Wenn es stimmt, dass unser Handeln lediglich eine Erweiterung unserer Überzeugungen ist, dann muss es möglich sein, das eigene Handeln über die Einflussnahme auf die Überzeugungen zu verändern. Doch könnten wir nicht auch unsere Überzeugungen erneuern, indem wir zuerst unser Handeln verändern? In Anbetracht der Tatsache, dass die Zeit etwas Relatives oder eine Illusion ist und dass alle Dinge tatsächlich gleichzeitig geschehen, ist das doch naheliegend.

Ja, es *ist* möglich, Einfluss auf die Überzeugungen zu nehmen, indem wir zuerst unser Verhalten verändern. Und wenn wir daran denken, welche Sisyphosarbeit es darstellt, unsere Überzeugungen aufzudecken, da wir doch kaum zwischen der »Wirklichkeit« und dem unterscheiden können, was wir dafür halten, dann scheint diese Herangehensweise äußerst vielversprechend. Du machst dir bewusst, welche Überzeugun-

114

gen du gerne hättest oder welche Endergebnisse du erzielen möchtest. Dann fängst du einfach damit an, an einigen der Dinge zu arbeiten, die du jeden Tag *tust*.

Das bedeutet, Handlungen zu initiieren, die sich »jenseits« deiner alten Überzeugungen befinden. Regelmäßig tust du nun Dinge, die im Zusammenhang mit deinem gewohnten Leben und deiner normalen Umgebung sinnlos erscheinen, jedoch in Übereinstimmung mit dem Leben sind, das du führen möchtest. Diese ungewohnten Handlungen lassen auf die Existenz einer dazugehörigen *neuen* Überzeugung schließen, und wenn sie regelmäßig wiederholt werden, dann muss sich die neue Überzeugung durchsetzen.

Indem du anders handelst, als du es gewohnt bist, setzt du deine alten Überzeugungen, die dich normalerweise daran gehindert hätten, etwas Neues zu versuchen, vorübergehend außer Kraft. Diese zeitweilige Beurlaubung deiner Erwartungen wirkt Wunder! Wenn du *jenseits deiner eigenen Norm* handelst und in Übereinstimmung mit den neuen, den angestrebten Überzeugungen, dann können sich alte Überzeugungen auflösen. Sie können gar nicht anders, denn in Anbetracht deines neuen Verhaltens sind sie nun sinnlos. Indem wir unser Handeln geringfügig ändern und ein wenig vom ausgetretenen Pfad unseres Lebens abweichen, erhalten wir Zugang zur Schöpferkraft des Universums.

Deine Handlungsweisen liefern also nicht nur Hinweise auf deine Überzeugungen, sie können auch genutzt werden, um neue Überzeugungen in dir zu verankern. Innerhalb kürzester Zeit kannst du bestimmte Verhaltensweisen verändern und damit auch Einfluss auf all die Regeln nehmen, die du für dich aufgestellt hast und die dich vielleicht an etwas Unangenehmes binden.

Um es mit ganz einfachen Worten auszudrücken: Du kannst dich in Sekundenbruchteilen entscheiden, dich nach links statt nach rechts zu wenden, zu lachen statt zu weinen. Und du kannst dich entscheiden, so zu handeln, als seien einige oder alle deine Träume bereits wahr geworden. Diese Art des Handelns teilt deinem inneren Beobachter mit, dass sich deine *Wirklichkeit* verändert hat. Und indem du deinen inneren Beobachter immer wieder mit neuem Verhalten überrumpelst, wird er bald feststellen, dass die gewohnten vorhersehbaren Abläufe und alten Überzeugungen, die ihm als Grundlage für seine Sicht der Wirklichkeit dienten, außer Kraft gesetzt sind. Wenn du auf neue Weise handelst, dann demonstrierst du damit deine Offenheit für das Unerwartete, und zuvor verschlossene Türen öffnen sich.

Unser Leben schreitet voran und sorgt für eine stetige Entwicklung und Verfeinerung unserer Überzeugungen. Jede Handlung wird in allen Einzelheiten registriert und durchdringt die Schichten alter Überzeugungen. Genauso wie deine Gedanken wird auch dein Verhalten, insbesondere bei mehrfacher Wiederholung, aufgezeichnet. So bestätigt und verstärkt es deine Überzeugungen, die besagen: »Genau so ist das Leben.« Wenn du jedoch den Mut aufbringst, trotz der andersgearteten Umstände ein klein wenig von deinen alten Überzeugungen abzuweichen, und klarstellst: »So werde ich das Leben nicht fortsetzen«, dann wird genau das in dir verankert. Die neue Botschaft lautet nun: »Von jetzt an wird alles anders!«

So tun, als ob: Neue Überzeugungen säen

Um dir ein paar Beispiele zu geben, wie du handeln kannst, um alte Überzeugungen abzulegen und neue zu festigen, will ich dir von meiner Technik erzählen, die ich immer bei Geldsorgen einsetze (also wenn ich fürchte, der Brunnen könnte versiegen).

Armutsbewusstsein überwinden

Jedes Mal, wenn ich früher mit der Angst konfrontiert war, mir könnte das Geld ausgehen, spendete ich sofort wohltätigen Organisationen. Ich stellte jede Woche einem anderen Wohltätigkeitsverein einen Scheck aus. Die Summe auf dem Scheck war keineswegs extravagant, aber sie war hoch genug, um meine Überzeugung, dass ich über kein festes Einkommen verfügte, unschädlich zu machen. Der Punkt ist, immer dann, wenn ich mir Sorgen über Geld machte, fiel es mir schwer, diese Schecks auszustellen. Das zeigte mir deutlich, dass ich gegen das Fahrwasser meiner alten, mich einschränkenden Überzeugungen anschwamm. Ich diskutierte mit mir selbst und sagte mir: »Ach, ich schicke ihnen lieber nächste Woche ein bisschen Geld«, oder war mir plötzlich nicht mehr sicher, ob ich ihnen nicht bereits kürzlich etwas hatte zukommen lassen. Aber dann zwang ich mich zu dem Schritt. Sobald ich mich im Rahmen meiner Möglichkeiten in Bewegung gesetzt hatte, erfüllte mich Dankbarkeit dafür, dass ich mich in einer Position befand, anderen helfen zu können, und für die Gewissheit, dass meine Mittel nie versiegen würden, weil das Universum das nicht zulassen würde. Und so war es wirklich *immer*.

Um deine Armutsängste zu überwinden, könntest du außerdem deine Rückzahlungen, seien es Hypotheken oder Ratenzahlungen, um ein paar zusätzliche Euro aufstocken, so als stehe dir nun mehr Geld zur Verfügung als in den vorangegangenen Monaten, in denen dir nur die Rückzahlung des Mindestbetrags möglich war.

Du weißt nun, wie du mit deinem Handeln deinen Überzeugungen ein klares Signal übermitteln kannst. So kannst du nach und nach deine alten Überzeugungen abbauen. Dabei ist es natürlich entscheidend, dass du dranbleibst und entsprechende Handlungen häufig wiederholst, ohne dabei Rücksicht auf dein altes Leben zu nehmen, das dich natürlich weiterhin umgibt. Zugleich musst du deine Visualisierungen fortsetzen und dir deiner alten, hinderlichen Überzeugungen weiter bewusst werden.

Krankheit überwinden

Jemand, der seit Monaten krank und bettlägerig ist und sich danach sehnt, seine Morgenspaziergänge wiederaufzunehmen, statt im Bett zu liegen und auf Besserung zu warten, könnte damit anfangen, dass er sich jeden Morgen den Wetterbericht anhört. Er wüsste dann, was er anziehen müsste, und könnte *so tun*, als gehe er an diesem Morgen aus dem Haus. Dann könnte er sich seinen Wecker so stellen, dass er rechtzeitig für seinen Spaziergang wach würde, und damit *so tun*, als plane er seinen Spaziergang ganz normal ein.

Wenn es ihm dann schon mal gelänge, aus dem Bett aufzustehen, dann könnte er sich seine übliche Kleidung zurechtlegen und *so tun*, als bräche er am nächsten Morgen auf. Und dann könnte er, wenn es möglich ist, sich jeden Morgen für seinen Spaziergang anziehen und *so tun*, als sei es ihm möglich, das Haus zu verlassen. Sobald es ihm so weit besserginge, dass er das Haus verlassen könnte, könnte er wenigstens zur Lockerung einmal ums Haus gehen und *so tun*, als lockere er seine Muskeln für den anschließenden Spaziergang auf. Auch die Visualisierung dieser Spaziergänge wäre eine ausgezeichnete Unterstützung für seine baldige Genesung.

All diese Handlungen würden seine Überzeugung, dass er krank und bettlägerig ist, vorübergehend außer Kraft setzen und könnten, verbunden mit seinem dringenden Wunsch, die Situation zu verändern, seinen Körper veranlassen, entsprechend zu reagieren. Sein innerer Beobachter würde die neue Ansage empfangen und verarbeiten – »Aufgepasst, alle Systeme auf Spaziergang vorbereiten« –, und die alten Überzeugungen würden langsam, aber sicher ausgehöhlt. Optimismus könnte aufkommen, neue Gedanken könnten gedacht und der Heilungsprozess beschleunigt werden.

All diese Handlungen würden natürlich die übliche Vorgehensweise im Fall einer Krankheit – wie etwa das Aufsuchen des Arztes, eine gesunde Ernährung und so fort – ergänzen und nicht ersetzen.

Reisefieber
Solltest du davon träumen, irgendwann in ferne Länder zu reisen, dann besorg dir einen Pass, geh ins Reisebüro, forsche im Internet, hol Preisangebote ein, lies etwas über die Orte und Länder, die du besuchen willst, *tu so*, als würdest du planmäßig in die Länder fahren, von denen du träumst. Tu dies *insbesondere* dann, wenn du damit gegen deine festen Überzeugungen anrennst.

Liebe und Partnerschaft
Wenn du nach einem Lebensgefährten suchst, dann beginne dich nach kleinen Geschenken für ihn umzusehen, halte in deinem Terminkalender Wochenenden für gemeinsame Ausflüge frei, lass dir Prospekte von den Orten schicken, an die du mit deinem Liebsten gerne fahren würdest, und informiere dich über Konzert- oder Theaterbesuche für euch als Paar. Mit einem Wort, *tu so*, als hättest du bereits einen Gefährten. Ich bin sogar schon so weit gegangen und habe für eine Veranstaltung, die mich interessierte, zwei Karten gekauft – eine für mich und eine für meine Zukünftige –, ohne zu wissen, wer sie wohl sein würde. Oder du könntest andere kleine Käufe tätigen wie etwa eine schicke Krawatte oder ein süßes Stofftier und *so tun*, als sei da bereits jemand, dem du diese Dinge schenken könntest.

Ein neues Auto
Falls du davon träumst, ein ganz bestimmtes Auto zu besitzen, dann geh zum Händler dieser Marke und mach eine Probefahrt, oder ruf Leute an, die einen solchen Wagen gebraucht

in Anzeigenblättern anbieten. Stell fest, wie viel du für dein altes Fahrzeug noch bekommen würdest, und ruf schließlich deinen Versicherungsvertreter an, um zu erfahren, was dich die Versicherung kosten würde – mit einem Wort, *tu so*, als hättest du dein neues Auto bereits.

Wohlstandsbewusstsein

Ist es der Champagner-und-Kaviar-Lifestyle, nach dem du dich sehnst, dann mach dir die bereits genannten Beispiele zunutze und kauf dir die richtigen Schuhe! Lass dir den Preis für die Villa in San Tropez nennen, kümmere dich um deine Mitgliedschaft im Lions oder Rotarier Club, gründe deinen eigenen Wohltätigkeitsverein, eröffne ein Depotkonto bei einer Internetbank und tu so, als würdest du einen Haufen Geld dort deponieren. Absolviere Schaufensterbummel, lass dir Kataloge von deinen bevorzugten Läden schicken. Plane eine große Feier, leg in einer Liste fest, wen du einlädst, wähle einen Veranstaltungsort aus und tu all diese Dinge so, als lebtest du bereits im Überfluss.

Andere nützliche Wunder

Wünschst du dir stabilere Gesundheit, dann tu Dinge, die nur gesunde Menschen tun würden. Möchtest du abnehmen, dann iss einen Tag nur das, von dem du meinst, dass dünne Leute es essen, am besten in den gleichen Portionsgrößen wie sie! Hättest du gerne mehr Freunde, dann plane die Unternehmungen, die du dir mit deinen Freunden vorstellst. Und sprich immer von »wir«, wenn du entsprechende Erkundigungen über Veranstaltungen oder Programme einholst.

Wenn du gerne ein aktiveres Sozialleben führen würdest, dann kauf dir einen Kalender, um alle deine Verabredungen einzutragen. Willst du deine Flugangst überwinden, dann melde dich im Vielflieger-Programm einer Fluglinie an (für gewöhnlich kostenlos). Möchtest du gerne deine Texte veröffentlichen, dann such dir einen Agenten und tu all die Dinge, von denen du meinst, dass Schriftsteller und Autoren sie tun. Möchtest du berühmt sein, dann übe dich darin, Autogramme zu geben. Willst du das Rauchen aufgeben, dann beginne, indem du deine Aschenbecher säuberst und wegstellst. Wenn du gerne deine Verkaufsabschlüsse verdoppeln würdest, dann suche etwas aus, womit du dich belohnst, sobald es geklappt hat, finde heraus, wo du diesen Gegenstand erwerben kannst, und bringe all seine Details in Erfahrung (du musst das Ding nicht kaufen, noch nicht). Falls du die Nähe bestimmter Personen oder Gruppen suchst, dann schreib ihre Namen in deinen Terminkalender für Verabredungen zum Mittagessen oder zu Wochenendausflügen. Schwebt es dir vor, ein eigenes Unternehmen zu gründen, dann notiere deine Unternehmensziele und schreib einen Businessplan.

Diese Art Aktivitäten machen Spaß, sind leicht zu verwirklichen und kosten nicht einmal Geld. Du musst nur ein bisschen kreativ sein. Setze deinem Einfallsreichtum keine Grenze.

Und *tu immer genau das, was dir möglich ist!* Warte nicht darauf, dass etwas von allein geschieht, bevor du das Leben führst, das du dir wünschst. Erfüll dir deine Träume jetzt *in dem Maß, das dir möglich ist*. Wenn du davon träumst, dass du eines Tages genug Geld hast, um dir alle nur denkbaren Extravaganzen zu leisten, dann kauf dir heute die kleinen Extravaganzen, die du dir schon leisten kannst. Und zuletzt sei daran erinnert, dass all deine neuen Verhaltensweisen die vielen bisherigen nur ergänzen, nicht aber ersetzen sollen.

Sicherlich hast du bemerkt, dass bei den meisten meiner Beispiele die Handlungen von der Art sind, auf die man zurückgreift, *nachdem* sich der betreffende Traum erfüllt hat; es handelte sich nicht nur um vorbereitende Maßnahmen in Übereinstimmung mit dem eigentlichen Ziel. Selbstverständlich sind Vorbereitungen nicht falsch; sie treffen eine Aussage darüber, dass du auf dein Vorankommen vertraust und es erwartest. Aber Handlungen, die davon ausgehen, dass sich dein Traum bereits erfüllt hat, sind sogar noch wirkungsvoller als jene, die seiner Verwirklichung den Weg ebnen.

Indem du dich so verhältst, *als ob* dein Traum schon erfüllt sei, nimmst du gewaltigen Einfluss auf deine Gedankenprozesse und letztlich auf deine Überzeugungen. Was immer es auch ist, das du dir heute wünschst, handle in einem vernünftigen Maß so, *als ob* es bereits einen festen Platz in deinem Leben hat.

So tun, als ob ist wirkungsvoll

Ich erinnere mich daran, dass mich vor einigen Jahren darauf vorbereitete, einen Marathon zu laufen – zweiundvierzig Kilometer. Obwohl ich gut trainiert hatte, fürchtete ich mich davor, gegen die sprichwörtliche »Mauer« zu laufen, Krämpfe zu bekommen oder aus irgendeinem anderen Grund die Strecke nicht zu bewältigen. Ich hatte solche Panik, dass ich schon Wochen vor dem Termin kaum noch meine Mahlzeiten bei mir behalten konnte. Ein großes Problem.

Ich musste etwas tun, um mein Selbstvertrauen zu stärken. Also setzte ich mich hin und schrieb einen Brief an meine Großmutter in New York und tat so, läge der Marathon schon hinter mir und als hätte ich tatsächlich bis zum Ende durchgehalten. Auf mehreren Seiten schilderte ich ihr, wie leicht es mir gefallen war, und machte mich sogar darüber lustig, dass ich mir in der Woche vor dem Lauf so viele Sorgen darüber gemacht hatte, ob ich ihn wohl durchhalten würde. Ich trug den Brief die ganze Woche bei mir, denn ich hatte natürlich nicht die Absicht, ihn abzuschicken. Ich hatte ihn für mich geschrieben, und immer wenn mich im Lauf der Woche Bedenken oder die Angst überfielen, zog ich ihn heraus und las ihn mir selbst vor. Als der Tag des Wettkampfes gekommen war, lief ich die Strecke in stetigen fünfeinhalb Minuten pro Kilometer – keine Mauer, keine Krämpfe, überhaupt keinerlei Probleme, genauso wie ich es meiner Großmutter geschrieben hatte. Ein gutes Beispiel dafür, wie ich mein normales, konventionelles Training mit dem spirituellen Aufpäppeln meines Selbstvertrauens verknüpfte.

Bei meinen Vorträgen begegnen mir häufig Menschen, die offenbar glauben, dass sie nicht mehr aktiv am Leben teilnehmen müssen, nur weil sie plötzlich tiefere spirituelle Wahrheiten begriffen haben. Es wäre doch wohl ziemlich lächerlich gewesen, wenn ich, nur wegen dieses Briefes an meine Großmutter, auf mein Lauftraining verzichtet hätte. Ebenso unsinnig ist es, wenn jemand meint, im Wohlstand leben, den »Seelengefährten« finden, die Gesundheit verbessern oder auch nur glücklich leben zu können, ohne die hierzu erforderlichen regelmäßigen konkreten Schritte in diese Richtung zu tun. Die hier beschriebenen Methoden sind keine Einladung, um sich aus dem Leben zurückzuziehen und es dem Universum zu überlassen, *vor allem* dann nicht, wenn du große Veränderungen anstrebst.

Um deine gewohnten Handlungen auf deinem Weg zur Erfüllung deines Traums zu unterstützen, kannst auch an dich selbst einen Brief schreiben, *als ob* du jemand wärst, der dich loben, dir geschäftliche Vorschläge oder Angebote machen will, die zu deinen Träumen passen. Beispielsweise könntest du, wenn du es auf einen bestimmten Job abgesehen hast, dir selbst einen Brief schreiben, als ob du der Personalchef dieser Firma wärst, der dir ein Jobangebot mit einem unvorstellbaren Gehaltsangebot macht. Oder der Brief könnte von einem Agenten, einem Verlag, dem Kandidaten für eine Beziehung oder irgendjemandem kommen, von dem du einen derartigen Brief erhalten möchtest. Diese Briefe wirst du dir später selbst vorlesen, damit du *spürst*, was es für ein Gefühl ist, einen solchen Brief zu bekommen.

Eine weitere gute spielerische Methode ist es, sich einen dicken, teuren Katalog vorzunehmen und all die Gegenstände und Preise in das Bestellformular einzutragen, die du dir wünschst, *als ob* du mehr als genug Geld zum Ausgeben hast. Wenn du dann am Schluss zusammenrechnest, sagst du laut: »Was, mehr nicht?«, und blätterst den Katalog noch einmal durch, um festzustellen, ob du auch nichts vergessen hast. Du könntest sogar Geschäfte anrufen, und ihnen pingelige, aber höfliche Fragen zu den gewünschten Gegenständen stellen – zu Dingen, die du noch nicht kaufen kannst, die du aber sehr gerne hättest. Ruf an und tu so, *als ob* du im Begriff bist, den Kauf zu tätigen, aber noch einmal genau überprüfen willst, ob der Gegenstand wirklich der richtige für dich ist.

Manchmal, wenn ich überlege, was ich als Nächstes tun könnte, lege ich eine Liste meiner Träume an, und unter jeden Traum schreibe ich mir auf, wie ich jetzt und sofort, ohne viel Geld auszugeben, für diesen Traum aktiv werden könnte. Es handelt sich um Dinge, die ich normalerweise erst tun würde, *nachdem* sich ein Traum erfüllt hat, doch um der Traumerfüllung auf die Sprünge zu helfen, mache ich sie schon jetzt und so oft wie möglich. Ich bemühe mich, wenigstens einen Punkt pro Tag einmal zu schaffen oder aber verschiedene mehrmals pro Woche. Probier es aus, und du wirst sehen, dass es Spaß macht. Du kannst jede Aktivität auf deiner Liste so oft wiederholen, wie du magst, doch Abwechslung hilft dir, dir den Glauben an die Erfüllbarkeit deines Wunsches zu bewahren. Die Möglichkeiten sind endlos. Wenn du erst einmal angefangen hast, dann bleib am Ball. Lass dir immer wieder Neues einfallen, und wiederhole die Wünsche, die dir die liebsten sind.

Du musst *ständig* aktiv sein, dich immer wieder so verhalten, als ob dein Traum *bereits* Wirklichkeit geworden ist. Du würdest ja auch nicht nur einmal ins Fitness-Center gehen und behaupten, dass du trainierst; du würdest regelmäßig hingehen. Und während du » trainierst«, stellst du dir fortwährend vor, dass du es tust, *weil dein Traum sich bereits erfüllt hat* und nicht, weil du es dir so sehr wünschst und glaubst, dass diese Schritte zum Ziel führen. Ich weiß, ich wiederhole mich, aber gerade diese Vorstellung ist alles entscheidend. Dein Handeln ist keine Vorbereitung für deinen Traum, sondern du sollst sie als *das Ausleben deines Traums* empfinden.

Wenn du für deinen Traum aktiv wirst, dann tu es aus ganzem Herzen. Anfangs kommst du dir dabei vielleicht komisch oder lächerlich vor, aber diese Gefühle schmälern nicht die Botschaft, die du nach innen richtest. Bleib bei der Sache, so gut du kannst, und halte die Augen offen, wenn die Dinge sich um dich herum zu manifestieren beginnen. Gib dich nicht damit zufrieden, deinen Erfolg zu bejubeln, sondern sorg dafür, dass das Fundament deiner neuen Überzeugungen ebenso solide ist, wie es das deiner alten war. Bleib bei der Sache, bis jeder Bereich deines Lebens sich mit deiner inneren Traumwelt deckt. Sorg dafür, dass Visualisierung und So-tun-als-ob zu einem festen Bestandteil deiner vielen anderen Gewohnheiten werden.

Dieses Schauspielern und so tun, als ob *ist* ein Spiel, aber es ist nicht weniger bedeutsam als das Schauspielern und Rollenspielen, das du bereits auf der Basis deiner alten Überzeugungen tagtäglich praktizierst. Beobachte dich, und du wirst anhand deiner »unbeabsichtigten« Handlungen herausfinden, welche Überzeugungen du hast. Wenn du dich beispielsweise dabei beobachtest, wie du dich auf einen Regentag vorbereitest: Welche Aussage trifft dieses Verhalten dann über deine Erwartung an das bevorstehende »Wetter« und wie du damit umgehst? Das bedeutet nicht, dass vorsichtiges Verhalten schlecht ist, es hilft dir sogar, deine dich bremsenden Überzeugungen zu identifizieren und ihnen mit kleinen selbstbewussten Schritten etwas entgegenzusetzen (und dabei weiterhin vorsichtig zu sein). Oder du stellst fest, dass du dich seit geraumer Zeit dafür interessierst, was Menschen um dich herum über ihre Schwierigkeiten berichten. Dann ist es vielleicht jetzt für dich an der Zeit, dich mehr mit ihren Erfolgen zu beschäftigen.

Unser Tun trifft eine sehr deutliche Aussage über unsere »unsichtbaren« Überzeugungen, insbesondere dann, wenn wir uns dabei ertappen, wie wir uns auf bestimmte Vorstellungen für die Zukunft vorbereiten.

Die Macht deiner Worte

Manche Bücher beschäftigen sich mit nichts anderem: der Macht *deiner Worte*. Deine Worte sind deine Gedanken in verdichteter Form, auf eine neue Ebene der Genauigkeit und der Klarheit gehoben. Im Verlauf eines Tages denkst du bis zu sechzigtausend Gedanken. Dagegen wirkt die Zahl deiner gesprochenen Worte gering. Aber deine Worte geben oft genau die Gedanken wieder, an die du am stärksten glaubst. Es kann schon sein, dass du an Fülle und Überfluss denkst – vielleicht sogar in ausufernder Form –, aber wenn du zugleich dominierende Gedanken des Mangels produzierst, dann hörst du dich möglicherweise sagen: »Gutbezahlte Jobs sind so schwer zu finden.« Deine stärksten Überzeugungen bringen die mächtigsten Gedanken hervor. Sie bestimmen darüber, was du sagst, und sie manifestieren letztlich dein Leben, wie du es jetzt führst.

Deine Worte sind die ausgewählten Gedanken, die du ans Tageslicht bringst. Sie basieren auf deinen Überzeugungen. Und sie gehen deinen anderen, bisher noch nicht von dir manifestierten Gedanken voraus und bereiten ihnen den Weg.

Deine Worte lassen sich, wie deine Handlungen auch, zwei Gruppen zuordnen: In der ersten äußerst du deine Worte mehr oder weniger spontan im Gespräch – sie spiegeln deine

Überzeugungen – und in der zweiten wählst du deine Worte mit Bedacht aus – wie etwa für Affirmationen – und bereitest so die Entstehung neuer Überzeugungen vor.

> **Deine Worte sind deine Gedanken in verdichteter Form, auf eine neue Ebene der Genauigkeit und der Klarheit gehoben.**

Überzeugungen sichtbar machen

Die erste Gruppe – die spontan ausgesprochenen Worte – machen die eigenen Überzeugungen auf ideale Weise sichtbar. Deshalb bemühe ich mich, genau aufzupassen, was ich sage. Indem wir uns selbst zuhören, wenn wir uns im Gespräch mit anderen befinden, ertappen wir uns dabei, wie wir für unsere Überzeugungen eintreten. Man könnte also sagen, dass unsere Worte die Gedanken transportieren, die sich als Nächstes in Dinge verwandeln werden. Und indem wir diese Worte zu den Überzeugungen zurückverfolgen, aus denen heraus sie entstanden sind, können wir feststellen, welche davon unsere Träume unterstützen und welche sie blockieren.

Neue Möglichkeiten schaffen

Die zweite Gruppe – die mit Bedacht gewählten Worte – stellt ein wirkungsvolles Hilfsmittel dar, um neue Überzeugungen zu festigen und um neue Gedanken und Ideen anzuziehen, die sich in Übereinstimmung mit deinen Träumen befinden. Affirmationen sind nicht nur nützlich, um neue Überzeugungen zu verankern, sie helfen auch, alte und limitierende Erwartungen auszuhebeln. Für den Fall, dass du es bisher noch nie mit Affirmationen (oder Mantras, wie man sie auch nennen kann) zu tun gehabt hast: Sie sind knappe, unterstützende Aussagen, die man für sich selbst laut oder in Gedanken wiederholt. Ein Beispiel wäre die Aussage »Ich bin von Reichtum und Fülle umgeben«. Oder vielleicht möchtest du »Reichtum und Fülle« durch »Freunde und Freude« ersetzen – alles ist erlaubt, wovon du umgeben sein möchtest (und die Affirmation wird so gesprochen, als ob du bereits davon umgeben bist). Für Affirmationen gibt es keine vorgeschriebene Form und kein magisches Muster; es sind lediglich kurze Sätze, die du immer aufs Neue wiederholst, in der Regel laut, manchmal aber auch im Stillen.

Die Verwendung von Affirmationen und Mantras ist eine einfache Form der Selbsthypnose. Man wiederholt unablässig das, was man dabei *fühlen* möchte, so, als ob man sein Ziel bereits erreicht hätte, und lädt seine Aussage und die mit ihr verbundenen Gedanken so mit Energie auf, dass sie an Glaubwürdigkeit und Dauerhaftigkeit gewinnen. Und ich hoffe, du hast das Wort »fühlen« bemerkt, denn es hat wenig Sinn, eine Affirmation ohne *Emotion* zu sagen. Emotion ist erforderlich, denn sonst können sich die Affirmation und die mit ihr verbundenen Gedanken nicht gegen all deine anderen Gedanken durchsetzen, die ebenfalls um deine emotionale Zuwendung konkurrieren, egal ob sie nun in Form von Angst- oder von Glücksgefühlen in Erscheinung tritt. Indem du die Emotion der ausgesprochenen Worte fühlst, vergrößerst du die Macht der hinter ihnen stehenden Gedanken und intensivierst die Überzeugungen, die du dir zu eigen machen willst. Gib dich den gewählten Worten ganz und gar hin und hör dir zu, als würdest du einer höheren Autorität lauschen, die dir erklärt, in welchem Zustand sich dein Leben befindet.

Ich selbst habe es nie geschafft, Affirmationen konsequent anzuwenden, doch manchmal habe ich Phasen, in denen ich mich auf sie besinne und sie für mich nutze. Wenn man mit Affirmationen erfolgreich sein will, dann darf man sie wohl nicht allzu methodisch, also immer wieder die gleichen, verwenden, denn sonst verlieren sie ihre Frische, und die Worte klingen leer.

Ähnlich wie Affirmationen funktioniert es, wenn man Sätze wählt, die einem persönlich etwas bedeuten. Als wir *TUT* aus der Taufe hoben, lebte ich ein halbes Jahr ohne jegliche Einnahmen und gewöhnte mich daran, mit sehr wenig auszukommen. Schon bald jedoch kamen regelmäßig große Bestellungen herein. Wenn ich in dieser Zeit Ausgaben hatte, sei es für Lebensmittel oder einen Urlaub, dann hörte ich mich zu mir selbst sagen: »Das ist in Ordnung, denn jetzt kommt Geld herein.« Ich hatte den Satz nicht bewusst so bedeutungsvoll formuliert, aber ich bemerkte, dass ich ihn in entsprechenden Situationen dachte und mich durch ihn beruhigt fühlte. Die Worte hatten sich spontan zu diesem Satz zusammengefügt und brachten zum Ausdruck, dass ich daran glaubte, eine gewisse finanzielle Unabhängigkeit zu erreichen. Wenn also später das Geschäft ins Stocken geriet oder nicht genug Geld hereinkam, dann erinnerte ich mich an mein kleines Mantra und sagte es mit Bedacht und wiederholt: »Das ist in Ordnung, denn jetzt kommt Geld herein.«

Wenn ich laufen gehe, dann spreche ich dabei für gewöhnlich flüsternd ein Mantra, dass meine Gesundheit bestätigt. Im Takt meiner Füße denke ich Sätze wie »Mein Herz ist vollkommen gesund« und dann »Meine Lungen sind vollkommen gesund«. Nacheinander wende ich mich dann, in der Reihenfolge, in der sie mir einfallen, all den anderen Organen wie Nieren, meiner Haut, meinen Augen und meinem Blut zu.

Bei anderer Gelegenheit bringe ich beim Fahren oder Laufen meine Dankbarkeit zum Ausdruck: dafür, dass ich lebe, für meinen Hund, meine Möglichkeiten, meinen Wohlstand, meinen Seelenfrieden, mein Auto, für meine Familie und meine Freunde und immer wieder auch *für Dinge, die ich noch gar nicht habe – aber so, als hätte ich sie bereits.*

Wieso Dankbarkeit etwas bewirkt

Wenn du deine Dankbarkeit denkst oder aussprichst, dann bestätigst du, dass du etwas empfangen hast. Weißt du noch, was passiert, wenn du Gedanken produzierst? *Sie werden Dinge.* Das heißt, wenn du Gedanken des Empfangens denkst, dann wollen sie erfahrungsgemäß in manifestierter Form zu dir zurückkommen. Und das gelingt nur, indem sie *Umstände schaffen*, in denen du tatsächlich das erhältst, wofür du dich bedankst, damit du dann die Dankbarkeit empfinden kannst, die du »vorher« ausgesendet hast.

Wie immer ist auch hier die Emotion, mit der du deine Dankbarkeit verstärkst, am wichtigsten. Ja, du musst nicht einmal für etwas Bestimmtes dankbar sein, es reicht aus, wenn du das Gefühl vermittelst, »ich habe empfangen«. Die Folge wird sein, dass das Universum (dein Höheres Selbst, *deine Gedanken*) dir den Grund für deine Dankbarkeit nachliefert, sich Gelegenheiten und Überraschungen einfallen lässt, *die dir selbst nie in den Sinn gekommen wären*, die jedoch genau von der Art sind, um die Empfindung zu manifestieren, über die du *tatsächlich* nachgedacht hast!

Das ist der Grund, warum Dankbarkeit fähig ist, die unglaublichsten Veränderungen herbeizuführen. Entgegen der weitverbreiteten Auffassung liegt es nicht daran, dass das Universum sich über deine Dankbarkeit freut und dir deshalb noch mehr zukommen lässt; ein solches auf irgendwelchen Urteilssprüchen basierendes System gibt es nicht. Dankbarkeit funktioniert wegen der Emotionen und Gedanken, die sie erzeugt und die sich nur manifestieren können, indem sich diese Emotionen und Gedanken in richtige Dinge und Ereignisse in deinem Leben verwandeln.

Falls du jetzt meinst, dass das wie eine Art Selbstbedienung und daher unwürdig ist – Dankbarkeit zu zeigen, nur um etwas zu erhalten –, nun, das ist es nicht. Da handelt es sich bei dir lediglich um eine einschränkende Überzeugung. Tatsächlich ist genug für alle da, und die Tatsache, dass dir deine Träume erfüllt werden, bedeutet nicht, dass jemand anderer zurückstecken muss. Außerdem, wie willst du anderen etwas geben können, wenn du selbst nicht erst genug empfangen hast?

Dankbarkeit bewirkt *wahrlich* Wunder, also ist es gut und richtig, sie wann immer möglich in deine Affirmationen einzubeziehen. Sag dem Leben und seinen unfehlbaren Prinzipien Lob und Dank dafür, dass es deine Träume *bereits* manifestiert hat. Sag Worte wie: »Danke, dass du mich mit Gesundheit, Wohlstand, Freunden und Freude beschenkst! Danke, danke, danke!« und spüre deine Dankbarkeit.

Das Leben wartet auf dich – dass du ihm eine Richtung gibst und einen Sinn. Du brauchst nur den kleinen entzündenden Funken beitragen. Wenn du in Übereinstimmung mit deinen Träumen handelst, dann appellierst du an die unantastbaren Prinzipien des Lebens, setzt eine ganze Batterie unsichtbarer Kräfte in Bewegung. Es ist die gleiche Magie, die die Zugvögel am Himmel ihre Formation bilden lässt, Bären in den Winterschlaf schickt, Bienen zur Honigsuche veranlasst und Bäume wie alles Grüne wachsen lässt. Diesen Zauber rufst du wach, wenn du selbstbewusst handelst. Damit der Ball ins Rollen kommt, musst du nur zielen und werfen. Und wie ein Bumerang werden deine Absichten – gestützt von deinen Gedanken, deinem Handeln und deinen Worten – manifestiert zu dir zurückkehren.

Wir alle sind Zauberer. Ein jeder von uns kann die Magie beschwören, um das erträumte Leben zu führen. Das ist unsere Aufgabe.

Kapitel 5
Geschenke des Himmels

Nun haben wir über Gedanken, unsere Überzeugungen, über Emotionen und Handlungen gesprochen, doch welches dieser Mosaiksteinchen kommt zuerst? Wo beginnt der Zyklus? Was inspiriert unsere Gedanken, die sich dann in Dinge verwandeln, die unsere Emotionen hervorrufen, auf deren Basis wir Urteile fällen, Überzeugungen formulieren und schließlich unsere nachfolgenden Gedanken, Emotionen und Handlungen hervorbringen? Welches ist das erste Glied in der Kette?

Im dritten Kapitel, »Emotionen«, habe ich behauptet, dass am Anfang ein von Gott (oder der göttlichen Intelligenz) empfundener gewaltiger Wunsch stehen muss, damit Raum und Zeit Wirklichkeit werden konnten. Die Antwort lautet also: An erster Stelle steht der Wunsch; er geht allem voraus, und wir sind aus ihm entstanden. Und hier sind wir nun, Teil dieses göttlichen Wunsches, und sollen mit unserem Schöpfertum und unserem Sehnen unseren Traum auf eine neue Ebene führen. Und wir sind dazu fähig, weil wir mit einem freien Willen und der Macht über unsere Gedanken ausgerüstet wurden.

Der Traum: Er lebt und es geht ihm gut

Manche unserer Träume sind angeboren, andere hingegen erschaffen wir im Verlauf unserer Lebensreise selbst. Die angeborenen Träume, die wie ein Implantat in unserer Seele sitzen und ebenso sehr ein Teil von uns sind wie unsere Persönlichkeit, haben ihren Ursprung außerhalb unseres Bewusstseins. Viele sind der Meinung, dass wir spirituelle Wesen sind, die sich als Menschen verkörpert haben, und dass wir aus der Unendlichkeit unseres spirituellen Selbst in Form von Träumen und Sehnsüchten ebenso wie durch instinktive Eingebungen und Impulse Führung erfahren – *unser Gefühl* hilft uns, den Weg zu finden.

Das Gefühl, dieses *Geschenk des Himmels*, ist mehr himmlischen Ursprungs als zum Beispiel unsere Gedanken, Emotionen und unsere Handlungen. Denn diese sind häufig ein Nebenprodukt unserer Erfahrungen. Sie entwickeln sich aus unseren Reaktionen auf Ereignisse und Umstände, die wir selbst erschaffen. Unser Gefühl hingegen – und hier meine ich Intuitionen und Impulse, die aus unseren Sehnsüchten erwachsen, und nicht Emotionen – gelangt zu uns wie ein Geschenk des Himmels. Es ist deshalb ein Geschenk, weil es seinen Ursprung außerhalb unseres normalen Bewusstseins hat, nicht außerhalb von uns selbst, sondern in unserem tiefsten Inneren, das *unabhängig* von der physischen Welt existiert, in der wir leben.

Selbstverständlich gibt es, da Raum und Entfernungen reine Illusion sind, nicht wirklich eine Trennung zwischen unserem spirituellen und unserem physischen Selbst. Doch da wir uns so sehr auf die »Wirklichkeit der Dinge« konzentrieren, haben wir die Ausbildung und Verfeinerung unserer spirituellen Fähigkeiten sehr vernachlässigt. Sobald wir jedoch anfangen, unsere spirituelle Sicht zu schulen, kommen wir unserem höheren Selbst in all seinen Facetten näher und damit auch der magischen Quelle in uns, die unser Bewusstsein hervorbringt.

Unmittelbares Wissen

Das sprichwörtliche »Bauchgefühl«, unsere Impulse und Intuitionen sind Formen unmittelbaren Wissens wie auch die »spontane Erleuchtung«. Sie alle haben ihren Ursprung in unserem höheren Selbst. Unsere Eingebungen sagen uns die Wahrheit über unsere Wirklichkeit und die Dramen, die wir gerade ins Leben rufen. Sie gleichen dem Blick durch unser ganz privates Fenster auf unseren »göttlichen Geist«, und dieser Blick wird uns oft gerade dann gewährt, wenn wir es am wenigsten erwarten. Indem wir uns jedoch darin üben, diese Fenster zu öffnen, können wir uns die dahinter verborgene Weisheit zunutze machen.

Da wir nun einmal spirituelle Wesen sind, denen keine Grenzen auferlegt wurden, und da Raum tatsächlich nichts als Illusion ist, befinden wir uns wirklich *überall* gleichzeitig. Unser Bewusstsein erstreckt sich bis in die am weitesten entfernte Ecke des Raumes und schließt jedes Atom und Molekül auf unserem Planeten Erde ein.

In diesem Augenblick, in dem du dieses Buch liest, bist du im wahrsten Sinne des Wortes mit Menschen verbunden, die ihr Leben in China, Italien und Saudi-Arabien führen – mit jedem, überall, *immer*. Manche Autoren und Tierverhaltensforscher haben die Spitze des Eisbergs berührt, als sie ein Phänomen beschrieben, das inzwischen unter dem Namen »Prinzip des hundertsten Affen« bekannt ist und noch immer heiß debattiert wird. Ihnen zufolge verbreitet sich erlerntes Verhalten unmittelbar von einer Affengruppe zu allen übrigen Mitgliedern dieser Gattung, sobald eine kritische Anzahl überschritten wird. Verallgemeinernd bedeutet dies, dass es zu einer paranormalen Verbreitung einer Idee oder Fertigkeit innerhalb einer Bevölkerung kommt, wenn ein bestimmter Teil dieser Bevölkerung von dieser Idee erfahren oder die Fertigkeit erworben hat. Dieses Phänomen ist nicht nur auf die Gegenwart beschränkt, sondern erstreckt sich in alle Ewigkeit, in die Vergangenheit und Zukunft. Wir alle sind eins, und wir alle sind direkt an alles Wissen und alle Fakten in allen Zeiten und an allen Orten, in Vergangenheit und Zukunft angeschlossen. Und dieses Wissen verschafft uns den Zugang zu unendlicher Weisheit – es sei denn, wir denken oder glauben, es verhalte sich anders. Wenn wir zum Beispiel überzeugt sind, »nur« Menschen zu sein, die nicht mehr wissen können, als ihnen beigebracht wurde oder was sie am eigenen Leib erfahren haben, dann bringen wir diese Quelle der Einsichten zum Versiegen.

Unsere Verbindung mit dem Unendlichen macht uns zu übersinnlichen Wesen, auch wenn einige Menschen den Zugang leichter finden als andere. Dein Zugang zur unendlichen Weisheit beginnt mit deiner Erkenntnis, dass sie dir bereits zur Verfügung steht. Fast immer glauben wir uns so verhalten zu müssen, als wüssten wir nichts (und die Gesellschaft und unsere Überzeugungen bestärken uns darin). Nur, wenn wir unser Wissen »beweisen« können oder wir es uns auf intellektuellem Weg angeeignet haben, in der Regel von einer Quelle außerhalb von uns selbst, ist es glaubwürdig. Doch der Beweis für das Gegenteil sind deine eigenen zahlreichen Erfahrungen mit *unmittelbarem Wissen*. In den Augenblicken, in denen du deine eigenen, ganz persönlichen Offenbarungen erlebst, verwandelst du dich übergangslos vom Fragenden zum Wissenden.

Wir alle bedienen uns im Lauf unseres Lebens unserer Verbindung zum göttlichen Geist. Du kannst dir deine Erfahrung mit dieser Verbindung bewusstmachen, indem du dich fragst, woher deine Gedanken, Erinnerungen oder Ideen eigentlich kommen.

Hier eine kleine Übung.

Während du diese Worte liest, hole tief Luft, halte den Atem an und lass dann die Luft wieder ausströmen.

Sobald du dich ruhig und entspannt fühlst, kehre in Gedanken zurück zu einem Ereignis in deiner Kindheit, das stattfand, bevor du ungefähr zehn Jahre alt warst.

Hat es geklappt? Nun, wo hat diese Erinnerung ihren Ursprung? Bestimmt glaubst du nicht, dass sie im physischen Sinne irgendwo in deinem Gehirn eingelagert ist. Diese Erinnerung ist von deiner spirituellen Essenz aufbewahrt worden. Und indem du sie in der Gewissheit, *dass du es kannst*, herbeirufen *wolltest*, hast du sie in den gegenwärtigen Augenblick geholt.

Jetzt erinnere dich an etwas, das gestern irgendwann im Verlauf des Tages stattgefunden hat.

Fertig? Nun hast du wieder etwas an die Oberfläche geholt. Woher ist es gekommen? Vor wenigen Augenblicken war es noch *nicht* da. Und ist dir schon einmal aufgefallen, dass dir, wenn du über ein zurückliegendes Ereignis nachdenkst, nach und nach mehr und mehr Einzelheiten dazu einfallen und in dein Bewusstsein geschwemmt werden?

Noch eine Übung.

Erinnere dich jetzt an die Bauweise und die Werkzeuge, die beim Bau der Pyramide von Gizeh verwendet wurden.

Was ist geschehen? Gerade eben noch hast du dich deiner direkten Leitung bedient, aber nun versagt sie. Man hat uns beigebracht, dass wir die Antwort nicht kennen *können*, weil wir nicht dabei waren, als die Pyramiden in den Himmel wuchsen. Und doch *können* wir intuitiv wissen, dass unser

Gedächtnis nicht irgendwo körperlich in unserem Gehirn sitzt, und wir *können* wissen, dass »wir alle eins sind«. Aber wenn wir alle eins sind, durch alle Zeiten und Räume, befände sich dann nicht ein Teil von uns in Ägypten beim Bau der Pyramiden? Meiner Meinung nach ist diese Aussage wahr. Wir haben nur noch nicht gelernt, uns des »Muskels«, der uns solche Einblicke verschafft, zu bedienen und ihn zu trainieren. Unser Zweifel hält uns davon ab, die bewusste Intention zu erzeugen, die die Voraussetzung für intuitives Wissen ist. Und doch geschieht bei sogenannten »Astralprojektionen« und bei bestimmten Formen der »Hellsichtigkeit« nichts anderes.

Xenoglossie ist die Fähigkeit, eine fremde Sprache zu sprechen, ohne sie je gelernt zu haben. Das Phänomen tritt typischerweise unter Hypnose auf. Doch weil solche Geschichten sich nicht mit den gegenwärtigen Überzeugungen unserer Kultur decken, machen sie nie Schlagzeilen. Lieber vermutet man, dass die hypnotisierte Person *irgendwann früher einmal* mit dieser Sprache konfrontiert gewesen sein muss, und dabei belässt man es. Es spielt keine Rolle, dass immer wieder von solchen Sachverhalten berichtet wird, genauso übrigens wie von Erinnerungen an frühere Leben, außersinnlichen Wahrnehmungen und von anderen paranormalen Erscheinungen. Die weitere Erforschung solcher Phänomene kommt nicht in Frage, weil die Überzeugungen unserer Gesellschaft es uns nicht gestatten, die Möglichkeit eines spontanen Wissenserwerbs auch nur in Betracht zu ziehen. Hemmende Überzeugungen weisen alle Beweise für Umstände und Ereignisse von der Hand, die sich nicht mit ihnen decken, also wird die Sache fallengelassen. Doch in Wahrheit ist alles Wissen und alle Weisheit jedem von uns jederzeit und unmittelbar zugänglich, vorausgesetzt wir verabschieden uns von denjenigen unserer Überzeugungen, die uns am Zugriff darauf hindern.

Der Beweis für das Gegenteil sind deine eigenen
zahlreichen Erfahrungen mit *unmittelbarem
Wissen*. In den Augenblicken, in denen du deine
eigenen, ganz persönlichen Offenbarungen erlebst,
verwandelst du dich übergangslos vom Fragenden
zum Wissenden.

Mein Ziel, all dies hier zu erörtern, ist es nicht, dich in einen
Zustand zu katapultieren, in dem du jetzt sofort alles weißt
oder in fremden Zungen sprichst. Ich will dir vielmehr helfen,
dich auf deine *Geschenke des Himmels* einzustimmen, damit
du dein Leben verbesserst, Veränderung herbeiführst und deine Träume lebst – zum Glück glaubt unsere spirituell zurück-
gebliebene Gesellschaft wenigstens schon an die Realisierbarkeit dieses letzten Punktes.

Kreativität: unser Bindeglied zum göttlichen Geist
Kreatives Denken hat seinen Ursprung in der Fähigkeit eines
Menschen, das Vertrauen allein auf den rationalen Verstand
auszuschalten und stattdessen direkt auf die göttliche Intelligenz zuzugreifen. Tatsächlich sind wir alle im höchsten Maß
kreativ, doch aufgrund der uns einschränkenden Überzeugungen verwehren wir unserer Kreativität oft genug den frei-
en Fluss.
Kreativ zu sein ähnelt einem Geburtsprozess. Plötzlich wird
etwas erschaffen, was es nie zuvor gegeben hat und was hin-
fort und für alle Zeit der Verwendung durch alle offensteht.
Als meine Mutter, mein Bruder Andy und ich ein paar Jahre
im T-Shirt-Geschäft waren, erklärten uns unsere Vertreter
und die Grossisten, dass wir unbedingt etwas mit Delphinen
im Angebot haben müssten. Wir erfüllten ihnen den Wunsch,
doch unser Design fiel durch. Wir machten einen neuen Versuch. Diesmal hatte Andy seine Sache großartig gemacht,
doch der Text, den wir den Delphinen dazustellten, geriet uns

zu salbungsvoll. Da wir jedoch den Termin einhalten mussten und darüber hinaus noch andere Verpflichtungen hatten, entschieden wir, die Sache mit dem schwachen Text in Druck zu geben. Doch als ich am Abend das Büro verlassen wollte, war mir mit einem Schlag klar, dass auch dieses T-Shirt floppen würde, wenn der Text so bliebe. Da kein anderer da war, um den Text zu schreiben, beschloss ich, es zu versuchen. Ich kann es mir bis heute nicht erklären, aber ich war mir sicher, dass ich etwas Besseres zuwege bringen würde.

Nach einer Stunde hatte ich das Problem gelöst und trotz meines vorauseilenden Selbstvertrauens war ich über das ausgezeichnete Ergebnis geradezu erschüttert. Ich hatte alles hinbekommen: eine knappe Botschaft mit überzeugenden Reimen und gutem Rhythmus. Ich war mir sicher gewesen, dass es mir gelingen würde, doch welchen Inhalt der Spruch haben oder wie ich ihn zustande bringen würde, davon hatte ich keine Ahnung. Meine Konzentration, Intention und Erwartung, die sichtbar wurden, indem ich zur Tat schritt, den Stift aufs Papier setzte und einfach loslegte, förderten aus dem Pool göttlicher Intelligenz den »Gedanken« zutage, der bis heute unser beliebtestes T-Shirt ziert. Innerhalb weniger Jahre verkauften wir nahezu hunderttausend T-Shirts damit und noch dazu Kaffeebecher, Grußkarten und alles Mögliche andere in jeden Winkel der Welt. Die Magie konnte wirken, als ich mich auf das Endergebnis einließ und mich von der Fähigkeit meines Gehirns verabschiedete, die Sätze entsprechend knackig formulieren zu müssen. Ich war mir meiner Intention sicher, glaubte an ihre Umsetzung und wurde aktiv, indem ich den Stift in die Hand nahm. Irgendeine Magie ließ mich beiseitetreten, damit die Details sich um sich selbst kümmern konnten, während ich lediglich bei meiner Vision davon blieb, was ich zu erreichen hoffte.

Kreativität ist ein weiterer schlagender Beweis dafür, dass wir keineswegs auf unsere physische Existenz beschränkt sind, sondern sogar Einsichten, Antworten und Lösungen aus dem nichtphysischen Reich beziehen können, um damit unser Abenteuer in Raum und Zeit zu optimieren.

Mediale Durchsagen und automatisches Schreiben: Ausdruck des höheren Selbst

Ein weiteres Beispiel für unsere angeborene Verbindung zu unserem höheren Selbst sind gechannelte Texte. Falls du nicht weißt, was das ist: Es gibt Menschen, die in Trance gehen und sich als sogenannte Channel oder Medien für einen anderen Teil ihres Seins oder sogar für eine andere Persönlichkeit zur Verfügung stellen können. Bekannte Beispiele sind Jane Roberts, auf die das *Seth*-Material zurückgeht, J. Z. Knight, der Ramtha channelte, und Esther Hicks, durch die Abraham spricht. Bei all diesen Beispielen sind die Durchsagen von solch hervorragender Qualität, dass sie praktisch unverändert zwischen zwei Buchdeckeln veröffentlicht werden konnten.

Kreativität ist ein weiterer schlagender Beweis dafür, dass wir keineswegs auf unsere physische Existenz beschränkt sind, sondern sogar Einsichten, Antworten und Lösungen aus dem nichtphysischen Reich beziehen können.

Andere werden durch automatisches Schreiben zum Kanal. *Gespräche mit Gott* von Neale Donald Walsch und *Die Möwe Jonathan* von Richard Bach sind zeitgenössische Beispiele. Die Autoren behaupten, dass ihr Stift praktisch von selbst zu schreiben angefangen habe oder dass ihr Buch das Produkt des Diktats eines nicht abreißenden Stroms von Worten gewesen sei, der wohlgeordnet durch ihren Kopf rauschte. Auch hier ist irgendeine textliche Bearbeitung überflüssig; der erste Entwurf deckt sich mit dem endgültigen Manuskript. Ob nun gesprochen oder geschrieben, beides sind Beispiele für gechannelte Texte und unsere Verbindung mit dem Unendlichen. Meiner Meinung nach kann es keinen Zweifel geben, dass jeder Mensch dieser Art Kommunikation fähig ist.

Ja, ich glaube sogar, dass wir alle ununterbrochen und jeden Tag unseres Lebens damit zu tun haben – nicht unbedingt mit anderen Persönlichkeiten, doch auf jeden Fall mit übergeordneten Bereichen unserer selbst – unseren Eingebungen und Intuitionen. Ich möchte zwar nicht behaupten, dass ich irgendwelche Erfahrungen gemacht habe, die auch nur annähernd dem gleichen, was diese Leute an Durchsagen bekommen haben. Aber ich kann mich nur über den Prozess der Kreativität wundern, ob es nun um Geschriebenes, Gedachtes oder Errechnetes geht, denn immer frage ich mich: »Woher kommt das alles bloß? Wo hat mein Bewusstseinsstrom seinen Ursprung?« Zwar sind wir alle physische Geschöpfe, doch unsere *Gedanken* können *unmöglich* ein Produkt unseres Gehirns sein (wenn überhaupt, dann werden sie von ihm verarbeitet). Unser physischer Körper übersetzt unsere spirituelle Energie für eine physische Welt, die nur aufgrund unserer göttlichen Anbindung an das Unendliche besteht.

Nun möchte ich aber doch zur Vorsicht mahnen, wenn es um gechanneltes Material geht. Nur weil diese Art Information ihren Ursprung jenseits von Raum und Zeit hat (was übrigens auf jegliche Information zutrifft), heißt das nicht, dass sie immer präzise oder auch hilfreich ist. Ich habe gechannelte Texte gelesen, die ich als äußerst primitiv, entwürdigend und negativ empfand. Ein jeder muss also selbst für sich erkennen, was stimmig ist. Am besten gelingt dies, wenn wir unserem Bauchgefühl folgen. Falls dir irgendwelche Information – ob gechannelt oder nicht, meine eigenen Worte hier eingeschlossen – komisch vorkommt, dann vergiss sie ganz schnell. Du musst dein eigener Moderator und Filter für all die Informationen da draußen sein, ganz egal, aus welcher Quelle sie stammen.

Auch wenn nicht alles gechannelte Material zwangsläufig nützlich ist, so beweist sein Vorhandensein doch, dass es jenseits von Raum und Zeit noch mehr gibt. Außerdem zeigt es, dass nicht alles Wissen auf Ereignisse in Raum und Zeit zurückgeführt werden kann, wie man uns fälschlicherweise beibringt. Wir müssen uns nicht ausschließlich auf unseren logischen Verstand verlassen, um aus den Aufgaben und Herausforderungen schlau zu werden, mit denen wir es zu tun haben. Indem wir Intuition und Bauchgefühl, Kreativität und Instinkt mit einbeziehen, gelingt es uns besser, den Erfordernissen des Lebens zu begegnen.

Lass deinen brennenden Wunsch die Welt entflammen

Wir sind nicht nur hier, um unsere Bedürfnisse zu befriedigen und um zu überleben; der ursprüngliche große Wunsch, der Raum und Zeit hervorgebracht hat, sah nicht vor, dass wir lediglich mit plus minus null abschließen sollten. Wir sind hier, um Freude zu haben und glücklich zu sein, um uns zu entfalten und zu wachsen. Das ist aber nur möglich, wenn wir den einzigartigen Interessen und Herzenswünschen nachgehen, die jeder Mensch individuell für sich besitzt. Unsere Wünsche sind Geschenke, und als solche müssen wir sie auch wertschätzen. Sie sind das, was unserem Dasein Leben einhaucht; was uns inspiriert und uns unser tatsächliches Potenzial erahnen lässt. Auch unsere Wunschträume sind Geschenke, und sie sind weit bemerkenswerter, als wir glauben. Sie sind für uns maßgeschneidert, basieren gleichermaßen auf dem, was wir uns wünschen und wonach unsere Seele sich sehnt, ziehen alles in Betracht, damit wir wachsen können – unsere Bildung, unsere Neigungen, unsere Begabungen, unsere Aussichten und unsere Stärken. Und noch besser als das versprochene Ziel ist die Reise durch die Meere und Landschaften des Lebens, die uns inspirieren, denn sie eröffnen zahllose Möglichkeiten für den Austausch mit anderen, unglaubliche »Fügungen« und wunderbare »Zufälle«. Aber du weißt ja, es gibt weder Fügungen noch Zufälle; unsere Gedanken haben sie erschaffen und jonglieren mit den Mitspielern und Umständen unseres Lebens, damit wir tatsächlich auch das erhalten, was wir erdacht haben.

Deine Träume schöpfen auf dem Weg zu ihrer Erfüllung aus dem Unendlichen. Nur wenn du ihre Verwirklichung mit Leib und Seele anstrebst, kannst du der Welt alles geben, was in dir steckt, und deinen ureigensten Sehnsüchten gerecht werden. Hätte denn Thomas Edison sich den Unterdrückten so widmen können, wie Mutter Teresa es tat? Hätte Albert Einstein die Errettung der Menschheit predigen können, so wie Martin Luther King? Hätte Abraham Lincoln Autos bauen können wie Henry Ford? Diese Persönlichkeiten sind dir nur deshalb ein Begriff, weil sie ihren Leidenschaften, ihren angeborenen Neigungen und ihrer inneren Stimme gefolgt sind. Obwohl wir es manchmal für selbstsüchtig halten, wenn jemand unbedingt seine Träume verwirklichen will, profitiert doch die Mehrheit *immer* und manchmal über Generationen hinweg von den – wie Richard Bach sie nennt – »auf göttliche Weise egoistischen Seelen«, die darauf bestehen, nach ihrer eigenen Fasson glücklich zu werden.

Unsere Träume und Sehnsüchte sind ebenso einzigartig wie unsere Fingerabdrücke. Nicht ohne Grund sind unsere Träume so verschieden: So erhöht sich die Wahrscheinlichkeit, dass jeder von uns die Abenteuer und Lektionen findet, die ihn am meisten bereichern. Nicht jeder will Arzt werden oder schön sein oder – glaub es oder nicht – ein leichtes, angenehmes Leben führen. Es gibt keine zwei Menschen, die sich genau dasselbe wünschen. Nicht anders verhält es sich, wenn wir unseren Urlaub buchen: Die einen wollen sich am liebsten entspannen und so wenig wie möglich tun, während andere sich in unterschiedlichem Maß nach Risiko und Herausforderung sehnen.

> **Der ursprüngliche große Wunsch, der Raum und Zeit hervorgebracht hat, sah nicht vor, dass wir lediglich mit plus minus null abschließen sollten.**

Wenn wir unsere Träume als leichtfertig oder selbstsüchtig aufgeben oder wenn wir sie durch die idealisierten, vorherrschenden Träume des Mainstream ersetzen – die nicht wirklich die unseren, aber dafür praktischer, leichter zu verwirklichen und erprobter sind –, dann hemmen wir unser Wachstum und unser Glück.

Leider kommt diese Verwechslung andauernd vor, wenn man uns nämlich »zu unserem eigenen Besten« in die vermeintlich »richtige« Richtung zu lenken versucht. Zwar handeln Gesellschaft oder Familie meist mit bester Absicht, doch niemand kann dich jemals so gut kennen wie du dich selbst. Niemand kann wissen, was dich erfüllt oder was dich antreibt; kein anderer kann deine Instinkte und Impulse wahrnehmen; und niemand als du selbst kann wissen, welche Potenziale und Talente in dir schlummern.

Zurück auf den richtigen Weg

Falls du dich gerade mitten im Leben auf einem Pfad befindest, den dir andere und deine dich einschränkenden Überzeugungen aufgeschwatzt haben, und falls du meinst, so weit vom Weg abgekommen zu sein, dass du keine Ahnung hast, wer du bist und über welche Potenziale du verfügst, dann stellst du dir vermutlich eine der häufigsten Fragen aller Zeiten: »Was soll ich eigentlich mit meinem Leben anfangen?« An diesem Punkt im Leben angelangt zu sein ist kein Vergnügen. Ich weiß es, auch ich war einmal dort. Zum Glück ist es viel leichter, diesen Punkt hinter sich zu lassen, als es den Anschein hat. Nachfolgend ein paar Gedanken, die dich zurück auf den richtigen Weg bringen sollten:

1. Sei du selbst. Das wird dir zwar nicht gefallen, aber es gibt nicht die *eine* Antwort auf deine Frage, was du mit deinem Leben anfangen sollst. Natürlich hört sich das abgedroschen an, wenn man sagt, dass jeder seine ganz und gar eigene Rolle spielen muss – eine besondere Nische füllen muss, die kein anderer jemals füllen könnte. Aber diese Rolle oder Nische ist tatsächlich genau so, wie sie ist, weil *du bist, wie du bist*.
Sei einfach der Mensch, der du bist, unabhängig davon, welchen Beruf du ergreifst. Aus spiritueller Sicht ist dein Bewusstsein – deine Existenz – einzigartig, und *allein* darum geht es. Es ist wirklich völlig gleichgültig, welchen Beruf du ausübst, solange du dabei *du selbst* bist. Und indem du dir selbst treu bist, wirst du durch deine natürlichen Neigungen und Impulse automatisch darauf stoßen, womit du die Welt am meisten bereichern kannst.

2. Kümmere dich um das, was gerade ansteht. Wenn du dich fragst, was du mit deinem Leben anfangen sollst, dann mach dir zuerst klar, dass der Punkt, an dem du dich befindest, etwas zu bedeuten hat und dass es einen Grund dafür gibt, warum du gerade dort bist. Das heißt nicht, dass dieser Grund tiefgreifend sein muss, und auch nicht, dass du dort bleiben musst, wo du bist – wo immer es ist. Es heißt, dass dieser Punkt dein Ausgangspunkt ist. Und es heißt, dass du genau da bist, wo du sein sollst. Blick also nicht zurück und bezweifle nachträglich irgendwelche Entscheidungen, die du in der Vergangenheit getroffen hast.

Nimm deine gegenwärtige Situation als die an, die sie ist, und gib dein Bestes, solange du dort bist. Kämpf nicht dagegen an, denn sonst wirst du dich so eng mit deinen negativen Gedanken und Gefühlen verbinden, dass du gar nicht mehr von der Stelle kommst! Akzeptiere stattdessen deine Situation, vertrau dich dem Fluss des Lebens an, zolle dir selbst Anerkennung und begreife, welchen Wert sie hat. Dann wirst du dich über alles Unangenehme, mit dem du jetzt vielleicht zu tun hast, hinwegsetzen.

Schließlich würdest du nicht die Fragen stellen und die Antworten erhalten, die du jetzt stellst und erhältst, wenn du dich nicht genau dort befändest, wo du jetzt bist.

3. Folge deiner Freude. Ob du dich nun verirrt hast oder nicht, *folge immer deiner Freude*. Das heißt nicht, dass das Leben eine Party ohne Ende sein soll. Freude kann aus einer zur vollen Zufriedenheit erledigten Arbeit erwachsen oder daraus, dass man seine Sache als Eltern oder Partner gut macht, oder daraus, dass man seinen Garten in Schuss bringt. Wenn du die richtige Perspektive hast, dann kann fast alles Spaß machen.

Du weißt, was dich mit Frieden und innerer Zufriedenheit erfüllt. Bestimmt erinnerst du dich daran, was dir als Kind Spaß gemacht hat. In dieser Hinsicht hast du dich vermutlich nicht sehr verändert. Denk zurück an diese Zeit. Ich selbst war am glücklichsten, wenn ich draußen sein, durch den Wald stromern, im Boot über das Wasser paddeln oder irgendetwas bauen konnte – all das begeistert mich noch immer. Durchleuchte dein Leben, und mach dich von neuem vertraut mit all dem, was dir damals Spaß gemacht hat. Freude soll deine oberste Priorität sein.

4. Fang an. Auch dann, wenn du dir nicht sicher bist, was du mit dem Rest deines Lebens anfangen sollst, mach heute deine ersten Schritte, egal in welche Richtung, Hauptsache, es hat etwas mit dir zu tun. Tu etwas. Irgendetwas ist besser als nichts. Beweg dich. Fang an, aktiv zu werden. Sei der zündende Funke. Tu einfach das, was du tun kannst. Verknüpfe deinen Arbeitsalltag und dein Wochenende mit neuen Gedanken und Schritten und beweg dich vorwärts, egal wie. Hab Geduld mit dir und erwarte nicht, über Nacht zur Erleuchtung zu finden. Sie *wird* kommen und sie wird dir den Weg weisen; das ist unvermeidlich. Und du kannst diesen Prozess beschleunigen, indem du dich unablässig mit dem beschäftigst, was gerade jetzt vor dir liegt.

Die schwierigste Frage

Nun, da wir so viel über unsere Träume und Wünsche gesprochen haben, sind dir bestimmt schon ein paar deiner eigenen oder wenigstens welche von anderen Leuten eingefallen, die fragwürdig sind. Was ist mit denen? Sind sie Geschenke des Himmels? Soll man sie zur Erfüllung bringen?

Zunächst einmal sei gesagt: Damit irgendetwas als fragwürdig bezeichnet werden kann, muss irgendjemand eine entsprechende Bewertung vorgenommen haben. Denke also daran, was dem einen »schlecht« erscheint, kann für den anderen sehr wohl etwas »Gutes« sein. Zum Beispiel begegnen die meisten Menschen überall auf der Welt dem Thema Geld mit äußerst gemischten Gefühlen. Für manche ist es die Wurzel alles Bösen; für andere ist es ein Ausdruck von Freiheit, Leistung und Sicherheit.

»Und was ist«, möchtest du vielleicht fragen, »wenn ein Wunsch sich negativ auf andere Menschen auswirkt?« Nun, ob andere nun negativ beeinträchtigt werden oder nicht, ist ebenfalls nur eine Frage der persönlichen Einschätzung – auch dann, wenn sie tatsächlich in Mitleidenschaft gezogen werden wie etwa, weil ihre Partnerschaft durch eine dritte Person beendet wurde. Bedeutet diese Tatsache wirklich, dass negativ Einfluss genommen wurde? Was ist mit dem Lernen, Wachsen und der Entwicklung, die immer dann stattfindet, wenn wir emotionalen Schmerz erfahren? Wenn eine Beziehung zu Ende geht, dann können die Beteiligten sich nur dann verletzt fühlen, wenn sie selbst sich so entscheiden und es zulassen, dass sie sich verletzt fühlen. Bedenke auch, dass keinem von uns etwas zustößt, es sei denn, er ist dafür bereit. Zufälle gibt es nicht, und das sogenannte Unglück ist nichts anderes als der Trittstein zu einer höheren Aussichtsplattform. Was geschieht, kann nur geschehen, weil dich deine brandneuen Gedanken in ein unbekanntes Terrain geführt haben.

Herausforderungen kommen, wenn du bereit bist, zu wachsen und zu lernen. Man kann sie als ideale Lektionen betrachten, die dich auf dem Weg zur Manifestation deiner Gedanken und Träume voranbringen. Und wenn das auf dich zutrifft, dann gilt es auch für andere.

In großen Zusammenhängen denken

Vielleicht sind deine Fragen zu »fragwürdigen« Gedanken und Wünschen noch nicht gänzlich beantwortet, doch bevor wir uns mit diesem Thema weiter beschäftigen, wollen wir zunächst ein bisschen in »großen Zusammenhängen« denken. Du sagst dir vielleicht: »Oje, es scheint, als hätte ich zu viel Macht; ich bin fähig, jemandem das Herz zu brechen oder aber ihn mit meiner Liebe zu erdrücken.« So gesehen könnte man tatsächlich meinen, dass du eine Menge Macht über das Leben anderer hast, und da stellt sich dir die Frage, wie sie denn noch ihre eigene Wirklichkeit erschaffen können, wenn du so frei darin bist, wie du dich ihnen gegenüber verhältst. Wenn man die Sache andersherum betrachtet, könntest du hingegen glauben, dass deine Mitmenschen – in Anbetracht der Tatsache, dass auch sie tun und lassen dürfen, was sie wollen – großen Einfluss auf dich nehmen können. Wie also wirkt sich all dies auf dein Recht aus, die Gestaltung deiner Wirklichkeit selbst in die Hand zu nehmen?

Nun, auch wenn wir alle gleichermaßen über einen freien Willen verfügen, dann ist doch das Morgen nicht das vermeintliche ganz und gar leere Blatt Papier. Basierend auf meinen Überzeugungen und meiner Weltsicht gibt es für mich nur eine Handvoll Richtlinien im Umgang mit anderen Menschen. Obwohl mir mein Verhalten vollkommen freisteht, kommt es für mich beispielsweise auf keinen Fall in Frage, einen anderen Menschen ins Gesicht zu schlagen. Außerdem liegt mir nichts daran, besonders gemein oder kaltherzig zu sein. Ebenso wenig würde ich unverfroren lügen oder andere in die Irre führen.

Es stimmt zwar, dass meinem Handeln keinerlei Beschränkungen auferlegt sind, dennoch ist es bis zu einem bestimmten Grad vorhersagbar – beschränkt auf eine relativ schmale Bandbreite von Wahrscheinlichkeiten, die auf meinen gegenwärtigen Überzeugungen beruht. Jeder ist in spiritueller Hinsicht zugleich überall, und weil unser Bewusstsein jeden einzelnen Menschen auf dem Planeten erreicht, wissen wir *genau*, welcher Art die Menschen in unserem Leben sind und welches *Handlungsspektrum* sie aufweisen. Falls sich dieses Spektrum auf eine Weise verändern sollte, die unseren Gedanken, Bedürfnissen und Wünschen widerspricht, dann sorgen die »Zufälle« in unserem Leben dafür, dass die Mitspieler ausgetauscht werden. Basierend auf den Gedanken, Überzeugungen und Erwartungen aller Beteiligten, treten Menschen in unser Leben und verlassen es wieder oder stehen für alle Zeiten mit uns in Verbindung. Es mag uns plötzlich und zufällig *erscheinen*, aber das *ist* es nicht.

Wer heute Bestandteil deines Lebens ist, ist es nicht zufällig. Ebenso wenig bist du per Zufall in ihrem Leben präsent. Wir alle lernen einander mit vorheriger Zustimmung näher kennen und mit dem vollständigen Wissen über die *möglichen* zu spielenden Rollen und ihr *wahrscheinliches* Ergebnis.

Um also nun zu der Frage zurückzukehren, ob unsere zweifelhaften Wüsche ebenfalls Geschenke sind, ja, das sind sie. Wünsche und Sehnsüchte sind einfach Wünsche und Sehnsüchte; sie sind weder gut noch schlecht. Aber manchmal sind sie das Ergebnis unserer Überzeugungen, die uns sagen, dass die Dinge, die wir uns wünschen, uns einen bestimmten Lohn einbringen. Doch wir alle kennen Menschen, die Dingen hinterherjagen, von denen *wir* wissen, dass sie sie nicht glücklich machen können; doch bis sie auf dem gleichen Wissenstand sind und ihre Überzeugungen sich verändern, werden sie die Jagd fortsetzen. Und was könnte zum Lernen besser sein, als eine Sache oder ein Ereignis zu manifestieren und so aus erster Hand zu erfahren, dass es nicht das Glück im Schlepptau hat? Zwar macht diese Lektion bestimmt keinen Spaß, aber zuletzt wird sie dir neue Einsichten bescheren, die dir deine alten Überzeugungen bisher verwehrt haben.

Träume, die aus Überzeugungen erwachsen

Am anderen Ende des Spektrums sind diejenigen unserer Träume und Wünsche, die keine *Geschenke des Himmels* sind, sondern ihren Ursprung in unseren Überzeugungen haben. Wie unterscheiden sich diese beiden voneinander? Eigentlich sehr wenig. Beide entstammen einer göttlichen Quelle – nämlich uns selbst im Hier und Jetzt – und auch die unseren Überzeugungen entsprungenen Träume und Wünsche treiben uns vorwärts und inspirieren uns, zu lernen, zu wachsen und glücklich zu sein.

Die beiden auseinanderzuhalten ist ein bisschen so, als würde man den Unterschied zwischen glücklichen und unangenehmen Emotionen begreifen und dabei die glücklichen als die natürlicheren betrachten, während man die unangenehmen normalerweise auf hemmende Überzeugungen und Wahrnehmungen zurückführt.

Was unsere eigenen Träume und Wünsche betrifft, so reicht es aus, einfach draufzuschauen, was sie versprechen, um so zu erkennen, ob sie durch einengende Überzeugungen belastet sind. Falls ihr Versprechen Glück, Freude und Erfüllung lautet, dann ist es eher unwahrscheinlich, dass sie unter dem Einfluss hemmender Überzeugungen zustande gekommen sind. Lassen sie jedoch auf Anerkennung, Status, Rechtfertigung oder etwas Ähnliches hoffen, möglicherweise *als Mittel*, um Glück, Freude und Erfüllung zu erlangen, dann müssen an irgendeiner Stelle einengende Überzeugungen ins Spiel gekommen sein. Diese Art Wünsche setzt voraus, dass etwas fehlt – etwas, das nach universellem Recht jedem von uns zusteht.

Wenn du beispielsweise davon träumst, das Herz eines bestimmten Menschen zu gewinnen, damit du selbst glücklich sein kannst, dann bist du irgendwo auf der Strecke zu der hemmenden Überzeugung gelangt, dass dein Glück von der Zustimmung oder der Gesellschaft dieses Menschen abhängt, und das ist einfach falsch. Ob es dir nun gelingt, das Herz dieses Menschen für dich zu gewinnen oder nicht, du hast deine Lektion noch nicht gelernt. Dein innerer Friede und dein Glück können nicht anhaltend sein, und irgendwo tief in deinem Inneren leuchtet dir das sogar ein. Wäre es in diesem Fall nicht sogar besser, dass es dir misslingt, diese Person für dich einzunehmen, damit du dich umso stärker genötigt fühlst, das zu lernen, was du lernen musst? Kannst du anhand dieses Beispiels erkennen, dass wir, selbst wenn wir großen emotionalen Schmerz aushalten müssen, dies letztendlich zu unserem eigenen Wohl tun? Und das gilt für jeglichen derartigen Schmerz. Statt ihn zu verfluchen, solltest du ihn lieber nutzen, um deine Überzeugungen und Wahrnehmungen besser zu verstehen.

Indem du deine von Überzeugungen herrührenden Wünsche durchleuchtest und durchschaust, wie sie dich motivieren, kannst du nach und nach begreifen, warum du das, was sie versprechen, scheinbar nicht hast. Falls es das Gefühl von Freiheit ist, das du dir durch einen neuen Besitz oder durch Reichtum erhoffst, könnte es dann vielleicht sein, dass du dich im Allgemeinen eher Zwängen unterworfen und irgendwie in der Falle fühlst? Oder: Aus welchem Grund solltest du dich nach Anerkennung und Bewunderung sehnen, es sei denn, beides fehlt in deinem gegenwärtigen Leben? Stell dir diese Frage. Denn als das unsterbliche spirituelle Wesen, das du bist, bist du frei – und es ist sehr wahrscheinlich, dass du auch in der frühen Phase deines Lebens von niemandem sonst Bewunderung und Anerkennung gebraucht hast als aus dir selbst heraus. Was also ist heute anders? Wie, wann, wo und warum hast du aufgehört, dich als vollkommen richtig, liebenswert und vollständig zu empfinden?

Suchst du nach einer neuen Arbeit, weil du dir Respekt erwerben willst? Sehnst du dich nach einer romantischen Beziehung, damit du Liebe empfinden kannst? Wünschst du dir Reichtum, damit du dich mächtig fühlst oder um Verantwortung zu vermeiden? Als Erstes musst du verstehen, was du auf der emotionalen Ebene willst, dann musst du dich fragen, warum. Sollte die Antwort irgendwie anders lauten als »weil ich wachsen und Freude haben will«, dann hast du vermutlich eine Lektion zu lernen, und die beginnt damit, dass du begreifst, warum du meinst, dass dir etwas »fehlt«. Wie kommt es, dass du glaubst, dass irgendetwas in deinem Leben fehlt – dass du unvollständig bist? Stell Fragen, denn wie du jetzt erkennst, haben sich deine Überzeugungen manifestiert und Wünsche sind zutage getreten, um das empfundene Ungleichgewicht wieder ins Lot zu bringen. Das ist in Ordnung, doch wenn du deinen Wunsch nicht durchschaust, dann wird es lange dauern, bis er sich realisiert. Und außerdem, wenn dein Traum dann schließlich wahr wird, könnte es sein, dass er dir genau das nicht gibt, was du dir eigentlich erhofft hattest.

Wann immer dein Sehnen sich auf etwas richtet, das du eigentlich schon haben oder sein solltest, wie etwa Anerkennung, Gesundheit oder Liebe, dann versuche zu verstehen, wieso dir genau das plötzlich fehlt und welche deiner Gedanken und Überzeugungen dich bisher daran gehindert haben, die Erfahrung zu machen, so, wie du bist, vollständig zu sein.

Alle Antworten, die du suchst, liegen in dir selbst. Frage dich täglich, wenn dich gerade nichts ablenkt, welche Richtung du einschlagen sollst, und such die Antwort in deinen Emotionen und Gefühlen. Fühle mit deinem Herzen und deinem Geist; der »richtige Weg« wird sich immer gut *und* zugleich sinnvoll anfühlen. Deine Mission im Leben, dein Sinn und Zweck ist es einfach und ausschließlich, *du selbst zu sein*. Das geht nur, wenn du dir zuhörst – deinen Sehnsüchten und Träumen und deinen Gefühlen. Worauf sonst solltest du schließlich hören? Was sonst könnte dir etwas über dich mitteilen, als deine Gefühle?

Du bist nicht deine Gedanken. Du bist nicht deine Überzeugungen. Du bist nicht einmal deine Emotionen, auch wenn du durch alle drei viel lernen kannst. Deine Wünsche und Gefühle bringen dich dir aber immer am nächsten. Sie sind kraftvoll, sie sind einzigartig – allein und ausschließlich die deinen –, und du musst ihnen Achtung entgegenbringen. Sie weisen dir die Richtung und zeigen dir, wie erfüllt und glücklich du wirklich sein kannst. Sie führen dich auf eine Reise durch Licht und Dunkel, durch Höhen und Tiefen.

Folge deinen Träumen;
du hast sie nicht umsonst und deshalb
den besten Grund, sie zu verwirklichen.

Deine *Gefühle* kommen zu dir durch ein Fenster, das sich zur göttlichen Intelligenz öffnet. Halte dieses Fenster offen, übe dich darin, durch dieses Fenster hinauszuschauen, und öffne dich deinem Herzen und solchen Gedanken, die du vielleicht noch nie zuvor gedacht hast. Lerne jetzt, den kostbaren Blick aus diesem Fenster zu schätzen. Und folge deinen Träumen; du hast sie nicht umsonst und deshalb den besten Grund, sie zu verwirklichen.

Kapitel 6
Magisches Universum

Wahrscheinlich liest du diese Worte und denkst, dass du und dein Leben, dass ihr so real seid; du denkst vermutlich auch, dass du die Kontrolle über diesen Augenblick hast; denkst, dass es dein Zuhause, dein Büro, deine Reise, dein Leben ist. Und du hast recht. Du *hast* die Kontrolle über all das, und zwar ausschließlich dank der zahllosen Wunder, die dich hier und jetzt erhalten und unterstützen; ausschließlich dank des Universums, das für den Zusammenhalt der Zellen in deinem Körper sorgt und sie beschützt; ausschließlich dank der Billionen von Atomen und ihren Protonen, Neutronen und Elektronen, aus denen du und deine Umgebung bestehen. All dies ausschließlich dank der Prinzipien des Universums, die zuverlässig dein Leben manifestieren und zugleich deine Erfahrungen mit denen *Milliarden* anderer Menschen abstimmen, die zugleich mit dir auf diesem Planeten leben.

Du *hast* die Kontrolle. Du bist unvorstellbar mächtig, wirst auf unbeschreibliche Weise geliebt, darfst unsterblich und frei das Leben deiner Träume führen, basierend auf den Gedanken, die zu denken du dich entscheidest – all das dank der Elemente, Prinzipien, der Gnade und Magie, die dich und die ganze Welt erhalten.

Das ist überwältigend, nicht wahr? Und all diese Dinge, die dich unterstützen und dir dein Leben ermöglichen, sind unsichtbar. Sie liegen im Verborgenen, und du musst es ihnen

155

überlassen, ihren Beitrag zu leisten. Aber vertraust du ihnen auch? Ohne Grundvertrauen in das Leben kann man nicht leben, also vertraust du *tatsächlich*, ob du es nun zugibst oder nicht. Aber *in welchem Maß*? Welchen Teil deines Lebens würdest du bereitwillig dem Unbekannten überlassen? Nun, je mehr du abgibst und je mehr du darauf vertraust, dass sich alles zu deinen Gunsten entwickelt, desto leichter ist dein Leben.

Jenseits von Sehen und Vermuten

Mit einem Wort, hier geht es um Vertrauen – darauf, dass die Sonne morgen wieder aufgeht, dass die Schwerkraft dich hier auf der Erde hält, dass die rotierenden Moleküle deines Körpers nicht aus der Bahn fliegen und dir verlorengehen, dass dein Herz weiterhin schlägt und deine Lungen atmen, dass für dich gesorgt ist und immer gesorgt sein wird und zuletzt darauf, dass deine Träume wahr werden.

Dieses Kapitel handelt vom Vertrauen in unser magisches Universum. Es ist das Vertrauen in die Magie, die unser Leben durchwirkt und in all den Dingen zu finden ist, die flüchtig, unsichtbar, leise und abstrakt sind und fast immer übersehen oder vorausgesetzt werden. Und doch ist ihr Vorhandensein in jeder Facette unseres Daseins so offensichtlich, wenn wir uns nur die Zeit nehmen, danach zu suchen.

Es stimmt, man muss sich auf sich selbst verlassen können, auf seine Familie und auf zahllose andere Dinge und Menschen, mit denen man täglich in Berührung kommt. Doch wenn es um die Wunder des Lebens geht, um das Unbekannte und in konkreter Begrifflichkeit Unfassbare, dann ist Vertrauen nicht genug, sondern *Glaube* ist gefragt. Glaube beinhaltet das Anerkennen von Geist – die Einsicht, dass du nicht aufgrund irgendeines kosmischen Zufalls hier bist, und das Wissen um dein wahrhaft göttliches Erbe. Wenn du glaubst, erkennst du an, dass du dein Leben hier nicht allein bewältigen musst, sondern unsichtbare Freunde hast und dass dir Energie zur Verfügung steht, von der du Führung und Trost beziehen kannst.

Wer oder was ist das Universum?

Ich gebe zu, dass es anfangs schwierig ist, an die Magie dieser unbekannten Wirklichkeit zu glauben, insbesondere da es sich um eine »verschwörerische« Magie handelt, die uns helfen und dienen will. Für unsere physischen Sinne *ist* das Unbekannte nichts als leerer, kalter und unpersönlicher Raum. Doch nur, weil das Unbekannte oder das Universum körperlich nicht erfahrbar ist, heißt das nicht, dass es steril und leblos ist. Im Gegenteil: *Es ist von Leben erfüllt. Es ist bewusst.* Und es ist dir in Liebe zugetan.

In Anbetracht der Schönheit unserer Erde sollte die Vorstellung nicht schwerfallen, dass die Quelle eines solchen Paradieses wenigstens genauso, wenn nicht noch viel strahlender und sensationeller sein muss. Das Universum ist ein pulsierender »Ort«, heiter und fröhlich, farbenprächtig, großzügig und herrlich lebendig und aus sich selbst heraus bewusst. Es ist mit Intelligenz ausgestattet und entspricht dem, was man uns »Gott« zu nennen gelehrt hat, doch fehlt ihm das religiöse Drum und Dran, die Strafen und Regeln. Jedes Sandkorn, die Bäume, die Luft, das Wasser – alles und auch das Unsichtbare – besitzt, ja ist diese Intelligenz, dieses Bewusstsein – ein Bewusstsein, das dich und deine Gedanken mit einschließt.

Wir sind nicht in diese Welt geworfen, um unsere Kraft, unseren Willen und unser Durchhaltevermögen zu testen oder um zu lernen, ob unsere Eigenschaften uns die Turbulenzen des Lebens überstehen helfen. Wir sind hier, um dem so sehr an uns interessierten Universum Anweisungen zu geben, egal welche. Doch wenn wir davon überzeugt sind, dass wir unseren Weg ganz allein gehen müssen, dann wird das Universum diese Vorstellung pflichtbewusst reflektieren, und wir *werden* uns allein fühlen. So groß ist unsere Freiheit.

Statt dich auf die Vorstellung zu beschränken, dass das Universum lebendig und reaktiv ist, solltest du noch einen Schritt weitergehen und dich darauf besinnen, dass du eins bist mit ihm. Ruf dir ins Gedächtnis, dass du dich weit über die Begrenzung durch deine Haut hinaus erstreckst und alles erreichst und berührst, was du dir nur vorstellen kannst, und dich noch weit darüber hinaus bis ins Unsichtbare hinein ausdehnst. Du bist lebendig im Universum, und das Universum ist lebendig in dir. Aus dieser Perspektive sollte es noch offensichtlicher werden, dass es auf dein Wohl eingeschworen ist, *denn es ist du* – dein größeres Ich. Das Universum sehnt sich danach, dich lächeln und lachen zu sehen, denn du bist das personifizierte Universum, und *folglich bist du sein Lächeln und Lachen*. Mach dir das Universum zunutze, kommunizier mit ihm und sei gewiss, dass es dich erhören wird.

Das Universum ist dein Verbündeter, ob du das nun erkennst oder nicht. Es drückt dir die Daumen, feuert dich bei jedem Schritt an, den du durch dein Leben machst. Es sehnt sich nach deinem Glück und deiner Erfüllung, und *weil das so ist*, sind die Karten des Lebens zu deinen Gunsten gemischt. Und damit will ich *nicht* sagen, dass das Universum über deine Schulter greift und das Kartenspiel unabhängig von deinen Gedanken und Überzeugungen manipuliert; das würde deine Freiheit antasten, dich deiner Macht berauben und dich deiner Verantwortung entheben. Doch *da du selbst das Universum bist,* ist alles hier für dich, für die Verwirklichung deiner Absichten und für deine Erfüllung. Und um das wichtigste deiner Ziele umzusetzen – *dich zu entfalten*.

Warum sonst solltest du hier sein, wenn nicht, um zu wachsen, Erfahrungen zu sammeln, Entdeckungen zu machen und um dich der Fülle deiner Kreativität zu erfreuen? Könntest du dir irgendeinen anderen Grund vorstellen? Du bist hier, um dich frei zu entfalten.

Überleben ist dermaßen von gestern

Aber es kommt noch besser! Nachdem du auf unserem »Smaragdplaneten« *im Sinne deiner Entfaltung* alle nötigen Voraussetzungen geschaffen hast, *weißt* du, dass die Bühne für dich vorbereitet ist! Du kannst sicher sein, dass du maßgefertigt bist für die Möglichkeiten, die zu erforschen du dir wünschst; dass alles, was du brauchst, um Erfolg zu haben und das Glück zu finden, bereits in dir angelegt ist! Sich entfalten bedeutet natürlich nicht für jeden das Gleiche – für den einen heißt es Selbstliebe, für den anderen das Erlangen materiellen Wohlstands und für den Nächsten beides zusammen. Du kannst jedoch sicher sein: Was immer auch es *für dich* bedeutet, du hast alles, was du dazu brauchst.

Ist dir eigentlich schon einmal aufgefallen, dass du häufiger lächelst als die Stirn runzelst, dass du öfter lachst als weinst und dass du dich öfter deiner Gesundheit erfreust als krank zu sein? Wir alle neigen auf natürliche Weise und automatisch dazu, uns in allen Bereichen unseres Lebens zu entfalten. Das Universum und unser physisches Leben spiegeln diese Neigung wider und schieben uns förmlich an. Da wir jedoch spirituelle Kleinkinder sind, bremsen wir unsere Entwicklung, weil wir uns immer dann, wenn es in unserem Leben etwas zu verändern gibt, typischerweise auf das konzentrieren, was uns nicht gefällt und was wir nicht haben, statt auf das, wovon wir träumen.

Wir sind auf Entfaltung und nicht auf Überleben programmiert. Sieh dir doch einmal die Technologieentwicklung und die Lebenserwartung der heutigen Gesellschaft an. Auch wenn es Rückschläge gibt, so musst du doch zugeben, dass wir trotz unserer unglaublichen spirituellen Einfalt dem bloßen »Überleben« längst entwachsen sind. Du bist nicht hier, um zu überleben; du bist hier, weil du »alles« willst, und genau so, wie *du* dir dieses »Alles« vorstellst, so wirst du es auch bekommen.

Weil dir das vermutlich noch niemand gesagt hat, erscheint dir dies alles jetzt vielleicht befremdlich oder sogar unglaubwürdig. Damit im Gepäck *bist du aber frei*: Das Leben *ist* leicht. Es war *schon immer* leicht. Und was noch wichtiger ist: Die Mechanismen des Lebens sind durchschaubar. Du musst nicht in Verwirrung und Selbstzweifeln leben; das sind nur Energieräuber. Nun, da du weißt, dass du zu Glück und Erfüllung neigst – dass du genau dafür geschaffen bist und dass dich das ganze Universum dabei unterstützt –, kannst du dir da vorstellen, welche unglaublichen Möglichkeiten sich plötzlich vor dir auftun?

Gebet

Ich bin kein großer Befürworter des Wortes »Gebet«. Mit all seinen Nebenbedeutungen und unterschiedlichen möglichen Interpretationen ähnelt es dem Wort »Gott«. Ich mag es nicht, weil es voraussetzt, dass der Betende machtlos ist und zu Gott oder einer Macht *außerhalb* seiner selbst aufblickt, der oder die entscheidet, wem er oder sie wann hilft. Aber mir gefällt die Folgerung, dass wir nicht allein sind und dass wir gehört werden. Du wirst vom Universum gehört, von jedem Atom und Molekül und von jeder nur denkbaren Entität, die dir nur irgendwie nützlich sein könnte. Ob du nun denkst, sprichst oder lebst, das Universum bekommt es mit, sieht deine wahre Absicht, leistet deinen Handlungen Folge und weiß alles. *Du bist nie allein.*

Delegieren

Als ich angefangen habe, all diese Dinge zu entdecken, von denen ich hier schreibe, habe ich mich sehr allein gefühlt. Nicht deshalb, weil es kaum andere gab, die meine Ansichten teilten, sondern weil es auf der Basis der mir vertrauten »alten Schule« des Denkens eine schier unlösbare Aufgabe war, meine Wirklichkeit selbst zu erschaffen. Und obgleich ich sofort wusste, dass es gar nicht anders sein konnte, hörte ich mich denken: »Oh weh, wie soll ich das hinbekommen, meine eigene Wirklichkeit zu schaffen? Wie soll ich mir bloß all meiner Überzeugungen und Gedanken bewusst werden? Wenn ich meine Wirklichkeit selbst erschaffen muss, dann heißt das, ich muss es allein tun. Was für eine überwältigende Verantwortung!« All diese Gedanken waren – und sind – vollkommen zutreffend; es ist eine gigantische Aufgabe, und wir *haben* wirklich die ganze Verantwortung. *Aber wir dürfen delegieren, und wir dürfen so viel abgeben, wie wir wollen!*

Ja, wir sind sogar verpflichtet dazu, wenn wir irgendetwas erreichen wollen. Um mit dem Leben zu beginnen, von dem du träumst, musst du aber nicht mehr tun, als die Denkmaschine anzuwerfen. Gib die Richtung vor (dazu musst du handeln, aber nur minimal, wenn man bedenkt, wie viel das Universum dir abnimmt), überlass den Rest dem Universum und den Prinzipien, die Raum und Zeit zusammenhalten, und bringe den Glauben auf, dass alles bestens funktionieren wird.

Zum Kipp-Punkt gelangen

Im Vergleich mit all dem, was für uns getan wird, sind unsere Verantwortlichkeiten ein Klacks. Dennoch ist es von größter Wichtigkeit, dass wir *stetig aktiv* sind. Unser Handeln ist nicht deshalb so bedeutend, weil wir dann mehr erreichen, sondern weil es uns in eine Lage versetzt, von der Magie des Lebens zu profitieren.

**Ob du nun denkst, sprichst oder lebst:
Das Universum bekommt es mit, sieht deine
wahre Absicht, leistet deinen Handlungen Folge
und weiß alles. *Du bist nie allein.***

Sobald du die Verwirklichung deines Traums gedanklich und *aktiv* verfolgst, treten die Zufälle, glücklichen Umstände und Fügungen des Lebens in Erscheinung, die eigens angelegt sind, um dich zu einem günstigen Zeitpunkt den richtigen Leuten und richtigen Ideen zuzuführen. Außerdem wird dir plötzlich genau das richtige Maß an Kreativität zur Verfügung stehen, um deine Manifestation voranzutreiben. Solltest du deinen Traum jedoch nicht aktiv in die Welt hineintragen und dich nicht wenigstens ein bisschen auf ihn zubewegen, dann kann sich dein »Glück« nicht einstellen.

Es könnte schon ausreichen, wenn du einfach nur viel von dem tust, was du sonst auch machst, vorausgesetzt es ist mit *dem Bewusstsein davon verbunden, wie deine Gedanken zu Dingen werden.* Doch um die Wahrscheinlichkeit zu vergrößern, dass die vom Universum zu deinen Gunsten bewirkten Veränderungen dich auch wirklich und ganz sicher erreichen, sei noch ein klein wenig geschäftiger. Klopf an ein paar Türen, dreh ein paar Steine um und untermauere dein Handeln mit dem Glauben an das, was du tust. *Tu so, als ob.* Wenn diese einfachen Schritte des Handelns ständig *in dem Wissen* vollzogen werden, wie das Universum sie nutzen kann und wird, dann ist es so, als würde zugleich der Kipp-Punkt erreicht, und das Ergebnis wird überwältigend sein und rasch sichtbar werden.

Gedanken, die dich wachsen lassen

Auf den ersten Blick scheint alles einfach: Bitten und glauben. Leider ist jedoch dein Bitten von den einengenden Perspektiven der Logik alter Schule eingefärbt. Doch zum Glück reicht es aus, dies zu durchschauen, und schon wird dir klar, wie viel mehr du von dem magischen Universum, in dem wir leben, erbitten darfst und erhalten wirst.

Denke zum Vergleich zurück an deine Kindheit. Bestimmt hat man dich manchmal gefragt, was du dir wünschen würdest, wenn du einen Wunsch frei hättest. Eine qualvolle Aufgabe, denn deine Entscheidung für eine Sache schloss ja alle anderen aus, die du dir gleichfalls gewünscht hättest. Doch dann fiel dir eines Tages ein, dass du dir auch die Erfüllung weiterer Wünsche wünschen könntest! Dann wäre deinem Wünschen kein Ende gesetzt!

Genau so funktioniert das Universum: Du darfst viel mehr erbitten, als dir im ersten Augenblick einfällt. Falls du jedoch glaubst, dass du zwar um Hilfe bitten, aber nur bescheidene und uneigennützige Forderungen stellen darfst, dann wirst du mehr auch nicht bekommen. Versuch umfassender zu denken; lass deine Fantasie alle Fesseln sprengen, wenn du um Dinge bittest. Bitte nicht um Erleuchtung und meine, dass du dann auf eine einsame Bergspitze klettern musst, um dich im Empfangen von Erleuchtung zu üben; bitte darum, dass die Erleuchtung dir mühelos zuteilwerden möge, vielleicht während du gerade deine Lieblingsmusik hörst oder von der Arbeit nach Hause fährst.

Wenn du dir Reichtum und Wohlstand wünschst, dann glaube nicht, dass dein Beitrag darin besteht, dich zu Tode zu schuften; bitte darum, dass du die gewünschte finanzielle Unabhängigkeit schnell, ehrenhaft und leicht erreichst. Bitte nicht nur um einen neuen Freund, damit du jemanden hast, der dich versteht; bitte um Partys, Feste, Freude und Lachen. Erbitte nicht einfach einen neuen Job; sondern eine Karriere, die dich jeden einzelnen Tag herausfordert und begeistert oder mit der du in der Welt etwas verändern kannst. Wenn du etwas verändern willst, dann glaube nicht, dass Opferbereitschaft die Voraussetzung für das Gelingen deines Vorhabens ist; bitte darum, dass es einen sagenhaften Knall gibt und dass du dabei den größten Spaß hast, den du je hattest. Den meisten Menschen ist nicht klar, wie viele Einschränkungen sie automatisch selbst mit den einfachsten ihrer Wünsche verknüpfen.

Bedenke doch, du bist nicht allein. Du verfügst über ein lebendiges, liebendes Universum, das zutiefst auf dich eingestimmt ist – an das du delegieren darfst und musst –, und indem du seine Prinzipien verstehst, kannst du es ohne Mühe vor deinen Wagen spannen.

Hast du denn jetzt Vertrauen in das Unsichtbare? Ist dir wirklich bewusst, dass du nicht erst das Wie durchschauen oder irgendetwas alleine machen musst? Wunderbar, wenn es dir gelingt, diese Art des Denkens in alles, was du anfängst, einfließen zu lassen, dann bist du bereit.

Sich in der eigenen Macht verankern

Leider geschieht es leicht, dass wir die »Magie« des Lebens als gegeben hinnehmen und ihr Vorhandensein in unserem eigenen Leben nicht mehr spüren. Um dir ihre Gegenwart wieder ins Bewusstsein zu rufen, fang mit der Erkenntnis an, dass alles mit dem Eingeständnis und der Anerkennung *des Wunders deines Lebens* beginnt – nicht nur deiner einzigartigen Persönlichkeit, deines Charmes und deines Stils (auch wenn sie ohne Zweifel ebenfalls Wunder darstellen), sondern der alleruntersten Ebene deiner Existenz. Du verfügst über Bewusstsein und eine Perspektive. Deine Gedanken und Beobachtungen fließen ohne dein Zutun mühelos und kontinuierlich. Das ist dein Ausgangspunkt. Die Beschäftigung mit diesem Wunder, dass du weder erschaffen noch zerstören kannst, sollte den Grundstein für deinen Glauben an Wunder legen.

Ein paar Schritte weiter könntest du erkennen, dass du von all den bisherigen Leistungen in deinem Leben, die du dir selbst zuschreibst, tatsächlich nur sehr wenige wirklich selbst erbracht hast. Auf der Basis deiner Absichten und Erwartungen hast du natürlich die Anweisungen gegeben, doch die eigentliche Arbeit hat das Universum in deinem Sinne für dich erledigt. Mach dir nun beim Blick nach vorne klar, dass du bei der Verwirklichung deiner kurzfristigen wie langfristigen Träume genau darauf setzen kannst. Indem du die Magie des Lebens und ihr zurückliegendes Wirken in deinem Leben anerkennst, kannst du dich auf sie auch bei gegenwärtigen und zukünftigen Vorhaben verlassen. Und das heißt, du kannst sofort mehr bekommen und trotzdem weniger tun, weil du das Universum für dich tätig sein lässt.

Dein Bankkonto beim Universum

Stell dir vor, dass du gerade einen Anruf von mir bekommen hast, dass ich soeben eine Überweisung über zwanzig Millionen Euro auf dein Bankkonto getätigt habe, steuerfrei. Stell dir das vor! Glaub wenigstens einen kurzen Augenblick lang daran, dass es wahr ist. Kannst du dir deinen Bankauszug vorstellen, auf dem die Summe von 20 000 000 Euro verfügbar ist? Zwanzig Millionen Euro! Wie viele Nullen sind das?

Dann mal dir aus, welchen Frieden dir dieses Geld heute verschaffen würde. Es würde nichts geben, das du dir nicht leisten kannst. Es würde keinen Ort auf diesem Planeten geben, zu dem du nicht würdest reisen können. Es gäbe kein Restaurant, in dem du nicht jeden Tag essen könntest, kein Hotel, in dem du nicht für den Rest deines Lebens wohnen könntest, kein Hobby, das du dir nicht leisten könntest, (fast) kein Haus, das du dir nicht kaufen könntest, kein Geschenk für einen geliebten Menschen, das du nicht herbeischaffen könntest, und du würdest dir nie, nie mehr im Leben wegen Geld Sorgen machen müssen! Stell dir das einen Augenblick lang vor und auch, welche unglaublichen Möglichkeiten sich dann vor dir auftun. Du könntest dazu sogar einen Monment lang dieses Buch beiseitelegen.

Macht Spaß, oder? Jetzt mach dir klar, dass die Magie, über die du gegenwärtig verfügst, die Macht und die Freiheit, die dir dieser Peanuts-Betrag bietet, *haushoch überragt*. Du hast bestimmt schnell gemerkt, dass du im Lauf deines Lebens tatsächlich zwanzig Millionen Euro ausgeben kannst. Doch mit der Magie des Universums, die dir zu Gebote steht, kannst du aus den zwanzig Millionen hundert machen, wieder und wieder, und dennoch wäre das nur die Spitze des Eisbergs all dessen, was du besitzen könntest. Dein Vorrat ist für alle Ewigkeit unbegrenzt, du brauchst dich nur zu bedienen! Dein Schatz ist bereits auf dein Bankkonto beim Universum eingezahlt, und besser noch als Geld kann man ihn nutzen, um mit einem einzigen Wink mehr Liebe, mehr Freude und mehr Lachen in sein Leben zu holen. Damit solltest du in den kommenden Tagen genug Stoff zum Visualisieren haben.

Selbstverständlich musst du an die Existenz deines Bankkontos beim Universum glauben, damit du es nutzen kannst. Weil es unsichtbar ist, brauchst du deinen *Glauben*, um es nutzen zu können. *Tu so, als ob es da wäre*, und du wirst davon abheben können. Denk daran: Auch wenn das Potenzial deines Bankkontos beim Universum unbegrenzt ist – es stellt nur so viel Geld zur Verfügung, wie du bereit bist abzuheben.

Unser Verstand – die Logik – sagt uns, je mehr wir abheben, desto weniger werden wir haben. Aber das liegt nur daran, dass unser Gehirn nichts anderes einschätzen kann als die *physische* Wirklichkeit. Sein Sinn für Zusammenhänge funktioniert im spirituellen Reich nicht. Für unser Bankkonto beim Universum trifft sogar das genaue Gegenteil zu: Je mehr du abhebst, desto mehr nimmt der verfügbare Betrag zu! Wenn du an den Geldautomaten des Universums trittst und hundert Euro abheben willst, dann bekommst du hundert Euro; aber wenn du eine Million abhebst, dann erhältst du auch die – wenn du nur den erforderlichen Glauben aufbringst.

Das bedeutet aber nicht, dass du nun losziehen und mehr konkrete Euros ausgeben sollst, als du tatsächlich hast, und im Namen des Glaubens Schulden anhäufst! Du sollst nur wissen, dass du so ein Bankkonto beim Universum hast. Und wenn du dich davon mit dem nötigen Glauben bedienst – allmählich und zunehmend, damit es nach und nach mit allem was du denkst, sagst und tust übereinstimmt –, dann wird dein tatsächliches Konto bei der Sparkasse dies schon bald widerspiegeln.

Wie denn? Du fängst an, *indem du das tust, was du tun kannst* – indem du das ausgibst, was du ausgeben kannst, ohne dir Sorgen machen zu müssen; indem du im Glauben daran handelst, dass sich deine Schatulle wieder füllt; und indem du nicht für schlechte Zeiten hortest. Außerdem, indem du Schaufensterbummel unternimmst; indem du planst und den Weg vorbereitest, auf dem der Wohlstand in dein Leben gelangen soll; indem du dir vorstellst, wie du selbst das Leben deiner Träume führst; und indem du festlegst, vielleicht schriftlich, wie denn das Leben deiner Träume aussehen soll.

Stärke deinen Glauben, indem du voranschreitest und das Leben deiner Träume in dem dir möglichen Maß verwirklichst. Höre auf Eingebungen und Intuitionen und bewege dich *physisch* in die Richtung, die größere Fülle verspricht. Indem du darauf bestehst, forderst, erwartest und weißt, dass diese Magie nur darauf wartet, dass du sie anforderst; indem du ihr durch Dankbarkeit Zutritt zu deinen Gedanken verschaffst; indem du dich für das bedankst, was du dir wünscht und das schon deins ist, auch wenn du es noch nicht physisch vor dir siehst, bereitest du den Weg für grenzenloses Abheben.

Beweise für die Existenz solcher magischen Manifestationen kannst du finden, wenn du dich deinem eigenen Leben und deinem Bewusstsein zuwendest. Mach dir bewusst, welches Wunder deine Gedanken sind und dass du – weil du doch singen, tanzen, sprechen und dich bewegen kannst – gar nichts anderes als ein magisches, ein spirituelles Wesen sein kannst. Indem du hinausgehst in die Natur und ihre mühelose Anmut, Schönheit und Fülle bewunderst, kannst du sogar noch mehr Magie wahrnehmen. Ja, die Natur fließt über von Wundern: blühende Blumen, die Artenvielfalt in einem beliebigen Ökosystem, am Himmel dahinfliegende Vögel, die Pracht eines Sonnenauf- oder -untergangs.

Sobald du die zahllosen Fähigkeiten des Universums durchschaust und erkennst, dass es sich selbst jedem und allem anbietet, der darum bittet, werden Wunder für dich weniger geheimnisvoll und unendlich zuverlässiger und sogar vorhersagbar – schon fast keine Wunder mehr.

Dem Universum die Umsetzung überlassen

Wir sind so daran gewöhnt, an uns selbst zu zweifeln, dass wir meinen, es sei natürlich, Dinge oder Prozesse in Zweifel zu ziehen, die scheinbar außerhalb von uns selbst existieren. Wir meinen, es ist ganz natürlich, wenn auch unangenehm, sich Sorgen zu machen oder Notfallpläne parat zu haben. Doch in Wahrheit *mindert* diese Einstellung die makellose Leistung des Universums zu unserem Wohl. Wir sorgen uns deshalb so oft, weil wir fälschlicherweise annehmen, dass unser physisches Selbst unsere Wünsche erfüllen muss. Wenn das zutreffen würde, dann hätten wir in der Tat Grund zur Sorge. Andererseits, da wir mit *magischem universellem Denken* begabt sind, können wir uns daran freuen, dass alles bereits genau so ist, wie es sein soll, und wissen, dass wir uns auf dem Weg zur Manifestation all unserer Träume befinden. Wenn du lernst, das Gegenwärtige zu schätzen und alles, was es beinhaltet, dann musst du dich weniger auf die Zukunft und deine Vorstellung davon konzentrieren. Schließlich weiß das Universum ja, was du dir wünschst, und indem du dich von deinem eigenen natürlichen Rhythmus leiten lässt, kannst du dich entspannen und dich auf deinen Glauben an die zukünftige Manifestation deiner Wünsche, Sehnsüchte und Träume konzentrieren (und das geschieht oft noch, bevor du sie im Einzelnen kennst).

Für diejenigen, die noch nicht ganz so weit sind, die sich gerne Ziele setzen und sie als Herausforderung betrachten, ist die Verwirklichung von Träumen wenigstens ein spaßiges und erhellendes Hobby. Sobald du jedoch deine Einblicke in die Magie des Lebens auf dich und dein Leben übertragen kannst, solltest du schon bald erkennen, dass deine Aufgabe im Manifestierungsprozess vor allem darin besteht, Träume auszuwählen und zu verfeinern, und nicht etwa darin, sie mit gewaltiger Anstrengung wahr zu machen.

Klarheit erzeugt wiederum Klarheit

Deine Aufgabe ist es, so genau wie irgend möglich zu definieren, was du sowohl auf der physischen als auch – und das ist noch wichtiger – auf der emotionalen Ebene willst. Viele Menschen, denen ich begegnet bin, beschränken sich auf die Äußerung: »Ich will reich sein«, ohne darüber nachzudenken, warum. »Aber das ist doch offensichtlich«, könnten sie entgegnen, »ich will leben, ohne mir jemals wieder Sorgen über Geld machen zu müssen.« Daran gibt es nichts auszusetzen, aber was fangen sie mit ihrem Leben an, sobald sie ihr Ziel erreicht haben? Je genauer du diese Fragen beantworten kannst, desto klarer werden dir deine Absichten, und desto leichter wird es dir fallen, deine Wünsche in klare Gedanken zu verpacken und auf diese Weise schließlich wahr zu machen.

Was also willst du *wirklich?* Denk jetzt darüber nach, und bring eine klare Definition zuwege. Ich nehme an, du erkennst, dass diese Übung dich manchmal eher zu deinen Überzeugungen führen wird, aber das macht nichts. Wenn wir uns selbst besser verstehen, dann finden wir auch einen produktiveren Zugang zu unseren tiefsten Sehnsüchten. Und je deutlicher und sicherer uns unser Verlangen vor Augen steht, desto rascher manifestiert es sich in unserem Leben.

Wenn ich selbst diese Übung mache – also mich erst auf die Magie des Lebens konzentriere und dann mein Bestes gebe, um meinen Wunsch so eindeutig wie möglich zu definieren –, dann spüre ich manchmal, wie ich an meine Grenzen stoße. Zum Beispiel ist es mir vielleicht gerade gelungen, mein uneingeschränktes Recht auf Fülle und die Göttlichkeit meines Wesens zu spüren, doch sobald ich den Kopf aus den Wolken ziehe, um mein Wissen für die Planung eines schönen Urlaubs oder den Kauf eines größeren und besseren Hauses einzusetzen, da erwische ich mich bei Gedanken wie »Ach, ich kann doch nicht so viel Zeit für Reisen erübrigen« oder »Ich sollte lieber noch warten, bis ich etwas mehr Geld habe«. Rums! Solche Gedanken entstammen einengenden Überzeugungen, die sich damit soeben zu erkennen gegeben haben, und ich beginne sofort damit zu erforschen, warum ich glaube, mit meiner Reise oder dem Kauf meines Traumhauses warten zu müssen.

Damit will ich Folgendes sagen: Wenn du dich dazu inspirieren lässt, von Großem zu träumen, dann erreichst du einen sensiblen Punkt, der es dir gestattet, genau jene Überzeugungen am Kragen zu packen und zu identifizieren, die der Existenz dieser Magie widersprechen. Auch wenn du dein eigentliches Ziel damit für den Augenblick nicht erreichst, ist dies trotzdem ausgezeichnet, denn du kannst deine Überzeugungen packen und erfolgreich abbauen. Diese Übung erfüllt also zweierlei Zweck: Erstens bringst du dein Denken in Übereinstimmung mit der Wahrheit über deine Macht und die Magie des Universums, und zweitens erwischt du deine dich einschränkenden Überzeugungen.

Kein blinder Glaube

Bloß weil unser Glaube sich auf das Unsichtbare richtet, muss er nicht blind sein. Bloß weil du deine Gedanken nicht sehen kannst, heißt das nicht, dass sie nicht existieren. Genauso wenig darf man den magischen Prozessen des Lebens ihre Existenz absprechen, nur weil sie unsichtbar sind. Blind zu glauben heißt, dass man ohne Grund oder Ursache vertraut, und wenn dein Glaube an das Universum dieser Art ist, dann wird er wohl wenig bewirken. Wenn man den Grund oder die Ursache für irgendetwas nicht sieht oder versteht, dann ist es nahezu unmöglich, daran zu glauben.

Es ist uns zwar nicht möglich, die Logistik des Universums mental zu ermessen, aber seine glanzvolle Größe können wir sehr wohl schätzen, sein Wohlwollen spüren und uns auf seine offensichtliche Vollkommenheit *verlassen*. Du sollst nicht blind glauben, sondern dein Glauben soll von Verständnis durchdrungen sein. Du sollst verstehen, dass du nicht zufällig hier und der Mensch bist, der du bist und dass die geheimnisvollen, liebenden Kräfte, die dich bis zum heutigen Tag geleitet haben, noch immer und unübersehbar bei der Arbeit sind. Du sollst verstehen, dass alles lebendig ist und dass du gerade jetzt genau da bist, wo du sein sollst. Dieses grundlegende, einfache Verständnis festigt deinen Glauben, weckt dein Selbstvertrauen, stärkt deinen Optimismus und gibt dem Universum seinen verdienten Spielraum, dein Leben um wunderbare Überraschungen und glückliche »Zufälle« zu bereichern.

Es ist nicht alles Gold, was glänzt

Wenn du Niederlagen erleidest, dann ist es nicht immer einfach, das Licht am Ende des Tunnels zu sehen. Doch wenn du das Wesen der Dinge durchschaust und erkennst, dass du heute mit deinen Gedanken dein Morgen gestaltest und dass diese Gedanken vom Universum aufgegriffen werden, um zu deinem Wohl zu agieren, worüber musst du dir dann Sorgen machen? Dein neues Verständnis weckt automatisch deinen Glauben. Wenn du also Rückschläge einstecken musst, dann denk daran, dass die Dinge aufgrund deiner neuen Sichtweise zwangsläufig nur besser werden können. Die Flaute, in der du gerade steckst, ist nur die Zeit, die das Universum braucht, um für dich eine wunderbare »Überraschungsparty« zu organisieren.

Dabei erinnere ich mich an die Phase meines Lebens, die unmittelbar meinem Studienabschluss folgte. Ich hatte meine Ausbildung mit sehr guten Noten beendet und hätte aus so einer erstklassigen Startposition heraus eigentlich einen guten Anfängerjob bei nahezu jedem Wirtschaftsprüfungsunternehmen bekommen müssen. Doch keines meiner vielen Bewerbungsgespräche brachte das gewünschte Ergebnis. Zwei der Firmen unter den großen acht der Branche luden mich sogar ein, in ihre außerhalb der Stadt gelegenen Büros zu kommen, und bezahlten mir meine Fahrtkosten – eigentlich ein sicheres Zeichen dafür, dass ein Angebot in der Luft lag –, doch auch von ihnen kam nichts. Wochen verstrichen, und sie kamen mir vor wie eine Ewigkeit! Ich hatte Bewerbungsgespräche mit nahezu jedem großen Wirtschaftsprüfungsunternehmen im Umkreis von fünfhundert Kilometern meiner Heimatstadt geführt und ... nichts.

Ich war so entmutigt, dass ich meine Bewerbungsunterlagen um drei neue Zielrichtungen erweiterte, da es ja Controlling für mich offenbar »nicht sein sollte«. Nun versuchte ich es also außerdem bei Banken, Versicherungen und Börsenmaklern, und ich bekam *immer noch* kein Angebot!

Nun ja, ein Angebot bekam ich: von dem kleinen Steuerberatungsbüro meines Vaters. Aber ich lehnte es ab, weil ich doch irgendwie hoffte, etwas Besseres finden zu können. Das angebotene Gehalt erschien mir einfach zu niedrig, da ich mich doch während meines letzten Studienjahrs gedanklich auf das bei den »großen Acht« sehr viel höhere eingeschossen hatte.

Nach drei langen, scheinbar hoffnungslosen Monaten arrangierte ein Freund der Familie ein Bewerbungsgespräch bei *PriceWaterhouseCoopers*, die gerade ein großes Krankenhaus als Neukunden dazugewonnen hatten. Es war unter den »großen Acht« das angesehenste Unternehmen und das einzige, das mich bisher nicht zum Vorstellungsgespräch eingeladen hatte. Das Gespräch verlief fantastisch, und ich bekam sofort ein Angebot mit genau dem Gehalt, das ich mir immer vorgestellt hatte!

Was für ein Segen! Bis zum heutigen Tag bin ich dankbar dafür, dass die drei Monate Arbeitsplatzsuche genau so verlaufen waren, und dass mich keines der anderen Unternehmen eingestellt hatte. Rückblickend war es so offensichtlich, dass noch Zeit hatte vergehen müssen, bis *PriceWaterhouseCoopers* einen neuen Kunden und damit für mich eine geeignete Stelle frei hatte. Dieses Unternehmen war es, das mir schließlich die beste Zeit meines Lebens bescherte. Nach meiner Rückkehr aus dem Nahen Osten in die Vereinigten Staaten stationierte mich die Firma vorübergehend in Manhattan und versetzte mich dann schließlich nach Boston. Dank der drei Monate, die ich hatte warten müssen, wurde ein Traum nach dem anderen wahr.

Nun, wie kann dir diese Geschichte dienen? Nutze sie, um in Zeiten des Stillstands deinen Glauben zu festigen. Betrachte Flauten als den Aufschub, der es dem Universum gestattet, die Ereignisse und Mitspieler so in Position zu bringen, damit deine Träume wahr werden können. Nimm sie nicht als Anlass zum Grübeln, senke nicht deine Maßstäbe, lass dich nicht entmutigen und vor allem halte dich nicht mit dem scheinbaren Stillstand auf. Bloß weil du ihn noch nicht siehst, heißt das nicht, dass es keinen Fortschritt gibt. Denk dran: Das Universum und all seine Abläufe sind unsichtbar, dennoch geschieht etwas. Sogar während du in diesen Seiten blätterst, wimmelt es von Wundern zu deinem Wohl.

Nutze die Gelegenheit, dich zu entspannen

Jetzt fang aber nicht an, dir Sorgen zu machen, dass du in der Vergangenheit vielleicht den einen oder anderen Traum zu rasch aufgegeben hast und nun aus dem Ruder gelaufen bist. Es ist nie zu spät, euphorisches Glück und freudige Erfüllung zu finden. Das Universum kommt bestens damit zurecht, wo du dich gerade jetzt befindest, und liefert dich problemlos in dem Leben ab, von dem du schon immer geträumt hast.

Nachfolgend ein Vorschlag, der in die gleiche Richtung zielt: Wenn du es mit einer Phase des Stillstands zu tun hast, dann nutze die Zeit, um an deinen Gedanken und Überzeugungen

174

zu arbeiten. Reserviere jeden Tag Zeit für Visualisierungen, formuliere deine Visionen in deinem Block (wenn du einen hast), oder schreib doch einmal ein paar deiner Überzeugungen auf. Fang nicht an, nach Problemen zu suchen, doch achte wachsam darauf, dass deine Gedanken und Überzeugungen sich in Übereinstimmung mit deinen Träumen befinden. Flauten kann man auch als Geschenk betrachten – die Ruhe vor dem Sturm einer segensreichen Manifestation. Und wenn du sie in diesem Licht siehst, dann lassen sie sich sogar in eine der glücklicheren Zeiten deines Lebens verwandeln, fast wie eine Art Urlaub zwischen zwei kreativen Aktivitätsschüben.

Verharre im Geist

Ich will dir eine Frage stellen: Wenn du dir etwas wünschen dürftest, irgendetwas, ganz egal was (außer natürlich einen anderen Menschen), was würdest du als ersten und dringlichsten Herzenswunsch vorbringen (und diesmal meine ich nicht »glücklich sein«, sondern etwas Materielles oder eine Fertigkeit)? Was würde im Zentrum des von dir erträumten Lebensstils stehen?

Wovon auch immer du träumst, hast du irgendeinen Zweifel daran, dass die Magie des Universums dir genau das verschaffen kann, was du ersehnst? Bist du von Zweifeln erfüllt? Aber natürlich nicht! Du weißt, wenn es nur von den geheimnisvollen Kräften des Universums abhängt, dann ist alles möglich – und das gilt ganz gewiss für die Erfüllung deines Wunsches! Der einzige Zweifel, den du hast, richtet sich gegen dich selbst: Du zweifelst an deiner Fähigkeit und/oder an deiner Berechtigung, dir deinen Traum zu erfüllen. Nun, was die Frage betrifft, ob deine Sehnsucht nach der Erfüllung deines Traums berechtigt ist und ob du sie *wert* bist, darauf werden wir im nächsten Kapitel zu sprechen kommen. Und was deine

Fähigkeit betrifft, so habe ich bereits darauf angespielt, dass du sie sogar *bezweifeln sollst*. Du (also dein *physisches* Selbst) bekommst ohne die Hilfe des Universums gar nichts hin, folglich kann dein physisches Selbst nichts von dem erreichen, was du dir wünscht, niemals, es sei denn natürlich, du sicherst dir die Unterstützung des Universums. Also hör endlich auf zu glauben, dass *du* aus all dem schlau werden musst. Wenn du wirklich begreifst, wovon ich hier rede, dann verstehst du auch, wie wichtig es ist. Du und ich und alle anderen haben ein Leben lang geglaubt, dass es andersherum funktioniert, dass wir, im übertragenen Sinn, das Gewicht der Welt auf unseren Schultern tragen müssten. Doch jetzt ist es an der Zeit, gemeinsam dieser Gehirnwäsche ein Ende zu setzen. Der nachfolgende Spruch ist es wert, irgendwo bei dir zu Hause sichtbar aufgehängt zu werden: *Verharre im Geist*. Gewöhne dir an, deine Probleme und Schwierigkeiten bei ihm abzuliefern. Und jedes Mal, wenn du irgendetwas Bestimmtes haben willst, dann übergib es sofort dem Universum und sieh ein, dass sich die eigentliche Arbeit jenseits deiner körperlichen Möglichkeiten befindet.

Ja, du; ja, jetzt

Und was die Frage nach deinem Wert betrifft, so sei dir gesagt, dass Menschen, die wertvoll genug sind, um Raum und Zeit zu beanspruchen, automatisch ein Anrecht auf alles haben, was sie sich nur vorstellen können, ganz egal, wer sie sind, ganz egal, was sie schon alles »angestellt« haben, und ganz egal, für wie unwürdig sie sich selbst oder andere sie auch halten mögen! Einfach gesagt, wenn du noch hier auf diesem Planeten bist, dann bist du auch der Hilfe des Universums würdig, denn wenn du noch hier bist, dann nur deshalb, weil du noch immer bedingungslos geliebt wirst – vom *gesamten*

Universum. So und nicht anders erklärt sich deine Existenz; du bist da, *weil du geliebt wirst*.

Damit du noch besser verstehst, wie mächtig du bist, ist hier noch eine andere Perspektive auf dein Leben: Stell dir jemanden vor, der jetzt das Leben führt, das du dir wünschst; denk an Berühmtheiten oder vollendete Meister in dem Fach oder Bereich, das oder den du dir für dich wünschst (vielleicht an jemanden, den du bewunderst). Du musst dich auch nicht auf nur eine Person beschränken; wenn du willst, denk an viele. Jetzt stellst du dir die Frage, ob die Eigenschaften oder Begabungen dieser Menschen etwas sind, was sie selbst auf einer physischen Ebene hergestellt haben. Mussten sie die »glücklichen Zufälle«, die ihnen in ihrem Leben zuteilwurden, selbst arrangieren? Tun sie das, was sie tun, weil sie ein so besonderes Gehirn haben? Nein! Sie sind genauso wie du: physisch. Ohne die Hilfe des Universums können sie nicht einmal gehen oder sprechen, ob ihnen das nun klar ist oder nicht! Sie machen sich die Magie des Lebens bloß besser zunutze als die meisten von uns, indem sie sie zu ihrem Vorteil einsetzen. Solche Menschen sind ein inspirierendes Beispiel dafür, was das Universum *für dich* leisten kann. Durch ihre Überzeugungen haben sie das Universum veranlasst, all die Dinge für sie zu tun, von denen du bisher dachtest, du müsstest sie ganz alleine schaffen!

Denk an Tiger Woods auf dem Golfplatz oder an Kate Winslet im Kino. Denk an die Meisterwerke, die Künstler wie van Gogh oder Autoren wie Shakespeare oder Musiker wie Beethoven geschaffen haben, oder an das Vermächtnis von Menschen wie Abraham Lincoln, Louis Pasteur oder Mahatma Gandhi. Was glaubst du, wo all diese Seelen ihren Stoff herbekommen haben? Was glaubst du, wie sie zu solcher Vollendung finden konnten? Was glaubst du, warum sie es auf der Leiter ihres Fachs so hoch hinauf geschafft haben? Was glaubst du, wer die eigentliche Arbeit für sie gemacht hat?

Und zuletzt, wie unterscheiden sich diese Leute von dir in physischer Hinsicht?

Diese Menschen sind (oder waren) nicht göttlicher oder begabter als du. Sie alle ziehen erst die Hose und dann die Schuhe an. Aber aus irgendwelchen Gründen war es ihnen möglich, zu glauben und – wie bescheiden auch immer – auf der Basis ihrer Überzeugungen zu handeln und auf diese Weise das Universum ins Spiel zu bringen.

Jetzt sieh dein eigenes Leben an, und führe jedes wunderbare Ereignis, das dir je zugestoßen ist, als Beweis dafür auf, dass es Wunder tatsächlich gibt. Erkenne den übergroßen Anteil an, den das Universum an all deinen Leistungen und Errungenschaften hat, damit sich in dir das Wissen verankert, dass du eins mit ihm bist und dir bewusst wird, dass du noch Größeres jederzeit und immer wieder leisten oder erringen kannst.

Wenn du noch hier auf diesem Planeten bist, dann bist du auch der Hilfe des Universums würdig.

An Wochenenden fahre ich gelegentlich durch die Villenvororte von Orlando, wo die Häuser auf wunderbaren Grundstücken an einzigartigen Seen stehen und wo der Reichtum schier überfließt. Manche dieser palastartigen Anwesen sind nur für den Winteraufenthalt gedacht, und ihre Bewohner haben an irgendeinem anderen Ort der Welt vergleichbare oder noch größere Residenzen. Ich betrachte diese Häuser als Erinnerung daran, wie erreichbar und sogar *gewöhnlich* diese Prachtentfaltung ist! Orlando, die Stadt, in der ich wohne, hat nicht nur ein paar solcher Häuser, sondern Hunderte (wenn nicht gar Tausende), und genauso verhält es sich bei *Tausenden anderer Städte* weltweit! Die Menschen, die in diesen Häusern wohnen, sind nicht mehr oder weniger besonders als du und ich. Die Verwirklichung ihrer Träume wurde von einem Universum geleistet, das sich nichts mehr wünscht, als uns *alle* auf diese Weise zu versorgen. Und so gewaltig uns der Reichtum auch erscheinen mag, der erforderlich ist, um solche Anwesen zu planen, zu bauen und zu erhalten, er ist nichts im Vergleich mit dem Reichtum des Universums.

Allein der Geist existiert

Im Leben ist es so, als seien uns die Augen verbunden und alle Sinne getrübt, denn wir sind vollkommen unfähig, den Zauber des Lebens zu sehen, zu hören oder zu fühlen. Doch um dein Leben zu leben, das Leben deiner Träume, musst du wissen, dass es so viel mehr gibt, was um unsertwillen geschieht und ohne dass wir es mit unseren fünf Sinnen wahrnehmen. Der Weg zu dieser Gewissheit führt allein über den Glauben. Das ist unsere größte Prüfung: Selbst ohne physische Beweise zu wissen, dass wir spirituelle Wesen sind; trotz der Unsichtbarkeit unserer Gedanken zu wissen, dass sie zu den Dingen und Ereignissen unseres Lebens werden; und zu wissen, dass wir versorgt und geliebt werden.

Viele fernöstliche Schulen des spirituellen Denkens erkennen, wie falsch wir die materiellen Eigenschaften des Lebens interpretieren. Leider bezeichnen sie in ihren Lehren alles Materielle als das, was schuld ist an unseren Problemen. Sie fordern dazu auf, uns von unseren materiellen Bedürfnissen loszusagen und sie als nichtswürdig zu durchschauen. Aber damit wird nur unsere spirituelle Verbindung geleugnet. Schließlich würde bei näherem Nachdenken über das Thema doch nur herauskommen, dass alles Materielle ohnehin nichts anderes ist als reiner Geist – denn *aus Gedanken werden Dinge* –, und so sind die Dinge in unserem Leben nichts anderes als unsere Gedanken. Es gibt nichts anderes als Geist. Der Schlüssel zum Verständnis des Lebens liegt in der Erkenntnis, dass alles seinen Ursprung in einer magischen inneren Welt hat, die wir mit unseren Gedanken, Überzeugungen, Absichten und Erwartungen erschaffen, und nicht indem wir Materielles schlechtmachen oder vermeiden oder versuchen, unsere Bedürfnisse abzulegen. Doch weil es uns unmöglich ist, diesen Geist physisch festzunageln, muss Glaube unser Fahrschein sein.

Nimm die Wunder in deinem Leben wahr, erwarte sie und fang an, dir das Universum zunutze zu machen; *dazu ist es da.* Dann übe dich in einem tiefen und umfassenden Glauben daran, dass alles, was du dir wünschst, geschehen soll »wie im Himmel, so auf Erden« oder, um es noch anders auszudrücken, wie gedanklich, so auch materiell.

Du bist göttlich, das Universum ist liebevoll, und deine Gedanken werden *immer* Dinge werden. Toll! Kontrolle und Macht – du hast beides! Glaube und wisse, dass das Universum ebenso zuverlässig seine Arbeit tut wie die Sonne, die jeden Morgen aufgeht.

Ob es dir nun klar ist oder nicht: Zwar befindest du dich jetzt gerade in deinem Haus, bei der Arbeit, im Auto, in einem Flugzeug, aber du wirst von der Magie des Universums getragen. Sie war schon immer da, das Universum hat dich schon immer geliebt, und es hat schon immer zu deinem Wohl Pläne geschmiedet. Um es dir willentlich zunutze zu machen, musst du dies nur wissen und daran glauben.

Glauben heißt vertrauen. Du glaubst, dass du nicht alleine bist, du glaubst, dass du der Besitzer all dessen sein wirst, worum du bittest, und du glaubst, dass du dir die unendliche Weisheit und die unerschöpfliche Macht des Universums in dem Maße zunutze machen darfst, wie du es dir vorstellen kannst. Bitte um ein wenig Hilfe, und du wirst sie erhalten; erbitte die Welt auf einem Silbertablett, und sie wird dein sein. Ja, sie ist es bereits.

Kapitel 7
Das Lebenselixier

Was ist das Lebenselixier? Ich habe im letzten Kapitel darauf angespielt, als es darum ging, dass man nicht blind an etwas glauben soll. Damit du dir eine Vorstellung davon machen kannst, was das Lebenselixier ist, nachfolgend ein Vergleich.

Perfekte Bilder

Es ist ganz einfach; wenn du ein Foto machen willst, dann richtest du die Kamera aus, stellst wenn nötig das Bild scharf und betätigst dann den Auslöser, stimmt's? Und wenn du alles richtig gemacht hast, dann dringt Licht durch die Linse und hinterlässt auf dem Film oder dem Speicherchip ein Abbild, das später »manifestiert« wird, damit du es sehen kannst – auf Papier oder auf deinem Computerbildschirm. (Ich bin sicher, du merkst schon, wie sehr dieser Ablauf der Manifestation deiner Träume ähnelt.)
Um das Leben deiner Träume zu führen, musst du erst dein Ziel genau anpeilen, also darüber nachdenken und entscheiden, was du wirklich willst, und dann deinen Traum unter minimalem Kraftaufwand »auslösen«. Auf diese Weise entsteht das Abbild in der Wirklichkeit, vorausgesetzt, deine Gedanken gelangen durch die »Linse« deiner Überzeugungen, ohne durch sie verändert zu werden. Das gelingt nur dann,

wenn deine Überzeugungen mit deinen Träumen übereinstimmen. Schließlich erfolgt die Manifestation deiner Absicht mit Hilfe deines Glaubens. Du glaubst daran, dass dieser
Prozess schließlich ein Bild erzeugen wird und dass auf die
Prinzipien des Universums Verlass ist.

Doch mein Vergleich ist noch nicht vollständig. Ein weiteres
Element ist nämlich erforderlich, um mit einer Kamera ein
Foto zu machen. Es ist eigentlich selbstverständlich und den-
noch wesentlich: das nötige *Verständnis* für den Ablauf des
Gesamtprozesses. Das Verständnis dafür, dass du nur dann
ein Foto machen kannst, wenn dir die richtige Ausrüstung zur
Verfügung steht, die du bedienen kannst. Außerdem muss dir
klar sein, dass du nur dann ein *außerordentliches* Foto erhältst,
wenn du deine Sache auch *außerordentlich* gut machst. Das
Gleiche gilt für dein Leben: Wenn du den Gesamtprozess und
die geltenden Prinzipien verstehst und deinen Anteil an der
Verwirklichung deiner Vorstellungen leistest, dann wirst du
das Leben deiner Träume führen. Das ist einfach unvermeidlich.

**Wie könntest du jemals *bewusst* Veränderungen
herbeiführen, wenn du kein Verständnis
davon hättest, wie es sich mit den Dingen
in Raum und Zeit verhält?**

Verständnis ist das Lebenselixier. Und dein Verständnis dafür,
*dass es im Leben unumstößliche Prinzipien gibt, auf die du dich
verlassen und auf die du bauen kannst*, ist der Schlüssel zu deiner Macht. Du musst nicht genau durchschauen, *wie* diese
Prinzipien funktionieren. Beim Fotografieren brauchst du
auch nicht zu wissen, welche Linsen mit welchem Krüm-
mungsgrad notwendig sind oder aus welchem Material die
Kamera besteht oder *wie* das Licht ein Abbild auf dem Film
bzw. Speicherchip hinterlässt. Verstehen musst du jedoch das

Grundprinzip des Fotografierens: Wie ist die Kamera zu bedienen, und was wird von dir als Fotograf erwartet?

Ohne Verständnis für die Gesetzmäßigkeiten des Lebens musst du dich ständig fragen, ob du deine Träume überhaupt haben darfst, ob du das verdient hast, ob du genug oder zu wenig »Glück« hast. Überkommt dich manchmal das Gefühl, zur richtigen Zeit am falschen Ort zu sein? »Musst« du dich denn so abmühen, wie du es manchmal tust, etwa als eine Form von Buße oder zur Formung deines Charakters oder vielleicht auch nur deshalb, weil du in dir zu viele einschränkende Überzeugungen beherbergst? Ohne Zweifel ist das Leben äußerst schwer vorhersagbar, wenn man nicht versteht, welche Rolle man selbst und welche Rolle die eigenen Gedanken spielen.

Zerlegen in nachvollziehbare Teilbereiche

Noch einmal: Hier geht es nicht darum, *alles* ruck, zuck und auf einmal zu verstehen. Es reicht vollkommen, wenn du dein Verständnis nach und nach in kleinen Schritten vergrößerst. Versuche, erst einmal das zu verstehen, was sich direkt vor deiner Nase befindet, das, was hier und jetzt ist. Das ist für den Anfang wirklich genug.

Vielleicht begreifst du z. B. nicht, warum du dich immer wieder zu solchen Menschen hingezogen fühlst, die dich über kurz oder lang auf die Palme bringen. Aber als Schöpfer deiner Wirklichkeit verstehst du, dass jeder dieser Menschen mit deiner Zustimmung in dein Leben getreten ist. Sie sind Teil deines Lebens geworden, weil du selbst dich mit ihren Qualitäten, Verbindungen und Fähigkeiten beschäftigt hast; oder sie kamen als Vermittler, als Begleiter auf deiner Reise zu neuen Erfahrungen, die du dir in Gedanken ausgemalt hast.

Du verstehst vielleicht nicht, warum ein kleines Kind sterben musste, doch du begreifst, dass es Gründe dafür gegeben haben muss, weil nichts ohne Grund geschieht. Ohne Zweifel *kannst du auch verstehen*, dass der Tod nur eine Illusion ist – eine Illusion, die dich veranlassen soll, tiefere Wahrheiten zu verstehen, damit solch ein Verlust deinen Glauben nicht erschüttert und deine Hoffnung auf all die anderen Angebote des Lebens nicht auslöscht.

Vielleicht erschließt sich dir nicht so ohne weiteres, *wie* deine Träume wahr werden. Doch ohne Zweifel *kannst du verstehen*, dass das Wie und die Logistik einer solchen Leistung jenseits deines Fassungsvermögens liegen und dass du diese Arbeit getrost dem Universum und seinen Gesetzmäßigkeiten überlassen darfst – vorausgesetzt, du leistest deinen Beitrag in Gedanken, Worten und Taten. Selbst wenn dein Verständnis gewachsen ist, darfst du dem Universum immer noch deinen Stress, deine Ängste und Befürchtungen überlassen, die dir sonst auf dem Weg zu deinem Ziel nur ständig im Nacken sitzen würden.

Ohne Verständnis würdest du das einfache Prinzip, dass der Geist über die Materie herrscht, als Hokuspokus abtun und die Tatsache, dass und wie du etwas erreicht hast, falsch einordnen. Du würdest es insgeheim auf gutes Timing, gute Beziehungen, Glück und Zufall oder – was ebenso abwegig ist – auf harte Arbeit, Selbstverleugnung und Opferbereitschaft zurückführen. Du kannst tagelang damit zubringen, dir vor deinem geistigen Auge und in Gedanken lebhafte und fantasievolle Bilder auszumalen, ohne irgendeinen langfristigen Erfolg. Die Ursache hierfür könnte dein fehlendes Verständnis für die Tatsache sein, dass deine Überzeugungen mit dem Objekt deines Wunsches im Einklang sein müssen. Du könntest ebenso gut hart daran arbeiten, neue Überzeugungen zu entwickeln und sie auf deine Träume abzustimmen. Wenn du jedoch keine Verantwortung dafür übernimmst, wer du bist und wo du in deinem Leben stehst – was meinst du, welche Autorität du dann hast?

Welche Ebene des Verständnisses du auch erreicht hast, es ändert nichts an der Tatsache, dass du bereits durch deine Gedanken das Leben erschaffst, das du führst; an dieser Wahrheit kommt man nicht vorbei. Indem du sie verinnerlichst, erkennst du dich selbst schließlich als den Schöpfer deiner Erfahrungen an. Von dieser Basis aus kannst du zumindest damit beginnen, dir die Gesetzmäßigkeiten des Lebens bewusst zunutze zu machen. Die Alternative wäre, die Macht abzugeben, mit der du bewusst Einfluss auf alles nehmen kannst, was noch vor die liegt. Allerdings bist du die Verantwortung deshalb noch lange nicht los.

Indem du verstehst, wie deine Leistungen in der Vergangenheit zustande gekommen sind, werden dir zukünftige Vorhaben umso leichter gelingen. Sorgen lösen sich auf, wenn du dich selbst als den Regisseur für die Dinge und Ereignisse in deinem Leben begreifst; alles wird im Fluss sein und sich nach deinen Vorstellungen entwickeln. Das war schon immer so. Und es kommt sogar noch besser: Mit wachsendem Verständnis lösen sich die alten, dich einschränkenden Überzeugungen wie von selbst auf. Damit eröffnen sich dir noch mehr Möglichkeiten und Wege zum Wohlstand.

Verständnis stützt Glauben

Mir ist klar, dass du wahrscheinlich im Verlauf deines Lebens immer wieder zu hören bekommen hast, dass du Glauben brauchst, wenn du in spiritueller Hinsicht vorankommen willst, und jetzt habe ich im vorherigen Kapitel auch noch in diese Kerbe gehauen. Es ist wahr: Dein Glaube versetzt tatsächlich Berge. Doch der Rest der Welt versteht unter »Glauben« *überwiegend* den blinden Glauben oder den *Glauben*

als Ersatz für Verstehen. Ich habe jedoch bereits darauf hingewiesen, dass blinder Glaube oft auch Angst mit sich bringt –
die Angst vor dem Unbekannten, weil du es nicht durchschaust.

Andererseits räumt dir ein Glaube, *der auf Verständnis beruht
und* die allgemeine Beschaffenheit der Wirklichkeit mit all
ihren Manifestationen begreift, die Möglichkeit ein, selbstbewusst, wissend und mühelos durch dein Leben zu gehen. Dieses Bewusstsein und deine daraus resultierende Furchtlosig-
keit verleihen dir die Würde des Schöpfers, der du schon immer gewesen bist.

Glaube ist ein wesentlicher, ja, ein entscheidender Bestandteil
des Lebens in Raum und Zeit. Er verbindet einzelne Augenblicke zu einem vollständigen Bild. Er ist das Bindeglied zwischen deinen vielen Jetzt – zwischen deinem gegenwärtigen
Zustand und deinem zukünftigen. Glaube allein entscheidet,
welchen Stern aus der Galaxie deiner Träume du als nächsten
besuchst. Dieser *natürliche* Glaube – Glaube, *der auf Verstehen beruht* – hat seinen Ursprung in deinen Überzeugungen
und entsteht daher unbewusst.

**Indem du nach und nach immer mehr Wahrheiten
des Lebens erkennst, wirst du auch das
unglaubliche Potenzial verstehen, das in allem
steckt, was du denkst, sagst und tust.**

Wenn du beispielsweise verstehst, dass die äußere Welt die innere widerspiegelt, dann wirst du auf natürliche Weise an die
unsichtbaren Gesetzmäßigkeiten glauben, denen zufolge deine Gedanken zu den Dingen und Ereignissen deines Lebens
werden. Und wenn du dein eigenes spirituelles Erbe verstehst,
dann wirst du ganz selbstverständlich an deine Existenz jenseits von Raum und Zeit glauben. Ohne Verständnis ist Glaube wenig mehr als eine Erinnerung an das, was du dir erhoffst.

Glaube in seiner natürlichen Form hingegen weckt Vertrauen und Erwartung, gerade *weil* ihn Verstehen stützt.

Belohnung und Verantwortung

Indem du nach und nach immer mehr Wahrheiten des Lebens erkennst, wirst du auch das unglaubliche Potenzial verstehen, das in allem steckt, was du denkst, sagst und tust. Automatisch und mühelos wirst du dich auf eine Weise verhalten, die im Einklang mit deinen förderlichen Überzeugungen ist. Deine Gedanken und Tagträume decken sich mit deinen Träumen. Du machst dir weniger Sorgen. Du fühlst dich besser. Du lachst häufiger. Ein Gefühl von Harmonie erfasst dich, und du strahlst für andere deutlich wahrnehmbar Mitgefühl und Ruhe aus. *Das* ist es, was Verständnis nach sich zieht. Das Leben wird einfach leichter und besser. Du hast mehr Vertrauen in das Universum und in dich selbst, du kannst die Dinge besser annehmen, so wie sie sind.

So wunderbar sich das alles auch anhört, der Prozess der Erleuchtung hat dennoch seinen Preis. Dein Verständnis kann nicht ohne die Erkenntnis wachsen, dass du allein für alles verantwortlich bist, was in deinem Leben geschieht und geschehen ist. Im Grunde ist das nicht einmal viel verlangt (ich glaube, den Punkt hast du inzwischen ohnehin schon erreicht). Manchmal jedoch machen wir uns etwas vor, wenn es um unsere Verantwortung geht. Zum Beispiel fällt es uns leichter, sich seine Fehlschläge einzugestehen, als sich über seine Erfolge zu freuen. Wahr ist leider auch, dass wir lieber die Verantwortung für andere übernehmen statt für uns selbst und unser Glück. Mit wachsendem Verständnis wirst du jedoch bald entdecken, was echte Verantwortung heißt: nämlich sich richtig gut um sich selbst zu kümmern.

Der Preis des Wissens

Verantwortung beginnt bei dir selbst. Unsere größte Verantwortung im Leben ist es nicht, die Welt zu verbessern oder uns um die weniger Glücklichen zu kümmern, sondern unsere Anforderungen an uns selbst zu erfüllen, daran zu glauben, dass unsere Träume so sein sollen, wie sie sind. Indem wir für uns selbst auf diese Weise Verantwortung übernehmen, *wird* die Welt zu einem besseren Ort, und die Menschen in deinem Umfeld werden nicht nur von deiner Liebe profitieren, sondern auch durch das Beispiel, das du ihnen gibst.

Du musst es wollen. Die zweite Voraussetzung für das Verständnis ist zum Glück leicht zu erfüllen: Du musst es wollen! Das muss deine persönliche Priorität sein. Das einzig Schwierige daran ist, dass du dieses Verständnis erst erlangen kannst, wenn du dir eingestehst, dass das, was du jetzt über das Leben denkst, weißt und glaubst, bis zu einem gewissen Grad fehlerhaft sein könnte. Dieses Eingeständnis kann für manche Menschen problematisch sein, da es bedeutet, dass sie sich von einigen Idealen oder Philosophien, an die sie sich im Laufe ihres Lebens gewöhnt haben, trennen müssen, um den Weg für eine bessere Zukunft frei zu machen.

Es stimmt also, Verständnis bedeutet mit großer Wahrscheinlichkeit, dass du deinen Wohlfühlbereich verlassen und an dir arbeiten musst, doch die Belohnung ist enorm. Bedenke doch: Ein bisschen Selbsterforschung in einem Augenblick, in dem du von unangenehmen Emotionen überwältigt wirst, kann dazu führen, dass genau diese Emotionen in Zukunft ausbleiben. Ergründe ehrlich mit dir selbst, warum du deprimiert bist, und noch während du die wahren Ursachen ans Licht bringst, *bums!,* sind sie mit einem Schlag widerlegt. Ergründe, warum du dich machtlos fühlst, und erlange so im

Handumdrehen deine Macht zurück. Widme dich deinem gebrochenen Herzen (fühle nicht nur den Schmerz, sondern ergründe auch die Ursache). Denke darüber nach, wie all das mit deiner Definition von Glück zusammenhängt, und lasse los.

Diese Methode, die unangenehme Emotionen durchleuchtet, um sie besser zu verstehen, ist einer Taschenlampe vergleichbar, die man im Dunkeln dorthin richtet, woher das Geräusch kommt: Sobald du siehst und einordnen kannst, was dich erschreckt hat, erkennst du, dass du keine Angst davor haben musst. Doch diese Herangehensweise erfordert Einsatz. Leider ist die Erforschung der eigenen Überzeugungen und das genaue Erkennen der eigenen Missverständnisse so ungefähr das Letzte, wozu man Lust hat, wenn man gerade von unangenehmen Emotionen in die Mangel genommen wird. Doch es gibt *kein* Verfahren, das dich schneller voranbringt.

Du hast die Wahl, ob du verstehen willst. Ohne Verständnis steckst du in einer Welt fest, die du unwissentlich selbst erschaffen hast. Dein Verstand fällt den Überzeugungen anderer zum Opfer, und die Ereignisse in Raum und Zeit verwandeln sich in ein Kuddelmuddel aus Zufall und Glück, das dich reagieren anstatt die Umstände deines Lebens selbst formen lässt. Doch mit dem richtigen Verständnis ist alles möglich. Das Leben wird leichter. Und zuletzt fällt dir wie Schuppen von den Augen, wie *einfach alles* schon immer war.

Dein höheres Selbst

Als Nächstes möchte ich mich deinem höheren Selbst zuwenden, das manche auch als Seele bezeichnen. Welchen Namen du ihm auch geben möchtest, es geht darum, dass ein Mensch erheblich mehr ist, als wir uns bewusstmachen. Man könnte sich zum Beispiel vorstellen, dass unser »bewusstes Ich« –

also das Ich, von dem wir meinen, dass wir es sind – ungefähr der Spitze eines Eisberges gleicht. Hast du schon einmal Fotos von Eisbergen gesehen? Oberhalb der Wasserlinie sehen wir nur einen Bruchteil dessen, was sich unterhalb der Wasseroberfläche verbirgt. So wie die Spitze des Eisbergs sich der abertausend Tonnen Eis nicht bewusst ist, die sie unsichtbar aufrechterhalten, so ist sich auch das bewusste Ich nicht darüber im Klaren, wir groß wir eigentlich sind und was unsere bewusste Existenz unterstützt.

Die Vorstellung eines höheren Selbst hat es mir lange Zeit schwergemacht, das Ausmaß zu verstehen, mit dem ich meine Wirklichkeit selbst erschaffe. Für mich war es offensichtlich, dass meine Seele ebenfalls ihre eigenen Neigungen und Wünsche haben müsse. Also fragte ich mich, ob meine Seele wohl Erfahrungen mit etwas würde sammeln wollen, wozu ich überhaupt keine Lust hatte (zum Beispiel damit, »Opfer zu bringen«). Gelegentlich, insbesondere wenn ich gerade vor einer schwierigen Situation stand, beschäftigten mich die Fragen: *Ist das etwas, was ich will, oder hat mein höheres Selbst diese Herausforderung für mich ausgewählt, damit ich wachsen kann? Und wenn mein höheres Selbst sie ausgewählt hat, was ist dann mit meinem freien Willen und meinem Recht, meinen Weg selbst zu bestimmen, ohne die Einmischung unbewusster Teile meiner selbst?*

Eine Reihe von Erkenntnissen hat mir schließlich die Antwort auf diese Frage offenbart. Das bewusste Ich erschafft tatsächlich meine Wirklichkeit *ohne* Einmischung meines höheren Selbst. Dieses begehrt nämlich ausschließlich folgende Freiheit und Fähigkeit: dass meine einzigartige Persönlichkeit in Raum und Zeit verweilen möge, um die Schönheit der Welt so zu genießen und sich so daran zu erfreuen, wie meine Vorstellungskraft, meine Wünsche und Vorlieben sie im Laufe meines Lebens hervorgebracht haben.

Jeder Mensch blickt durch sein ureigenstes Fenster auf die

Welt, ein Fenster, das ihm ganz allein gehört und das er niemals mit einem anderen teilen wird oder kann. Meiner Meinung nach hat mein höheres Selbst zwar für die Entstehung meines Bewusstseins gesorgt, damit ich mich hinauswage, aber es mischt sich nicht in meine Wünsche und Erfahrungen ein. Wenn es dies täte, dann würde ich an der Erkenntnis gehindert, dass ich mit meinen Gedanken meine Wirklichkeit selbst erschaffe. Ich *bin* mein höheres Selbst, und ich begehre, was mein größeres Selbst begehrt. Der Wunsch meines höheren Selbst ist, dass ich mit meinen eigenen Sehnsüchten existieren kann und dass es ebenso durch mich existiert. Für alles Weitere habe ich die Zügel in der Hand und kann selbst über meine Manifestationen und Erfahrungen entscheiden.

Unser Glück und Unglück sind gleichermaßen ausschließlich Produkte unserer Überzeugungen und Erwartungen, die wir vollständig kontrollieren und selbst erschaffen können. Wir entscheiden uns nicht bewusst für Probleme und Schwierigkeiten; wir entscheiden uns bewusst für Endergebnisse oder Ziele und nähern uns diesen auf der Grundlage unserer Überzeugungen und Erwartungen. Unterwegs stoßen wir immer dann auf Herausforderungen, wenn wir etwas missverstehen. Mit anderen Worten: Die Stolpersteine auf unserem Weg sind Nebenprodukte unserer Träume; sie werden uns keinesfalls durch unser höheres Selbst auferlegt.

Tatsächlich sind wir alle miteinander verbunden: Wir sind eins. Den Satz »Wir sind eins« bekommen wir andauernd zu hören, so oft, dass er uns schon fast nichts mehr bedeutet. Aber hinter diesen drei Wörtern verbirgt sich mehr als eine schöne Vorstellung; sie ist hier und jetzt Realität. Vögel im Formationsflug, Bienen und Ameisen, die im Kollektiv leben – sie verhalten sich nicht so, als ob sie eins wären; sie *sind* eins. Und genauso verhält es sich mit den Menschen. Physisch sind wir zwar voneinander getrennt, doch auf spiritueller

Ebene sind wir auf eine Weise, die unser Fassungsvermögen überfordert, nicht nur miteinander verbunden, sondern *eins* – verschiedene Farben in ein und demselben Regenbogen. Und in diesem Augenblick bist du genau der, der du sein sollst und willst; kein schwacher Ableger, der sich auf die Knie werfen, sich verbeugen und sich einer »höheren Macht« ergeben muss, sondern selbst ein Schöpfer deiner Welt.

Im Moment reicht es aus, wenn du verstehst, was dir möglich ist. Tu einfach dein Bestes. Bringe diese neuen Einsichten schon heute zum Einsatz. Lass zu, dass sie deinen Glauben stützen, dich mit Frieden erfüllen und in dir die Gewissheit stärken, dass deine Zukunft ihren Ursprung in deinen *momentanen* Entscheidungen und Handlungen und nicht in den vergangenen hat. Das sollte vorerst genügen; den Rest wirst du verstehen, wenn die Zeit reif dafür ist.

Beginne damit, die Welt um dich herum als das zu sehen, was sie schon immer war: eine schöpferische Erweiterung deiner selbst.

Kapitel 8
Fülle, Gesundheit und Harmonie

*I*ch glaube nicht, dass irgendetwas im Leben vorherbestimmt ist, es sei denn, wir konzentrieren uns freiwillig auf irgendetwas, beschäftigen uns gedanklich damit und halten es für wahr. Doch falls es doch eine Ausnahme geben sollte, dann diese: Dir und mir und jedem auf der Welt ist es vorherbestimmt, reich und gesund zu sein und ein harmonisches Leben zu führen. Mir ist klar, dass sich das unglaublich anhört, aber ich bin davon überzeugt, dass dies der natürliche Zustand des Menschen ist. Wenn unsere Gedanken auf die universellen Gesetzmäßigkeiten abgestimmt sind, dann ist es unumgänglich, Fülle, Gesundheit und Harmonie zu erfahren. Kannst du dir das vorstellen? Hinter jeder Ecke wartet eine schöne Überraschung, jeder neue Tag bringt gute Neuigkeiten, und deine Mitmenschen bereichern dich auf vielfältige Weise.

Im vorhergehenden Kapitel »Das Lebenselixier« habe ich die Bedeutung von *Verstehen* und *Verständnis* hervorgehoben. In diesem Kapitel möchte ich dich dahingehend unterstützen, dass du ein tieferes Verständnis für Fülle, Gesundheit und Harmonie entwickelst und die Überzeugung verinnerlichst, dass du ein faktisches Anrecht auf diese drei Dinge hast. Sobald du dir diesen Glauben *zunutze machst*, werden destruktive Gedanken und Überzeugungen automatisch verschwinden und so der Weg für das »richtige« Denken freigemacht. Sobald du verstehst, dass Fülle, Gesundheit und

Harmonie die angemessene Richtschnur für dein Leben sind, wird dein Denken davon durchdrungen und dein Lebensweg diese Richtung einschlagen.

Dein Erbe

Du bist ein Wunder. Jede Zelle und jedes Atom deines Körpers ist lebendig, komplex, hoch entwickelt, effizient und vollkommen. Mangel, Krankheit und Disharmonie sind für keinen vorgesehen. Sie sind lediglich das Nebenprodukt von lähmendem, ängstlichem Denken.

Die Erde, auf der wir leben, ist atemberaubend, lebendig und fürsorglich. Auf ihr, in ihr und über ihr leben zahllose Kreaturen in Harmonie miteinander. Es wimmelt ringsum von intelligentem Leben: Tiere, Pflanzen und Abenteurer wie du und ich. Sie ist üppig mit Fülle und Vielfalt ausgestattet: spektakuläre Farben, Formen, Klänge und Anblicke; verlockende Landschaften, Ebenen und Bergen, Küsten und Meere, Täler, Gletscher und Wüsten; Sonnenaufgang und Sonnenuntergang, Schnee, Regen, Wolkengebirge und kristallklarer blauer Himmel. Auf unserer Erde findet ein Tanz des Werdens statt. Jedes Element, jedes schlagende Herz und jeder Gedanke geht auf eine höhere Intelligenz zurück.

Kannst du nun vielleicht ein wenig deutlicher dein Erbe erkennen, deine Macht und deine eigene Göttlichkeit? Hast du mitbekommen, dass mit der Macht deiner Gedanken und der grenzenlosen Magie dieser Welt, in der du lebst, einfach alles möglich ist?

Das Universum hat unendlich viel mehr zu bieten, als du dir erträumen könntest. Wie gesagt: Deine Aussichten auf Erfolg sind *zehntausendmal* größer als die auf Misserfolg. Dein *ganzes* Leben ist ein Beweis für dieses »Ungleichgewicht«: deine außerordentliche Neigung zum Erfolg; dein erstaunlicher

194

Hang zu Wohlstand; deine göttliche Tendenz, dich gut zu entwickeln ... Wird dir nun klar, dass dir bereits jetzt Fülle, Gesundheit und Harmonie zur Verfügung stehen, wenn du nur die richtigen Gedanken nährst? Es ist nicht etwa so, dass es dir an Fülle, Gesundheit und Harmonie mangelte und du auch ein wenig davon haben möchtest; es ist vielmehr so, dass du bereist *alles* hast, aber nur ein bisschen davon haben möchtest. Was für eine Einstellung! Bedauerlicherweise hast du offenbar vergessen, was dir alles zusteht. Du musst dich endlich an die Wahrheit über dich und deine Wirklichkeit erinnern.

Es ist nicht etwa so, dass es dir an Fülle, Gesundheit und Harmonie mangelt und du davon wenigstens bisschen haben möchtest; es ist vielmehr so, dass du bereits *alles* hast, aber trotzdem nur ein bisschen davon haben möchtest.

Fülle kennt viele Währungen

»Und was ist mit denen, die in den allerärmsten Ländern der Welt geboren wurden? Was ist mit ihrem Anrecht?« Mit dieser Frage aus dem Publikum wurde ich bei meinen Vorträgen immer wieder konfrontiert.

Erstens: Bist du dir sicher, dass es ihnen wirklich so schlecht geht? Ich habe einige außerordentlich arme Länder besucht und mit den Menschen dort gesprochen. Es war ein großer Schock für mich, dass viele so glücklich und sorglos sind. Südafrika ist mir deshalb fast das liebste Reiseziel.

Selbst die Ärmsten dort strahlen eine Freude aus, die man sich in unseren Breitengraden gar nicht vorstellen kann. Zwar sind sie in finanzieller Hinsicht arm, doch sie haben eine Familie, eine intakte Gemeinschaft, sie haben zu essen, in der Regel ein Dach über dem Kopf, und sie haben einander. Es würde mich nicht überraschen, wenn einige derjenigen, die ich dort kennengelernt habe, sogar uns mit all unseren »Wohlstandserscheinungen« bemitleiden würden. Sind sie wirklich so benachteiligt? Oder haben sie vielleicht andere Prioritäten und Werte, an die wir einfach nur nicht gewöhnt sind?

Zweitens – und was jetzt kommt, ist ein bisschen knifflig, denn ich möchte nicht missverstanden werden –, wenn wir uns im Fall von extremer Armut und Krankheit klarmachen, dass wir alle spirituelle Wesen sind, die bis in alle Ewigkeit so viele Leben leben können, wie sie wollen, ist es dann wirklich eine solche »Katastrophe«, wenn wir eines unserer Leben (vielleicht eines von zwanzigtausend) unter »tragischen« Umständen führen? Wir leben ja nicht nur einmal. Und wenn wir uns einmal für ein entbehrungsreiches Leben entscheiden, dann tun wir es vielleicht, um unsere Perspektive zu verändern und um andere Facetten des Lebens zu verstehen, die wir bisher unter den gegebenen Umständen nicht wahrnehmen konnten.

Ich möchte damit keineswegs andeuten, dass wir das Leid um uns herum tolerieren, akzeptieren oder als natürlichen Zustand hinnehmen sollen. Vielmehr sollte alles nur Mögliche unternommen werden, um unseren Brüdern und Schwestern zu helfen, die schlechter dran sind als wir selbst. Wenn *einer* leidet, dann leiden wir *alle*. Natürlich könntest du auf der Basis dessen, was du hier bereits gelesen hast, sagen: »Wieso, sie sind genauso Schöpfer ihrer Welt wie ich; sie haben sich entschieden zu leiden. Wer bin ich, dass ich mich in ihre Entscheidungen einmischen dürfte?« Aber wir würden auch ein Kind nicht im Stich lassen, das ungehorsam gegen seine Eltern war und sich deshalb verirrt oder verletzt hat oder krank geworden ist. Auch wenn Menschen ihre Zwangslage selbst geschaffen haben, gibt es genügend Gründe dafür, sie zu trösten und ihnen zu helfen.

Damit will ich aber auch nicht sagen, dass diejenigen, die für sich außergewöhnlich schwierige Umstände geschaffen oder gewählt haben, dies aus Kurzsichtigkeit getan haben. Ein möglicher, sehr »anspruchsvoller« Grund für ihre Wahl könnte es beispielsweise gewesen sein, eine im Dornröschenschlaf liegende Welt wachzurütteln und auf die größeren Probleme hinzuweisen. Wir werden, wenn wir nur weit genug zurücktreten, um den Gesamtzusammenhang zu sehen, dennoch erkennen, dass Ordnung, Vollkommenheit und Liebe herrschen, und wir werden genug Beweise dafür finden, dass uns trotz allem Fülle, Gesundheit und Harmonie vorbestimmt sind.

Doch nun zurück zum Ausgangspunkt: Es ist immer interessant und provokant, hypothetische Fragen zu afrikanischen Hungersnöten und sozialen Tragödien zu stellen. Zwar lassen sich im Zusammenhang mit dem Prinzip *Gedanken werden Dinge* Antworten finden, doch es geht hier vor allem um unser eigenes Leben, um unsere eigenen Probleme, Gelegenheiten und Verantwortlichkeiten. Selbstverständlich können wir zugleich anderen eine helfende Hand entgegenstrecken. Doch am nützlichsten sind wir für den Frieden der Welt, wenn wir zuerst einmal mit uns selbst im Frieden sind.

Dazu braucht es immer zwei

Am einen Ende des Spektrums haben wir also ein energiegeladenes Universum mit der Neigung und Fähigkeit, dir deine Wünsche zu erfüllen – es tut praktisch alles, um deine Gedanken zu manifestieren. Am anderen Ende des Spektrums bist du selbst, der Denkende, der ebenfalls seine Wünsche realisiert sehen will. Das ist alles.

Unsere Dramen sind also tatsächlich immer nur für zwei Hauptrollen angelegt: das Universum (und seine unumstößlichen Prinzipien) und du. Verstehst du? Und auf der Basis all dessen, was du hier bereits gelesen hast, solltest du nun erkennen, dass alle anderen Personen in deinem Leben nur Mitspieler und Lehrer sind, ausschließlich deshalb, weil du sie (wie auch mich) hinzugezogen hast. Tatsächlich sind alle anderen eher Statisten, die dann angeworben werden, wenn eine Rolle kurzfristig zu besetzen ist, damit du Erfahrungen sammeln und dazulernen kannst.

Da dir also das Universum Fülle, Gesundheit und Harmonie zur Verfügung stellen will und die anderen Menschen eher passive Statisten in deinem Leben sind, leuchtet dir sicher auch ein, dass angesichts deiner Macht und Herrschaft über alles (vorausgesetzt du hast dich nicht irgendwelchen dich einschränkenden Gedanken hingegeben) deine Träume wahr werden *müssen*. Was immer du willst, es wird dein sein! Worum auch immer du bittest, es wird dir gegeben! Du hast ein naturgegebenes Recht auf Fülle, Gesundheit und Harmonie. Natürlich ist es leicht, so etwas zu sagen. Doch wenn wir uns dann in unseren Leben umsehen, sind wir entmutigt, weil wir überall Mangel, Krankheit (oder zumindest Unwohlsein) und Disharmonie wahrnehmen. Was ist schiefgelaufen? Wo liegt das Problem? Nun, wenn es wirklich nur zwei Hauptrollen – uns und das Universum – in jedem Drama gibt, dann kann man mit ziemlicher Sicherheit annehmen, dass das Problem nicht beim Universum liegt; es liegt bei uns. Immerhin wissen wenigstens wir, du und ich (leider keineswegs die meisten Menschen), dass etwas nicht stimmt. Wir wissen, wo der Fehler liegt, und *wir tun, was wir können*, um ihn zu beheben. Du hast sogar die Zeit und die Energie aufgebracht, dieses Buch zu entdecken und zu lesen. Das bedeutet für dich, dass eine maßgebliche Verbesserung unvermeidbar ist, weil du dir deiner Macht und Verantwortung bewusst geworden bist.

Nachfolgend eine kleine Übung, die dir helfen wird, deinen natürlichen Zustand besser zu erkennen: Stell dir vor, dass es eine identische Kopie von dir gibt. Sie unterscheidet sich von dir lediglich darin, dass sie sich in ihrem reinen natürlichen Zustand befindet, also keinerlei hemmende Gedanken zulässt. Folglich produziert dieses strahlende Wesen auch keine widernatürlichen Manifestationen. Kannst du dir vorstellen, wie diese strahlende Kopie deiner selbst denken würde, wie entspannt und gelassen sie wäre? Kannst du dir die Harmonie ausmalen? Kannst du erkennen, was jeden einzelnen Gedanken dieses Wesens erfüllen würde? Was würde an erster Stelle stehen?

Die Antwort lautet: *Wünsche*. Dieses Wesen würde in aller Ruhe seine Wünsche wahrnehmen, denn sie sind die Katalysatoren, die alles in Bewegung setzen. Und wenn diese Wünsche ungehindert durch einengende Überzeugungen in den Gedanken deiner Kopie umhergeisterten, was würde dann wohl als Nächstes passieren? Diese Wünsche würden ihre unbegrenzte Kreativität und ihre ganze Kraft freisetzen, denn es gäbe ja keine hinderlichen Überzeugungen oder Ängste, gegen die sie sich behaupten müssten. Dein Double würde entsprechend handeln, sich zwangsläufig von der Magie des Lebens einnehmen lassen und sich somit in die Hände des ihm wohlgesinnten Universums begeben. Der Himmel würde sich öffnen und die gewünschten Manifestationen vollbringen. Neue Wünsche würden entstehen und neue Gedanken hervorbringen, und der wunderbare Kreislauf könnte von neuem beginnen und sich bis in alle Ewigkeit so fortsetzen.

Kannst du nun erkennen, dass dein natürlicher Zustand dir automatisch Fülle, Gesundheit und Harmonie bescheren würde, ohne dass du hierzu irgendeine »Anstrengung« auf dich nehmen müsstest? Begreifst du jetzt auch, wohin du gehörst und wie die Dinge eigentlich *sein sollen*? Ohne deine dich einschränkenden Überzeugungen und Missverständnisse würde es dir überhaupt nicht in den Sinn kommen, Mangel, Krankheit und Disharmonie als Möglichkeit zu betrachten.

Im Endeffekt läuft alles darauf hinaus, dass der Mangel an Fülle, Gesundheit und Harmonie seinen Ursprung immer in deinen Gedanken hat. Und wenn du ein Problem mit deinem Denken hast, dann liegt es daran, dass mit deinen Überzeugungen und Erwartungen etwas nicht stimmt, und wenn mit deinen Überzeugungen und Erwartungen etwas nicht in Ordnung ist, dann gibt es da etwas, das du noch nicht verstanden hast.

Um uns über diese Variablen des Lebens – Fülle, Gesundheit und Harmonie – Klarheit zu verschaffen, werde ich mich hier mit jeder der drei für sich befassen. Indem ich mich auf das konzentriere, was sie sind, und mich einmal nicht darum kümmere, was sie *nicht* sind, will ich dir zu ein paar Einsichten verhelfen, auf deren Basis du neue Überzeugungen aufbauen und dich so von lähmendem Denken befreien kannst.

> **Da die materielle Welt lediglich ein Spiegelbild unseres Inneren ist, muss das Innere zurechtgerückt werden, wenn die äußere Welt uns nicht erfreut.**

Fülle

Typischerweise haben wir es beim Thema Fülle mit materiellen Dingen zu tun. Genauso gut kann der Begriff natürlich auch auf Freunde, Lachen und Kreativität angewandt werden, doch in diesem Abschnitt will ich nur über materielle Dinge sprechen.

Zunächst wollen wir die Frage klären, was materielle Dinge eigentlich sind. Materielle Dinge sind Illusion; sie sind wie das Spiegelbild, das wir sehen, wenn wir in den Spiegel schauen. Materielle Dinge sind Illusionen, die in Raum und Zeit erscheinen und unsere Gedanken widerspiegeln. Falls du dich also je gefragt haben solltest, wie ein Gedanke wohl aussieht, wie er sich anfühlt, wie er schmeckt, riecht oder klingt – diese Frage kannst du dir in Zukunft sparen. Sieh dich einfach nur unter den materiellen Dingen um, die du bisher angesammelt hast, und mach dir bewusst, dass sie nichts anderes als deine materialisierten Gedanken sind, die du sehen, hören, berühren, schmecken und fühlen kannst.

Da die materielle Welt lediglich ein Spiegelbild unseres Inneren ist, muss das Innere zurechtgerückt werden, wenn die äußere Welt uns nicht erfreut – und das ist gut so. Du müsstest ein Herkules sein, um die materielle Fülle mit all ihrem Gewicht körperlich in dein Leben zu holen. Stattdessen musst du Fülle lediglich in dein Leben hinein*denken*. Deine Gedanken in Verbindung mit deinen neu ausgerichteten Überzeugungen und Erwartungen werden dich schließlich ganz von selbst dazu bringen, den richtigen Weg einzuschlagen und entsprechend zu handeln.

Ich weiß, es kann schwierig sein, diesen Gedanken zu erfassen; es hört sich einfach zu leicht an. Doch vergiss nicht, »Dinge« sind nicht so, wie sie zu sein scheinen. Wenn du im Begriff bist, das Haus zu verlassen, und so gut wie möglich aussehen möchtest, dann wirst du vermutlich vorher in den Spiegel schauen. Du überprüfst, ob deine Haare richtig sitzen, wirst – falls du eine Frau bist – vermutlich noch etwas Make-up auflegen oder noch einmal schnell zum Rasierapparat greifen, wenn du ein Mann bist. Dann erst bist du bereit zu gehen. Sag mal, wenn du so in den Spiegel schaust und siehst, was noch verbessert werden kann, versuchst du dann dein Spiegelbild zu korrigieren? Trägst du das Make-up auf das Glas auf, oder versuchst du den Spiegel zu rasieren?

Warum meinst du also, eine Änderung der täglichen Umstände herbeiführen zu können, indem du an den Dingen in Raum und Zeit herumbastelst? Das ist einfach verrückt. Die Korrektur muss natürlich in deinem Inneren stattfinden! Wenn wir die Welt der Erscheinungen verändern wollen, dann müssen wir an unseren Gedanken, Überzeugungen und an unserem Verständnis vom Leben arbeiten. Bisher haben wir genau das nicht getan, und zwar nur, weil wir mit der falschen Vorstellung gelebt haben, dass man die physische Welt verändern muss, wenn man Wandel herbeiführen will.

Wenn es uns an etwas fehlt, dann denken wir, dass wir einen Weg finden müssen, um Wohlstand in unser Leben zu holen. Wir glauben, dass wir die richtige Person am richtigen Ort zum richtigen Zeitpunkt kennenlernen oder den richtigen Headhunter finden oder die richtigen Bewerbungsunterlagen haben müssen, wenn wir eine neue Arbeit suchen. All diese voreiligen Schlussfolgerungen rühren von der Vorstellung her, dass Materie – die *Dinge* in Raum und Zeit – jenseits unserer Gedanken, Emotionen und Überzeugungen existiert. Diese irreführende Vorstellung suggeriert uns, physisch Einfluss auf alles und jeden nehmen zu müssen.

Unser Gehirn ist ein Organ, das uns helfen soll, das Voranschreiten unserer Manifestationen einzuschätzen – seine Aufgabe ist es *nicht*, Manifestationen zu bewirken. Es soll unser Spiegelbild einordnen; es ist nicht für seine Erzeugung zuständig (im Gegensatz zu unseren Gedanken). Du hast dein Gehirn nicht, damit es mit seiner Logik Fülle in dein Leben holt – das kann es gar nicht! Es ist viel zu klein, um all die möglichen Wege, Mitspieler, Partner, sich ständig verändernden Umstände, Augenblicke, jeden einzelnen Tag und all das zu erfassen! Dein Gehirn soll dir helfen, zwischen dem zu unterscheiden, was du willst, und jenem, was du nicht willst. Sobald du dich entschieden hast, worauf du dich konzentrieren und was du aktiv verfolgen willst, geht die gesamte Logistik deiner Manifestation, die Berücksichtigung jeder einzelnen Variable, in den Verantwortungsbereich des »Unsichtbaren« über. Vielleicht wendest du ein: »Na ja, wenn mir das, was ich im Spiegel sehe, nicht gefällt, dann sagt mir mein Gehirn, dass ich mir die Haare kämmen, Make-up auftragen oder mich rasieren soll.« Nein, nein, da bist du der Illusion in die Falle gegangen. Unser sterbliches Selbst gibt sich nämlich gerne der Illusion hin, dass wir – in der Form des sterblichen Selbst – es sind, die die Arbeit leisten, die eigentlich das Universum *durch uns* tut. Doch für diese Arbeit ist unser Gehirn gar nicht ausgestattet.

Gehirne werten nicht; das tun Menschen. Bewertungen erfolgen durch den Geist in uns, den Aspekt unseres Selbst, der durch unsere Augen nach draußen sieht. Nicht das Gehirn regt uns an; das tut unser Geist. Gehirne haben keine Vorlieben. Unser Geist jedoch produziert Wünsche und Vorstellungen. Wenn dir also – im übertragenen Sinne – dein Anblick im Spiegel missfällt, dann ist es dein spirituelles Selbst, das da sein Missfallen äußert. Als Nächstes entscheidest du, wie du dich herausputzen willst und wie das Endergebnis aussehen soll. Diese *Vision*, etwa von gekämmten Haaren, setzt dann Hunderte von Muskeln in deinen Armen und Händen in Bewegung, um dein äußeres Erscheinungsbild im Sinne deines Geistes zu verbessern. Dabei musst du nicht bewusst über den physischen Einsatz deiner Arme und Hände nachdenken; du behältst nur deine Vision vom Endergebnis im Auge und machst Bewegungen, die dich physisch *ungefähr* in diese Richtung bringen. Wie es deine feste Absicht verlangt und deine Bewegung in diese Richtung vorgibt, werden sofort genau die richtigen Muskeln deiner Hände und Arme in Bewegung gesetzt und greifen nach der Bürste oder dem Kamm oder danach, was du eben brauchst, um deine Haare in Ordnung zu bringen.

Das Universum aber kümmert sich um die Details. Es bringt dich an dein Ziel, indem es mehr bewegt als nur *deine* Muskeln – es sorgt dafür, dass die Menschen, deren Träume in die gleiche Richtung gehen wie deine eigenen, die Bühne betreten! Hingegen ist dein Gehirn lediglich damit beschäftigt, seine Schaltkreise unter Kontrolle zu halten und dir als Schnittstelle zwischen deinem physischen und deinem spirituellen Selbst zu dienen. Es soll nicht sämtliche Abläufe durchschauen; das kann es auch gar nicht. Es soll lediglich deinem körperlichen Ich dabei helfen, mit Unterstützung deiner Sinne die physische Welt um dich herum zu verstehen.

Sieh dich einfach nur unter den materiellen Dingen um, die du bisher angesammelt hast, und mach dir bewusst, dass sie nichts anderes als deine materialisierten Gedanken sind, die du sehen, hören, berühren, schmecken und fühlen kannst.

Denk daran, wenn du dich wieder einmal nach etwas Materiellem sehnst: Es ist nicht deine Aufgabe, dich um die Einzelheiten zu kümmern. *Das Universum ist dein Versorger* – nicht das Geld, nicht dein Status, nicht deine Familie, nicht deine Freunde, nicht dein Chef, nicht einmal dein Job, es sei denn, das Universum entschließt sich, eines von ihnen oder alle als »Medium« seiner Manifestation zu verwenden.

Das Universum hat die Aufgabe, für uns zu sorgen. Wir hingegen sollen uns an dem erfreuen, was wir mit unserem Leben anfangen. Und da du die Wahl hast, »Folge deinem Glück!«, wie der Mythenforscher Joseph Campbell es so treffend formuliert hat. Tu es nicht, weil dein Glück dich zu Reichtum führt; tu es, weil die Prinzipien, die im Universum gelten, dir vollkommen freie Hand dabei lassen, was du mit deinem Leben anfängst. Warum also nicht etwas tun – auch in beruflicher Hinsicht! –, was du gerne tust, und so Freude an der Reise haben?

Die Vorstellung, das zu tun, was Spaß macht, fördert zahllose hinderliche Überzeugungen zutage; vielleicht heben ja jetzt bereits einige von ihnen ihre garstigen Köpfe: Man muss hart arbeiten, um es in der Welt zu etwas zu bringen, man muss opferbereit sein, man muss seine Pflicht erfüllen und so weiter. Doch jede einzelne dieser Überzeugungen ist ein Trugschluss, der dich an ein unglückliches Leben fesselt. Viel zu oft verbinden wir unsere erträumten Endergebnisse mit Regeln und Bedingungen, die gar nicht sein müssten. Keine physischen Schritte in einer materiellen Welt können uns zu dem verhelfen, was wir suchen, sondern einzig und allein unsere Gedanken und Wünsche.

Doch, um dies noch einmal klarzustellen, physische Schritte *sind* Bestandteil der Gleichung, und wie wir im vierten Kapitel »Das Leben wartet auf dich« gesehen haben, vollziehen sie sich geradezu wie von selbst. Das Missverständnis liegt in unserer Vorstellung, dass *wir allein* unsere Gedanken verwirklichen müssen. Aber das ist falsch. Wir müssen uns physisch in Gang setzen und die Manifestierung »anschieben«, das ja, aber die eigentliche Verwirklichung unserer Gedanken übernehmen die Prinzipien des Universums – das ist der GROSSE Unterschied. Diese Erkenntnis nimmt dir die Last der Welt von den Schultern. Die Schritte, die *wir* machen »müssen«, sind die leichten: die kleinen Babyschrittchen, die nichts anderes sind als eine Erweiterung unserer Gedanken und unsere in Bewegung gesetzten Überzeugungen, sie sind es, die wir machen *wollen*.

Tatsächlich ist auch Fülle eine innere Angelegenheit. Um Veränderungen zu bewirken, musst du zuerst nach innen gehen. Verschaff dir Klarheit darüber, was du willst, und geh mit dieser Geisteshaltung in die Welt hinaus, deinen Wunsch fest im Blick. Und als sei es abgesprochen, wird das Universum in Erscheinung treten, um den Stab zu übernehmen, den du durch deine Träume inspiriert und aufgeladen hast.

Gesundheit

Deine dir vertrauteste physische Manifestation ist dein Körper, und was ist er für ein Wunder! Jeder, der auch nur im Geringsten an der Magie des Lebens oder an der Existenz göttlicher Intelligenz zweifelt, muss nur diese atemberaubende »Maschine« anschauen, um sich selbst eines Besseren zu belehren.

Dein Körper besitzt sein eigenes Bewusstsein und ist durchdrungen von einer Intelligenz, die es ihm gestattet, automatisch und mühelos zu wachsen, sich anzupassen und auf unserem Planeten zu leben. Er setzt sich zusammen aus zahllosen lebendigen Zellen, Geweben, Organen, Muskeln und Knochen, die auf sein Bewusstsein und seine Umgebung mit einem eigenen Bewusstsein reagieren und in Abstimmung aufeinander arbeiten: Atmen, Essen, Verdauen, Schwitzen, Ruhen, Schlafen, Regenerieren, Reproduzieren, Denken, Sehen, Hören, Fühlen, Riechen, Tasten, Erwärmen, Kühlen, Gehen, Ausstrecken, Zupacken und so weiter.

Doch die erstaunlichste Leistung deines Körpers ist, dass er mit messerscharfer Genauigkeit auf die Gedanken und Überzeugungen reagiert, die du im Hinblick auf ihn hast, und ein lebendiges Bild von dir und deiner Auffassung von dir schafft.

Dein Körper ist deine Manifestation, und sein physischer Zustand (wie alles Materielle in deinem Leben) spiegelt deine Überzeugungen von ihm und deine Erwartungen an ihn. Er ist eine lebendige Skulptur, die du in der Aufgabe als Lebenskünstler erschaffen hast. Und diese wundersame Skulptur verändert sich je nach Beschaffenheit deiner Gedanken.

Falls du dir Sorgen um deine Gesundheit machst, also gerade irgendwelche Beschwerden hast oder deinen Allgemeinzustand verbessern willst, dann haben sich an irgendeiner Stelle und irgendwann Missverständnisse über deinen natürlichen

Zustand eingeschlichen und verursachen durch die Kraft deiner Gedanken ein Ungleichgewicht in deinem Organismus.

Ein vollkommener Körper (also ein gesunder Körper) wird auf seine Umgebung, seine Ernährung und seinen »Besitzer« mit Anzeichen von Unwohlsein, Krankheit oder schwankendem Körpergewicht reagieren, um zu zeigen, dass er nicht richtig behandelt oder eingeschätzt wird.

Jeder Mensch hat *jederzeit* einen gesunden, perfekten Körper, doch manchmal gerät er aus dem Takt – *verursacht von uns* und nicht von ihm selbst. Indem wir unserem Körper die Schuld geben, drücken wir uns nicht nur vor der Verantwortung, sondern wir erschaffen auch noch neue negative Vorstellungen, die vorher noch gar nicht da waren! Die Mehrheit der Menschheit erhält bei Eintritt ins Leben einen vollkommenen Körper und behält ihn ein Leben lang. Unsere abnehmende Gesundheit ist nicht Ausdruck dafür, dass seine Vollkommenheit Schaden nimmt. Der Körper reagiert einfach darauf, wie wir ihn, uns selbst und unser Leben sehen. Und schon sind wir wieder bei der Grundaussage dieses Buches: *Gedanken werden Dinge*, und das beinhaltet auch »Dinge« wie unsere körperliche Gesundheit.

Gewichtssorgen

Wenn es um ihren Körper geht, dann beklagen sich die Leute am häufigsten über ihr Gewicht. Obgleich es immer einen *spirituellen* Anlass gibt, der das Körpergewicht zu einer Herausforderung werden lässt, wird dieser Anlass zuerst im *Physischen* wahrgenommen und drückt sich durch zu viel oder zu wenig essen aus. Manchmal offenbaren sich die zugrundeliegenden Ursachen von Gewichtsproblemen, sobald man eine Bresche ins Innere schlägt, und manchmal erledigen sie sich auch von selbst, sobald das Idealgewicht erreicht ist. Nur weil es eine tiefere spirituelle Ursache für deine Gewichtszu- oder -abnahme gibt, heißt das nicht, dass dieses Thema nicht auch durch Veränderungen deiner Sichtweise behoben werden kann.

Ich möchte ein paar Gedanken beisteuern, um all die weitverbreiteten Weisheiten in Sachen Körpergewicht zu ergänzen, nicht um sie zu ersetzen.

1. Entspann dich. Im Gesamtzusammenhang betrachtet, *ist dein Problem einfach zu lösen*. Schließlich geht es dir ja nicht darum, ein verlorenes Gliedmaß nachwachsen zu lassen oder noch zusätzliche zehn Zentimeter zu wachsen; du willst lediglich dein Gewicht verändern! Viele Menschen gehen mit ihrem Gewichtsproblem um, als sei es die schwierigste und komplizierteste Sache der Welt ... und dann kommt es auch so, vor allem deshalb, weil sie es so empfinden. Also zunächst einmal: Entspann dich und mach dir klar, dass die Herausforderung, vor der du stehst, aus der richtigen Perspektive betrachtet in Wahrheit eine recht kleine ist.

2. Tu etwas und lasse keine Entschuldigungen gelten. Es ist nicht »natürlich«, zu viel oder zu wenig zu essen. Das zu bestreiten erzeugt Passivität und Selbstzufriedenheit und verhindert natürliche Tendenzen, die dich ansonsten ein Gleichgewicht suchen lassen würden. Dein Körper *neigt* zum Idealgewicht, doch du hast ihn mit deinen Essgewohnheiten gegen den Strich gebürstet. Sobald du auf deinen Körper hörst, wirst du erkennen, dass sein innewohnender Ausgleichsmechanismus *für* dich arbeitet und deine Bemühungen auf dem Weg zu deinem Ziel *unterstützt*. Klischees wie »Ich neige eben zur Fülligkeit« oder »Ich komme aus einer Familie, in der alle übergewichtig sind« sind ein Deckmäntelchen für unnatürliche Essgewohnheiten. Sie untergraben deine Verantwortung für dich selbst und, was noch schlimmer ist, sie verankern

Überzeugungen, die deinen Versuch zur Gewichtsabnahme schlichtweg sabotieren.

Früher habe ich selbst oft die Mahlzeiten nicht eingehalten, weil ich meine Arbeit nicht durch Essen unterbrochen wissen wollte – nicht nur gelegentlich, sondern eigentlich jeden Tag. Manchmal glaubte ich sogar, das sei etwas, worauf ich stolz sein konnte. So ein Unsinn, insbesondere weil ich bereits untergewichtig war! Als ich endlich zu der Erkenntnis fand, wie *unnatürlich* und ungesund es war zu hungern und dass meine Arbeit *und* mein Sozialleben darunter litten, war mir meine alte Einstellung peinlich. Nicht anders ergeht es übrigens den Menschen, die zu viel essen.

Nun, vermutlich gibt es Gründe für dein Verhalten (manchmal entsteht diese Art physisches Ungleichgewicht, weil du die Gründe vor dir verbirgst). Du solltest also deine Überzeugungen untersuchen und mit ihnen arbeiten, damit du die Ursachen finden und gegebenenfalls auf sie Einfluss nehmen kannst. Indem du dich vom äußeren Symptom zu deinem eigentlichen Dilemma zurückarbeitest und einsiehst, dass weder zu viel noch zu wenig essen natürlich ist, wendest du dich nach innen, um dein Verhalten zu ändern und deine Überzeugungen zu durchschauen. Schließlich kannst du dich von der Beschäftigung mit deinem Gewicht ab- und einer neuen Herausforderung zuwenden.

3. Erkenne, dass du nicht dein Körper bist. Du hast deinen Körper geformt. Verabschiede dich von den Definitionen, die du dir für ihn hast einfallen lassen, denn dein Körper hat sein eigenes Bewusstsein und seine eigenen Bedürfnisse. Er braucht dich, er verlässt sich auf dich, und er existiert ausschließlich, um dir zu dienen. Dein physischer Körper ist ganz und gar von dir abhängig und verdient die beste Fürsorge. Diese Denkweise kann dir helfen, deine Emotionen vom Essen abzulösen. Angenommen, du bist eines Tages besonders traurig, deprimiert oder wütend, deshalb würdest du doch nicht zu deiner geliebten Katze gehen, und ihre Mahlzeit verdreifachen, oder? Oder würdest du sie einen Tag lang hungern lassen? Warum also tust du so etwas deinem Körper an? Denk daran, Vernunft mit Liebe zu kombinieren, wenn du über dein Verhalten, deine Emotionen und Entscheidungen nachdenkst. Dann lausch nach innen und habe Vertrauen. Überdenke dein Verhalten, sei einen Augenblick lang vernünftig (auch wenn Vernunft wirklich oft überbewertet wird), sei rational, sei spirituell und beginne, deine Situation mit ein wenig göttlich-liebevoller Intelligenz zu betrachten.

4. Achte genau darauf, was du im Hinblick auf dein Gewicht sagst und tust, damit du vorhandene negative Programmierungen nicht verstärkst. Vermeide Aussagen wie: »Ich bin hilflos«, »Es hat keinen Sinn«, »Mein Stoffwechsel ist zu langsam (zu schnell)«, »Es ist angeboren«, »Es liegt an meiner Schilddrüse«, »Es ist schwer« oder Sätze, wie der, den einer meiner Freunde einmal äußerste: »Ich brauche Essen nur anzusehen, und schon nehme ich zu.« Solche Gedanken werden alles daransetzen, Dinge zu werden. Dein Körper wird reagieren, dein Stoffwechsel verlangsamt sich, und du wirst noch schlechter dran sein als zuvor.

Zum Glück spielt es keine Rolle, dass diese Sätze vielleicht irgendwann einmal zugetroffen haben; denn jetzt tun sie es nicht mehr, und du musst aufhören, sie weiterhin mit Energie zu füttern. Selbst wenn du jetzt gerade zwanzig Kilo zu viel auf die Waage bringst, sprich niemals wieder die Worte »Ich bin übergewichtig« aus, denn diese Feststellung wird die Manifestation nur aufrechterhalten. Dein Körper ist vollkommen und im höchsten Maße fähig, das für ihn ideale Gewicht zu erreichen; bisher hast du ihn einfach unwissentlich falsch programmiert. Gib die falschen Gedanken auf, und du wirst das überflüssige Gewicht verlieren.

5. Verwende das Verhalten deines erträumten Ichs als Vorlage. Gönn dir gelegentlich deine geliebten Delikatessen, *als ob* du bereits dein Idealgewicht erreicht hättest. Dieses *Tun, als ob* sagt dir und dem Universum in aller Deutlichkeit, dass die Karten neu gemischt sind. Damit demonstrierst du dein Vertrauen darauf, dass du die Kontrolle zurückgewonnen hast, und gibst dir das Gefühl, bereits erfolgreich zu sein. Als dein erträumtes Ich möchtest du vielleicht gerne das Stück Schokoladenkuchen nach dem Essen, aber du würdest niemals den ganzen Kuchen essen! Es funktioniert in beide Richtungen: Indem du das Verhalten deines erträumten Ichs als Vorlage verwendest, erzeugst du Gedanken, die dich in Richtung der gewünschten Veränderung schieben.

Fang an, bewusst Dinge zu sagen, als ob du bereits dein erträumtes Ich wärst, auch wenn diese Aussagen auf der physischen Ebene unzutreffend sind, wie etwa: »Zum Glück bin ich ja so dünn!« Das ist keine Lüge; es ist die Wahrheit. Spirituell gesehen gibt es tatsächlich dieses andere Ich mit dem Idealgewicht. Indem du Dinge sagst, die seine Existenz bestätigen, rufst du es in deine gegenwärtige physische Wirklichkeit. Wenn du über dein Über- oder Untergewicht sprichst oder Witze über deinen Körper oder deinen Zustand machst, projizierst du diese Aussagen in deine Zukunft und damit in deine Wirklichkeit. Du musst sofort damit beginnen, in Übereinstimmung mit deinem Traumgewicht zu denken, zu sprechen und zu handeln. Nur zu, tauch ein in dein wunderbares neues Ich, denn so projizierst du es in deine Zukunft. Vergiss einfach, wo du bist und wo du warst, sondern lebe die Wirklichkeit dessen, was du sein willst.

6. Konzentriere dich weniger auf dein Gewicht, sondern mehr darauf, ein rundes Leben zu führen (kein Wortspiel beabsichtigt). Den gleichen Rat gebe ich Menschen, die von der Vorstellung besessen zu sein scheinen, einen neuen Partner zu finden oder zu Wohlstand zu kommen. Ihr Wunsch ist so stark in ihnen verankert, dass ihr Leben bereits darunter leidet und sie nichts anderes mehr wahrnehmen können – nicht, wer sie schon sind, und nicht, was sie bereits alles besitzen. Ganz egal, wie viel du wiegst, dein Leben ist JETZT! Und dein Leben verdient Beachtung. Verschiebe nichts auf morgen, nur weil du mit deinem Gewicht noch unzufrieden bist. Achte ganz besonders darauf, dass dein Leben im Gleichgewicht ist. Wenn du deine Mitte gefunden hast, dann kann es sehr gut sein, dass du von ganz alleine abnimmst.

7. **Iss weniger.** Oder, wenn du zunehmen willst, iss mehr. Ja, das ist einfach und wird doch oft übersehen! Wie gesagt, die tiefere Ursache ist in der Regel zwar der beste Ausgangspunkt, um spürbare Veränderungen herbeizuführen, doch der zweitbeste ist die kontrollierte Nahrungsaufnahme. Es ist kaum zu glauben, aber heutzutage gibt es sogar kalorienreduziertes Hundefutter – als ob der geheimnisvollen Ursache des Übergewichts mit irgendeinem ganz besonderen Diätfutter beizukommen wäre. Jedes übergewichtige Haustier auf diesem Planeten findet schnell zu seinem Idealgewicht zurück, wenn man ihm einfach weniger zu fressen gibt. Und das Gleiche gilt eben auch für Menschen, die abnehmen möchten.

8. **Bewegung!** Ich will nur kurz erwähnen, dass es nicht nötig ist, sich im Hinblick auf Bewegung verrückt zu machen – sich im Fitness-Center anzumelden oder Marathons zu laufen. Bewegung in welcher Form auch immer wird sich bei der Erhaltung deiner Gesundheit und als täglicher Ausgleich überproportional auszahlen.

Harmonie

Ach, wie viel schöner ist das Leben, wenn wir zu innerer Harmonie finden! Doch Harmonie muss – wie Fülle und Gesundheit – eigentlich gar nicht gefunden werden. Sie existiert bereits; sie ist Bestandteil deines Wesens, umgibt dich und ist dein natürlicher Seinszustand.

Vor ein paar Jahren habe ich eine merkwürdige Erfahrung gemacht. Ich hatte mir Pachelbels *Kanon in D,* eins meiner Lieblingsstücke, angehört und wurde, wie es manchmal beim Musikhören geschieht, von einer höchst emotionalen Stimmung erfasst – ein Gefühl, das ich kaum beschreiben kann, wie Glück, nur viel, viel stärker. Danach ging ich vors Haus, um ein paar Arbeiten zu erledigen, bis ich plötzlich in einen seltsam veränderten Bewusstseinszustand hinüberglitt. In einem entfernten Winkel meines Bewusstseins »hörte« ich noch einmal das Musikstück und hatte den Eindruck, dass die Büsche und Pflanzen in meinem Garten sich sanft zur Musik wiegten und dabei ihre ureigene ebenso unerklärliche Freude ausstrahlten. In diesem Augenblick hatte ich das untrügliche Gefühl, das eigentliche Wesen der Pflanzen erkennen zu können. Mit einem Mal begriff ich, dass Pflanzen *ununterbrochen* von Freude, Frieden und Harmonie erfüllt sind. Mir kam in den Sinn, dass selbst ein Baum, der langsam in einer Trockenperiode verwelkte, noch im Absterben diesen friedlichen Zustand aufrechterhalten würde.

Die kleine Episode dauerte nur ein paar Sekunden, und ich habe seither nichts Vergleichbares erlebt, doch dieses Erlebnis führt mir bis zum heutigen Tag vor Augen, wie das Leben tatsächlich angelegt ist, nicht nur für Pflanzen und Bäume, sondern für alles Lebendige. In allem, was lebt, herrschen Liebe, Freude und Harmonie: in jedem Atom, in jeder Zelle, in jedem Insekt, in jeder Kreatur. Erst durch den Schleier der Wahrnehmungen unserer physischen Sinne, erst durch unsere

Bewertungen und Überzeugungen werden sie unsichtbar. Auch in dir ist Harmonie, jetzt und in diesem Augenblick und nur einen Atemzug davon entfernt, von dir als solche erkannt zu werden. Harmonie muss man nicht erst finden; man muss sie von innen heraus freilegen und ihr die Gelegenheit geben, unsere Aufmerksamkeit für sich zu gewinnen. Und damit es dir gelingt, einen Blick hinter die Kulissen zu werfen, die manchmal die Sicht trüben, hier ein paar nützliche Anregungen:

1. **Akzeptanz.** Wenn irgendetwas an dir nagt oder dich durcheinanderbringt, dann wird es nicht aufhören, nur weil du es bekämpfst. Schlimmer noch: Deine Gegenwehr wird es gedanklich nähren und so immer neue Manifestationen bewirken. Akzeptiere, dass nicht immer alles glatt läuft und dass die Dinge in deinem Leben so sind, wie sie sind. Wie gesagt: Das bedeutet nicht, dass du deine Probleme lieben musst. Es ist jedoch unverzichtbar, dass du sie akzeptierst, wenn du sie hinter dir lassen willst. Akzeptanz heißt aufzuhören, gegen das Universum anzukämpfen. Denn egal wie sehr du dich im Recht fühlst, das Universum wird sich durchsetzen. Akzeptanz bedeutet auch anzuerkennen, dass das, was du gerade vor dir auf dem Teller hast, eine Lektion ist, die dir etwas beibringen soll. Falls du dich jetzt noch nicht damit auseinandersetzen kannst oder willst – Akzeptanz bedeutet immer auch, dazu bereit zu sein, dich dieser Aufgabe zu einem späteren Zeitpunkt, mit etwas mehr Abstand, noch einmal zu widmen und sie friedlich anzunehmen.

2. **Besinne dich auf dich selbst, wann immer es etwas turbulenter zugeht.** Mach dir bewusst, dass du selbst dir den Blick auf die Freude und Harmonie des Lebens verstellst und dass nur du selbst die Augenbinde abnehmen kannst, die dich von diesen Erkenntnissen abhält. Es sind nicht die Umstände des

Lebens, die uns mit Schmerz, Angst oder Sorgen belasten, sondern es ist die Art, wie wir diese Umstände wahrnehmen und damit umgehen. Indem du akzeptierst, was ist, und daran arbeitest, wie du es wahrnimmst, wirst du zu einem tieferen, harmonischeren Verständnis der Situation gelangen.

3. Denke daran, dass alles in deinem Leben genau so ist, wie es sein soll. Du wirst nie zufällig mit einer bestimmten Situation oder Erfahrung konfrontiert. Ja, es gibt letztendlich gar nichts, womit du konfrontiert *wirst*. Du bist es, der Erfahrungen und Situationen *selbst erzeugt*, weil du bereit bist, dich den Konsequenzen zu stellen und die Dinge in einem neuen Licht zu sehen. Du selbst bist die Ursache für alles, was dir zustößt. Indem du die Umstände annimmst und dich auf dich selbst besinnst, wirst du verstehen, dass alles genau so ist, wie es sein »soll«. Es gibt keine Zufälle, und das Universum macht keine Fehler. Das Leben ist unser Spielfeld und Labor – der Ort, an dem wir unsere Gedanken ausprobieren können. Falls du das bisher noch nicht so gesehen hast, sei dir gewiss: Eines Tages wirst du erkennen, dass niemals irgendetwas umsonst geschieht, nichts dir etwas anhaben kann und du die Ewigkeit vor dir hast, weil dein Wesen unsterblich ist.

> Was immer du auch haben willst,
> mache dich frei von der Vorstellung,
> wissen zu müssen, *wie* du es bekommst.

Finger weg vom verflixten »Wie«!

Ob wir nun nach Fülle, Gesundheit oder Harmonie streben, immer ist es die Frage nach dem »Wie«, die uns in die größten Schwierigkeiten bringt. Um das zu verdeutlichen, wollen wir uns noch einmal exemplarisch der materiellen Fülle zuwenden, denn der gleiche Grundsatz trifft auch für Gesundheit und Harmonie zu. Ich will dich ein bisschen auf die Probe stellen. Angenommen, du träumst ganz intensiv von irgendeiner Sache, die du unbedingt in deinem Leben manifestieren möchtest. Also such dir jetzt etwas besonders Hochgegriffenes aus, ein Ding, das du haben, oder eine Erfahrung, die du machen willst.

So wie die meisten Menschen wirst du sicherlich denken, dass du, um zu manifestieren, was du dir so sehr wünschst, erst einmal herausfinden musst, *wie* es dir gelingen könnte. Wenn du Schriftsteller bist, dann denkst du wahrscheinlich über den Bestseller nach, den du nun schreiben musst; wenn du Vertreter bist, dann errechnest du wohl schon die Höhe deiner Provisionen; wenn du gerade arbeitslos bist, dann macht dir sicherlich die Frage zu schaffen, wo du das Geld bloß hernehmen sollst, um deinen Traum zu finanzieren.

Wenn du also die Finger von dem verflixten »Wie« lassen sollst, *was* sollst du dann tun, um dir deinen Traum zu erfüllen? Jetzt kommt der Test. Was *musst* du tun, um diesen Traum zu verwirklichen? Egal, welchen Beruf du auch hast, ich hoffe, du hast gedacht: »Ich muss die unsichtbaren Kräfte des Universums für mich gewinnen, damit sie die Sache für mich erledigen.« Und ich hoffe, dir ist klar, dass die Manifestierung deines Traums für das Universum ein Klacks ist, während sie für dein körperliches Ich praktisch unmöglich ist.

Wenn wir uns mit Fülle, Gesundheit oder Harmonie beschäftigen, dann machen wir meist bereits den ersten Fehler, indem wir angestrengt darüber nachdenken, *wie* wir die Sache nur anstellen sollen. Was immer du auch haben willst, mach dich frei von der Vorstellung, wissen zu müssen, wie du es bekommst. Erinnerst du dich noch daran, dass ich als Anfänger bei *PriceWaterhouseCoopers* glaubte, meinen Job schon innerhalb der ersten drei Monate wieder zu verlieren? Nun, nachdem ich erst einmal erkannt hatte, dass ich meine schwierige

Situation mit meinen negativen Gedanken noch schlimmer machte, habe ich jeden Abend nach der Arbeit visualisiert. Und entsinnst du dich noch, dass ich nicht wusste, was ich visualisieren sollte, da ich ja keine Ahnung hatte, was ein guter Wirtschaftsprüfer tut (denn sonst wäre ich ja kein schlechter gewesen)? Nun, diese Sackgasse war ein Segen, denn sonst hätte ich keinen Grund gehabt, mich auf das ersehnte Endergebnis zu konzentrieren. Dass ich selbst nicht wusste, *wie* ich mich von einem schlechten in einen guten Wirtschaftsprüfer verwandeln könnte, bewahrte mich davor, dem Universum zu sagen, *wie* es mich retten sollte. So konnte das Universum die beste Lösung anstreben, ohne sich durch meine Vorstellungen mit einer weniger guten begnügen zu müssen. Und tatsächlich war die Lösung etwas, *was ich mir niemals und unter keinen Umständen hätte ausdenken können* – ich wurde an die Steuerabteilung ausgeliehen!

Ich konzentrierte mich ausschließlich auf das Endergebnis – ich wollte Spaß an meiner Arbeit haben –, und genau das erzielte ich, als ich dem Universum das *Wie* oder die Einzelheiten seines Beitrags überließ. Wenn ich darauf bestanden hätte, ein »guter Wirtschaftsprüfer« zu sein, dann hätte das Universum wohl kaum die Steuerabteilung als meine Rettung aus dem Hut zaubern können.

Nachdem es mir also gelungen war, das frühe Ende meiner Karriere bei *PriceWaterhouseCoopers* zu verhindern, habe ich mir, wie du dich sicher erinnerst, ein Notizbuch besorgt, um meine Visualisierungsarbeit zu unterstützen. In diesem Buch habe ich alles festgehalten, was ich mit meinem Leben anfangen und auch in welche Länder ich reisen wollte. Kurz, das Notizbuch enthielt Bilder von meinen erträumten Endergebnissen, *nicht von den Mitteln, die mich zum Ziel führen sollten.* Darin waren auch Bilder von der Lebensweise, die ich mir vorstellte – und das ist ein guter Trick im Umgang mit Visualisierungen, denn er führt sofort dazu, dass man sich gedanklich mit dem Endergebnis beschäftigt. Ich sah mir diese Bilder an und visualisierte ungefähr zehn Monate lang, als mit einem Schlag alles anders wurde: Plötzlich befand ich mich in einer Stadt im Mittleren Osten, von der ich noch nie zuvor gehört hatte. Außerdem hatte ich weder von ihr geträumt, noch hatte ich sie visualisiert. Dann zeigte es sich, dass mein ungeplanter Aufenthalt in Riad, Saudi-Arabien der Schlüssel zur schnellsten Verwirklichung meiner Träume war. *Wie* meine Träume schließlich wahr wurden, hätte ich mir niemals vorstellen, geschweige denn visualisieren können. Noch dazu kam, dass dieses vom Universum arrangierte *Wie* auf geradezu kongeniale Weise auf mein eigenes abenteuerlustiges Wesen abgestimmt war.

Ja, es gibt letztendlich gar nichts, womit du konfrontiert *wirst*. Du bist es, der Erfahrungen und Situationen *selbst erzeugt*, weil du bereit bist, dich den Konsequenzen zu stellen und die Dinge in einem neuen Licht zu sehen.

Indem du die *Wies* loslässt, gibst du dem Universum die Freiheit, alles Anstehende *für dich* zu erledigen (und es tut dies auf eine Weise, die dich sprachlos macht). Außerdem befreist du dich selbst von allen Ängsten, Sorgen und dem Stress, der mit dem Versuch einhergeht, Einfluss auf Raum und Zeit zu nehmen.

Auf dem Weg zum Ziel gibt es eine weitere große Herausforderung. Indem du dich um jedes kleine Detail deines Vorankommens kümmerst und deine Gedanken darum ständig kreisen lässt, verlagerst du deine Aufmerksamkeit unmerklich ein Stück weit aus dem Jetzt in die Zukunft. Überlässt du jedoch das Wie dem Universum, dann kannst du dich an der Gegenwart erfreuen. Wenn du delegierst und das Universum vor deinen Karren spannst, sorgst du nicht nur dafür, dass sich alles zu deinem Besten fügt. Du machst dich außerdem frei, um dich an all den Wundern zu erfreuen, die das Leben schon jetzt für dich bereithält. Das gilt für jeden Bereich deines Lebens.

Also, Finger weg vom verflixten Wie!

Du schaffst das!

Nun wollen wir aber ein bisschen Schwung in die Sache bringen, denn du liest das hier ja nicht, um dein Leben nur ein bisschen zu verbessern; du liest dieses Buch, damit du mit der Verwirklichung deiner Träume vorankommst, und das heißt, wenigstens Fülle, Gesundheit und Harmonie zu verwirklichen. Je nachdem, an welchem Punkt in deinem Leben du dich gerade befindest, mag es dir so scheinen, als müsstest du noch einen weiten Weg zurücklegen. Doch mach dir bewusst, dass es sich dabei nicht um eine faktische Entfernung handelt. Deine Aufgabe besteht nun einfach darin, dein Denken und deine Sicht auf das Leben zu verändern. Ersetze deine gegenwärtigen Gedanken, die dich an diesen Punkt geführt haben, durch solche, die du denken würdest, wenn deine Träume bereits Wirklichkeit geworden wären. Das mögen zwei völlig unterschiedliche Denkweisen sein, doch letztlich handelt es sich ja nur um Gedanken. Du hast also nichts zu verlieren.

Indem du jedes *Wie* loslässt, gibst du dem Universum die Freiheit, alles Anstehende *für dich* zu erledigen. Außerdem befreist du dich selbst von allen Ängsten, Sorgen und dem Stress, der mit dem Versuch einhergeht, Einfluss auf Raum und Zeit zu nehmen.

Nun lass uns also über diese neue Denkweise sprechen. Mit dem Denken verhält es sich nicht anders als mit jeder anderen Aufgabe, mit der wir uns konfrontiert sehen. Wir gewöhnen uns daran, die Dinge auf eine bestimmte Art und Weise zu erledigen. Wir haben unsere Wohlfühlbereiche, unsere Routinen und unsere Gewohnheiten. Doch indem du dieses Buch liest, machst du deutlich, dass du bereit für ein paar Änderungen bist, und ich habe dir bereits erklärt, dass diese Veränderungen in deinen Gedanken beginnen müssen. Zwar habe ich bereits eine ganze Reihe von Herangehensweisen vorgeschlagen, doch mein Ziel ist es, dir einen raschen und leichten Weg hin zu neuem Denken zu vermitteln. Im Folgenden erkläre ich fünf verschiedene Methoden, um neue Gedanken zu entwickeln. Besonderen geht es mir darum, *was* gedacht werden soll (im Gegensatz zum *Wie*).

Ein Gedankenrepertoire

Stell dir (und warum nicht schon gleich heute damit anfangen?) ein ganzes Repertoire an Gedanken zusammen, mit denen du dich befassen kannst. Ich will damit sagen, dass man sich schon vorher ein Gedankenrepertoire zurechtlegen kann, auf das man in der nahen Zukunft beim Visualisieren zurückgreifen kann. Nimm dir jetzt die Zeit, um dir ein solches Gedankenrepertoire zusammenzustellen, aus dem du später auswählen kannst. Auch wenn du nur einmal täglich fünf bis zehn Minuten visualisieren sollst, ist es dennoch hilfreich, wenn dir dazu bereits eine Liste der vielen Schattierungen, die dein Traumleben haben soll, zur Verfügung steht.

Wenn du beispielsweise abnehmen möchtest, dann stell dir nicht nur von Zeit zu Zeit vor, wie du schlank bist, sondern mach dir eine Liste der positiven Einzelheiten, um die das Schlanksein dein Leben bereichern wird. Du könntest dir vorstellen, wie du neue Klamotten kaufst oder darüber entscheidest, was du mit all den Kleidern, die dir nicht mehr passen, anfangen sollst. Du könntest dir ausmalen, wie Freunde auf dein schlankeres Erscheinungsbild reagieren. Denk dir neue Ziele aus, die erst dann erreichbar oder von Interesse sind, *wenn* du dein Idealgewicht *bereits* erreicht hast. Stell dir vor, wie viel leichter es dir fallen wird, Sport zu treiben oder spazieren zu gehen. Oder überleg dir, wie du anderen helfen oder sie dazu inspirieren könntest, ebenfalls selbst gesteckte Ziele zu erreichen. Denk an all das, was anders sein wird!

Setz dich jetzt hin und schreib dein Gedankenrepertoire in dein Notizbuch, damit du in den kommenden Tagen, Wochen und Monaten genug »Gedankenmunition« zur Hand hast. Das ist eine ganz leichte Aufgabe, und du kannst dein Gedankenrepertoire auf jeden deiner Träume münzen.

Was die angestrebte Fülle betrifft, so könntest du an all die »Dienstleister« denken, die du wirst beschäftigen müssen: den Buchhalter, den Anwalt, das Kindermädchen, den Gärtner, der dein Grundstück pflegt, den Einkaufsservice und noch vieles mehr. Stell dir vor, wie du mit diesen Menschen tagtäglich zu tun hast. Denk darüber nach, was du mit deiner Zeit sonst noch anfängst. Überleg dir, welche Ziele du dir steckst, wenn du für den Rest deines Lebens finanziell ausgesorgt hast. Tauche tief in deine Vorstellungswelt ein, um dir dein Leben und deine Angelegenheiten unter diesen neuen Bedingungen vorzustellen. Erweitere dein Gedankenrepertoire so, dass du immer genug Material für deine Tagträume oder Gedankenspiele hast. Es sollte möglichst umfassend und abwechslungsreich sein.

Groß denken

Am Anfang dieses Buches habe ich es bereits einmal erwähnt: Denke groß, aber maßvoll. Groß zu denken dient nicht nur dazu, dich zu inspirieren. Mit deinen Träumen sendest du Gedanken in Bereiche *jenseits aller Grenzen*. Wenn du hohe Ziele verfolgst, dann ist das so, als würdest du deine Hände noch über die Wolken des Zweifels hinaus ausstrecken. Schließlich weißt du ja nicht, welche Beschränkungen da oben überhaupt noch existieren.

Der doch recht abstrakte Gedanke, »das Leben meiner Träume zu führen«, inspiriert mich und bereitet mir tatsächlich weniger Kopfzerbrechen, als wenn ich mich auf die Einzelheiten meiner nächsten Buchveröffentlichung oder Vortragsreise konzentrieren soll. Diese Traumvorstellung ist zwar wirklich sehr theoretisch, aber dafür bietet sie meiner Fantasie umso mehr Spielraum. Ich kann förmlich sehen, wie meine Freunde mir gratulieren, wie der Metalliclack meines neuen Wagens in der Sonne blitzt, wie ich mir mein neues Chefbüro einrichte, wie ich mich mit einem Architekten treffe, um meine Londoner Wohnung umzugestalten, wie mir nach einem Lauf durch die ländliche Natur der Schweiß über das Gesicht läuft. Wichtig ist nur, dass wir diesen Details nicht mehr Bedeutung beimessen als dem *Gesamtbild vom Leben unserer Träume.*

Steck dir immer höhere Ziele

Es ist wirklich nichts daran auszusetzen, wenn du dich mit dem Kopf ständig in den Wolken deiner erträumten Endergebnisse befindest. Nur könnten dir diese Visualisierungen von deiner gegenwärtigen Situation zu weit entfernt scheinen und dir die Vorstellung erschweren, dass du die Kluft auch wirklich überbrücken kannst. Das könnte dich unter Umständen entmutigen. Zerlege deine hochgesteckten Ziele also in besser verdauliche Portionen. So kannst du dich von Zeit zu Zeit auch mit den Aufgaben befassen, vor die das Leben dich stellt. Auf diese Weise könntest du auf dem Weg zur Traumerfüllung auch dein Selbstvertrauen festigen. Aber – Vorsicht! –, versteh das bitte nicht falsch. Ich meine damit nicht, dass du über eine Wie-Frage nach der anderen grübeln sollst (zum Beispiel: »Wie kann ich es mir nur leisten, eine

Safari in Kenia zu machen? Am besten wäre es wohl, einen Bestseller zu schreiben.«) Ich empfehle dir vielmehr, schrittweise *Endergebnisse* parat zu haben (zum Beispiel: »Das Exposé für mein erstes Buch wird zum Jahresende fertig sein. Bis zum Sommer werde ich einen Agenten dafür haben. Es wird ein Buch sein, das Leser weltweit in seinen Bann zieht.«) Ganz unabhängig von deinem Traum, Schriftsteller zu sein, könntest du dir auch sagen: »Dieses Jahr fahren wir nach Mexiko in Urlaub! Nächstes Jahr machen wir eine Safari in Kenia!« Zwischen den beiden beschriebenen Herangehensweisen liegen Welten.

Selbstverständlich kannst du große Träume haben *und* dir vorstellen, dass sie schnellstmöglich realisiert sein werden. Worauf ich eigentlich hinauswill: Kein Traum sollte zum Wie eines anderen Traums werden. Warum solltest du nicht davon träumen, dass dein erstes Buch sich in hohen Stückzahlen verkauft; so was kommt schließlich gar nicht so selten vor. Dieses Beispiel ist deshalb besonders gut, weil es ein Klassiker ist. »Ich schreib mal eben einen Bestseller, dann können wir uns die Reise, das neue Auto, das Häuschen im Grünen ... leisten.« Doch tatsächlich gibt es nur zwei Gründe, ein Buch zu schreiben: weil man ernsthaft etwas mitzuteilen hat oder weil man für sein Leben gerne schreibt.

Das Geheimnis des Glücks

Versuche auch – so gut du kannst – dein Leben so zu genießen, wie es jetzt bereits ist. Die Verwirklichung deiner Träume allein wird dich nicht glücklich machen. Viele Träume verändern sich im Leben. Man legt die Messlatte höher und höher, und so soll es ja auch sein. Oder hast du schon mal von einem Millionär gehört, der keine zweite Million haben wollte? Wir sind von Natur aus unersättlich; sobald wir ein Ziel erreicht haben, leuchtet am Horizont bereits das nächste auf.

Dieses Streben befriedigt unsere Abenteuerlust. Es lässt uns wachsen und sorgt dafür, dass wir uns lebendig fühlen. Fortwährend neue Ziele und Träume zu haben ist ein Anzeichen dafür, dass die einzige Konstante im Leben die Reise ist, auf der wir uns befinden. Eine Reise ohne Ende, die auch dadurch motiviert ist, dass wir »Dinge« bekommen, die wir noch nicht haben. Der Trick besteht jedoch darin, das Glück zu finden, auch wenn man noch nicht alles hat, was man sich wünscht. Den Punkt, an dem alle Wünsche befriedigt sind, gibt es nicht. Verstehst du? Wenn wir unser Glück immer aufschieben, bis unser momentaner Traum sich manifestiert hat, dann wird das Noch-nicht-Glücklichsein zur Gewohnheit. Unsere verwirklichten Träume werden ja schließlich permanent durch wieder neue ersetzt. Freude am Leben zu haben heißt, dass man Freude an der Reise selbst hat – selbst dann, wenn das Unterwegssein bedeutet, dass man unvollkommen ist. Das ist das größte Geheimnis des Glücks. Wenn du dich dieser Einsicht jetzt öffnest, dann du kannst für »den Rest deines Lebens« mühelos vorankommen und glücklich sein.

Verankere dich in der Wahrheit

Lass deine Gedanken immer wieder einmal darum kreisen (fünf bis zehn Minuten reichen da völlig), dass Fülle, Gesundheit und Harmonie auf natürliche Weise zu dir gehören. Mach dir bewusst, dass sie das gesamte Leben durchdringen. Erkenne, dass das Leben dir alles gibt, was du willst, denn so ist es wirklich. Stell dir die Natur vor, mit ihren friedlichen Landschaften in verschwenderischem Grün, üppigen Blumen und Früchten. Bedenke, wie wenig sich die Tiere Sorgen um ihr Überleben, Nahrung und Schutz machen. Und ruf dir Situationen ins Gedächtnis, in denen auf wundersame Weise für dich gesorgt wurde. Nimm die Magie des Lebens wahr, und spüre die Gewissheit, dass du vollkommen bist, dass du geliebt wirst und dass alles gut ist. Diese Art des Denkens wird dir helfen, innere Grenzen zu überwinden, von denen du gar nicht wusstest, dass sie existieren. Immer deutlicher wirst du so *die Harmonie und Fülle des Lebens,* die dich umgeben, erkennen können.

Du bringst einen endlosen Vorrat an Fülle, Gesundheit und Harmonie mit ins Leben. Im Laufe deines Daseins wird dieser Speicher stetig aufgefüllt, wenn du nur dein wahres Wesen verstehst und begreifst, warum du hier bist.

Kannst du visualisieren, wie du in deinem Traumhaus wohnst, ein tolles Autos fährst, dich im Winter auf einer Südseeinsel oder in der Karibik in der Sonne aalst, Jahr für Jahr ins Ausland reist (natürlich erster Klasse!), in den Alpen Ski fährst, im Himalaya Bergtouren unternimmst, auf Safari durch die Serengeti fährst? Was ist mit Segeln, Tauchen, Tennis- oder Golfspielen – kannst du dich auch dabei sehen? Du könntest im Hermitage in Monte Carlo wohnen; beim Endspiel in Wimbledon dabei sein, bei der Fußballweltmeisterschaft; wunderbare Geschenke für Freunde und Familie kaufen; Bedürftige finanziell unterstützen; eine eigene Stiftung gründen; ein Stipendienprogramm finanzieren; Obdachlosen ein Dach über dem Kopf geben. Kannst du dich so sehen? Ich kann es.

Nun stell dir vor, dass du dich in deinem Körper wohl fühlst, dass du fit bist und gut aussiehst, regelmäßig Sport treibst, schwitzt und auch noch Spaß dabei hast. Kannst du dir vorstellen, dir auf Fotos so zu gefallen, wie du bist? Niemals an deine Gesundheit denken zu müssen, wenn du zukünftige Abenteuer, Reisen, Urlaube planst? Kannst du dich so sehen? Ich kann es.

Dein Leben kann stressfrei sein, wenn du damit zufrieden bist, was du jeden Tag getan oder nicht getan hast. Wenn du weißt, dass du genug getan hast; spürst, dass du genau da bist, wo du sein solltest; deine Verbindung mit dem Universum spürst und wenn du würdigst, dass dir wirklich alle Zeit der Welt zur Verfügung steht. Kannst du dich so sehen? Ich kann es, und das Universum auch.

> **Freude am Leben zu haben heißt,**
> **Freude an der Lebensreise zu haben.**

Du bist ein Wunder – geschaffen, um erfolgreich zu sein, und die Karten sind zu deinen Gunsten gemischt. Indem du diese einfachen Wahrheiten annimmst und verinnerlichst, wirst du zwangsläufig auf Fülle, Gesundheit und Harmonie stoßen, die auch jetzt schon dein gesamtes Leben durchdringen.

Kapitel 9
Beziehungen

Gibt es eine größere Herausforderung als zwischenmenschliche Beziehungen? Könnte irgendetwas lohnenswerter sein – zu Hause, bei der Arbeit, in der Freizeit, in der Liebe? Und ist es nicht merkwürdig, dass wir das Gelingen oder Scheitern unserer Beziehungen auf die Menschen zurückführen, mit denen wir zu tun haben, statt auf den kleinsten gemeinsamen Nenner all dieser Beziehungen, nämlich uns selbst?

In diesem Kapitel wollen wir uns zunächst mit der Beziehung auseinandersetzen, die wir zu uns selbst haben, denn wenn wir mit uns selbst im Frieden sind, wird sich das auch in unseren Partnerschaften widerspiegeln. Je besser wir uns selbst kennen, desto besser werden wir auch andere verstehen können. Wenn wir mit uns selbst zufrieden sind, hat das immer auch Auswirkungen auf unseren Umgang mit anderen Menschen. Außerdem möchte ich dich an meinen Erkenntnissen über Liebesbeziehungen teilhaben lassen, damit du ein Bewusstsein dafür entwickeln kannst, was du dir wirklich wünschst und wie du es am besten in die Tat umsetzen kannst. Dabei spielt es keine Rolle, ob du dich gerade in einer Partnerschaft befindest oder nicht, denn diese Erkenntnisse lassen sich auf alle anderen Beziehungen übertragen.

Unsere Beziehung zu uns selbst

Natürlich ist der Schlüssel die Liebe, die du für dich selbst empfindest. Und du kannst dich selbst nur dann lieben, wenn du zuerst einmal du selbst *bist*: authentisch, echt und natürlich. Das führt dazu, dass du dich selbst verstehst, und Verständnis wiederum bringt immer auch Wertschätzung, Akzeptanz und Mitgefühl mit sich.

**Wo du bist sagt niemals etwas darüber aus,
wer du bist.**

Höre in dich hinein

Folge deinen Emotionen, deinem Herzen und deinem Verstand. Vergiss dein äußeres Erscheinungsbild und was die Leute sagen, denn niemand außer dir kann die Geheimnisse deiner Seele kennen oder wissen, welches Versprechen du hier zu erfüllen hast. Das erinnert mich an eine Begebenheit, die sich im ersten Jahr unseres T-Shirt-Versandes zugetragen hat. Das Geschäft kam langsam ins Rollen (noch zahlten wir uns keine Gehälter), und wir waren gerade mit dem Firmensitz von meinem Apartment in eine Zweizimmerwohnung umgezogen. Dort stapelten sich nun kistenweise T-Shirts bis unter die Decke.
Jeden Abend um 17.00 Uhr kam UPS, um die Tagesbestellungen abzuholen. Der Fahrer musste sich für gewöhnlich einen Weg durch mein Wohnzimmer zwischen den Kisten hindurchbahnen, um in mein provisorisches Büro zu gelangen. Eines Tages fiel ihm mein Uni-Abschluss auf, der fein säuberlich gerahmt an der Wand hing, und er fragte mich schockiert: »Sie haben diesen angesehenen amerikanischen Abschluss als Wirtschaftsprüfer?«
»Stimmt«, sagte ich, durchaus stolz.
»Ja, aber warum leben Sie dann so?«, rief er und wies auf das Chaos, das uns umgab.

Das war ein richtig schwieriger Moment für mich. Die Antwort hätte natürlich lauten müssen: *weil ich dabei bin, meinen Traum wahr werden zu lassen.* Ich hatte mich auf die »Reise« begeben, und die Zeit, die ich in dieser kleinen Wohnung würde zubringen müssen, war nur der erste Schritt. Aber der UPS-Fahrer konnte das nicht sehen; er nahm nur wahr, *wo* ich mich augenblicklich befand, und einen Augenblick lang sah ich mich und meine Pläne durch seine Augen und verlor mit einem Schlag mein Selbstvertrauen.

Natürlich sagt, *wo* du bist, niemals etwas darüber aus, *wer* du bist. Doch oft ist das, wo du bist, alles, was andere von dir wahrnehmen. Du allein kennst die Wahrheit und weißt, wer du bist.

Um du selbst zu sein und dich zu lieben, *musst du in dich hineinhören* und erkennen, dass *du* zu Fragen, die dich betreffen, der einzige Experte bist – der Vorstandsvorsitzende deines Lebens, der das Gesamtbild besser überblickt, als irgendein anderer es jemals könnte.

Sei geduldig mit dir

Das Universum passt nicht nur wie liebevolle Eltern mit absoluter Hingabe auf dich auf, es stellt dir darüber hinaus auch seine beeindruckenden Kräfte zur Verfügung, damit du sie zu deinem Wohl und nach Gutdünken nutzen kannst. Auch noch das Kleinste, was wir denken, sagen oder tun, kommt millionenfach verstärkt zu uns zurück; das Universum belohnt deinen Einsatz um ein Vielfaches. Sei dir einer Sache sicher: Indem du visualisierst und kleine Schritte machst, veranlasst du das Universum, Wunder der Synchronizität zu vollbringen – die Mitspieler in deinem Leben neu zu gruppieren und atemberaubende Zufälle hervorzubringen, die gemeinsam das in greifbare Nähe rücken, was du dir erträumt hast. Und hier, an dieser Stelle kommt dein Glaube ins Spiel – zwischen deinen ersten kleinen Schritten und der endgültigen Manifestation. Auf dieser Reiseetappe müssen wir nun weitestgehend so leben, als wüssten wir, dass die Verwirklichung unseres Traums unabwendbar ist, auch dann, wenn die physische Welt um uns noch unsere vorherigen Gedanken und Erwartungen spiegelt. Wir müssen akzeptieren, dass Zeit notwendig ist, damit aus Gedanken Dinge werden können. Zudem dürfen wir keine voreiligen Schlüsse wie »Es klappt nicht« oder »Bestimmt mache ich irgendetwas falsch« ziehen, wenn wir nicht augenblicklich Ergebnisse sehen.

Unserem Leben eine neue Richtung zu geben ist so, als würde ein Pilot sein Großraumflugzeug mitten im Hochgeschwindigkeitsflug um hundertachtzig Grad wenden. Zwar macht er die richtigen Handgriffe, doch bei einer Geschwindigkeit von fast tausend Stundenkilometern dauert es seine Zeit, bis die Nase in die entgegengesetzte Richtung weist. Da nützt es auch nichts, wenn der Pilot nach einer Minute aufgibt und sagt: »Ich kriege das nicht hin. Es will nicht wenden. Scheint bei jedem zu klappen, nur nicht bei mir.«

Du musst deiner Manifestation Zeit lassen.

Um du selbst zu sein und dich zu lieben, *musst du*
in dich hineinhören **und erkennen, dass** *du* **zu**
Fragen, die dich betreffen, der einzige Experte
bist – der Vorstandsvorsitzende deines Lebens.

Das Universum ist dein eifriger und kompetenter Diener. Glaub an ihn und hab Geduld mit dem Prozess, den ihr beide zusammen durchlauft. Wie gesagt, du siehst zwar nicht, was alles hinter dem Vorhang von Raum und Zeit in deinem Sinne geschieht, doch es geschieht so einiges. Wenn du deiner Ungeduld nachgibst und den Glauben verlierst, würdest du alles kaputt machen.

Beschäftige dich

Manchmal lässt sich Geduld am besten fördern, indem man sich mit etwas anderem beschäftigt. Warst du schon einmal beim Segeln, und mit einem Mal blieb der Wind aus? Dann hängen die Segel plötzlich schlaff herab, und nicht der kleinste Lufthauch weht, um sie zu füllen. Am frustrierendsten bei Flaute ist, dass man nicht weiß, wann der Wind wieder einsetzt. Vielleicht musst du ein paar Minuten warten, vielleicht aber auch Stunden oder noch länger. Falls du das je erlebt hast, so bin ich mir doch in einer Sache ziemlich sicher: Du *wusstest*, dass der Wind irgendwann zurückkehren würde. Möglicherweise für dein Gefühl nicht rasch genug, doch du wusstest es – und dann war er irgendwann wieder da.

Nun, es würde dir wenig nutzen, wenn du während der Flaute die Elemente verfluchen würdest, nicht wahr? Und es würde auch nicht weiterhelfen, wenn du plötzlich an deinen Segelfähigkeiten zweifeln, deinen Glauben an den Wind verlieren und dir Sorgen machen würdest, ob er wohl *jemals* zurückkehren würde. Das Gleiche gilt für die Flauten, in die wir auf dem Weg zur Verwirklichung unserer Träume geraten. Wir alle wollen so viel, und wir wollen es sofort. Wenn es nicht so rasch kommt, wie wir uns das vorstellen, dann hilft es uns auch nicht weiter, unsere Manifestationsfähigkeit anzuzweifeln oder den Glauben an das Universum zu verlieren.

Vielmehr ist jetzt der Zeitpunkt gekommen, um die Dinge zu tun, die du nicht tun könntest, während der Wind getobt hat. Geh angeln oder schwimmen, ruh dich aus, nimm eine gute Mahlzeit zu dir, erledige ein paar Anrufe, räum deine Wohnung auf – jede Beschäftigung ist erlaubt, nur grübeln und zweifeln nicht. Indem du dich beschäftigst, bist du nicht nur produktiv, sondern du verhinderst auch, dass du über den vermeintlichen Mangel nachdenkst.

Nutze die Zeit, die du *hast*, um das zu tun, was du tun kannst. *Tu immer, was du kannst.* Dieser Satz gehört zu den wirkungsvollsten in diesem Buch, denn wenn du tust, was du kannst, eröffnen sich neue Wege, neue Blickrichtungen und Aussichtspunkte, und du konzentrierst dich dabei auf die Gegenwart.

Nimm dich so an, wie du heute bist

Akzeptiere alles, was du je gewesen bist; du hast immer nur dein Bestes getan, basierend auf deinen Einsichten zum jeweiligen Zeitpunkt. Und alles, was du getan hast, hat dich letztlich zu deiner heutigen Perspektive geführt.

Annehmen heißt auch, dass du dir für deine sogenannten Fehler vergibst. Das funktioniert natürlich nur, wenn du bereits die vollständige Verantwortung für dein Leben übernommen hast. Deine Fehler zu akzeptieren bedeutet nicht, auf dich wütend oder von dir enttäuscht zu sein. Es bedeutet vielmehr zu erkennen, dass schon immer du selbst am Ruder deines Schiffes warst *und es deshalb auch immer sein wirst*. Es heißt auch, dass du nicht jede durchlebte Situation vollständig durchschauen musst. Es geht darum, dass du jede einzelne dieser Situationen als deine eigene Schöpfung anerkennst.

Vergib dir selbst mit Hilfe der Einsicht, dass du nicht hier bist, um »fehlerlos« zu sein, sondern um dein menschliches Abenteuer zu erleben. Dazu gehört auch, dass du im Dunkeln umhertappst und mit nur wenigen Anhaltspunkten versuchst, das eine oder andere zu begreifen. Übernimm die Verantwortung und akzeptiere dich so, wie du bist. Auf diese Weise *verleihst du dir selbst die Macht*, um all das zu verändern, was dir nicht gefällt. Ganz egal, wie viele Zurückweisungen du erfahren musstest, ganz egal, wie schwer dein Leben auch war, und ganz egal, wie sehr du auch meinst, vom Weg abgewichen zu sein. *Heute stehst du an der Schwelle zu deiner ganzen Größe.* Du hast es so weit gebracht, und bei all den Dingen, die du bereits gelernt, und den Wahrheiten, die du schon erkannt hast, steht dir das Beste noch bevor.

Sieh deine Wünsche nicht mehr als Bedürfnisse

Wünsche weisen dir die Richtung, in die du gehen willst. Bedürfnisse hingegen deuten zu oft auf Mangel, Unvollständigkeit und Bedürftigkeit hin. Wünsche lassen dich nach vorn schauen, Bedürfnisse hingegen richten deinen Blick auf die unbefriedigenden Umstände, mit denen du dich momentan konfrontiert siehst.

Wann immer du dich nach einer Veränderung in deinem Leben sehnst, konzentriere dich vor allem darauf, dass sie stattfindet. Beschäftige dich weniger oder am besten gar nicht mit deinen Enttäuschungen oder dem, was dir fehlt. Wer sich mit dem beschäftigt, was ihm fehlt, verstärkt diesen Zustand noch mehr. Er beginnt seine Reise zur Veränderung demnach unter schlechten Voraussetzungen. Wer sich jedoch gedanklich in das vertieft, was er sich wünscht – vor allem wenn dies auf spielerische Weise geschieht und so, als sei der Wunsch bereits erfüllt –, der stärkt vorfreudig sein Vorhaben. Außerdem lädst du so auch noch die Prinzipien des Universums mit positiver Energie auf, die dir deinen Wunsch erfüllen werden.

Entspann dich

Ich erinnere mich gut daran, wie ich vor nunmehr fast dreißig Jahren auf diese Gesetzmäßigkeiten gestoßen bin. Anfangs war da der Jubel über meine neu entdeckten Möglichkeiten und das wunderbare Universum, in dem wir leben. Doch dann folgte rasch die Erkenntnis, dass ich für meine Gedanken und für meine Fähigkeit, Dinge zu manifestieren, selbst verantwortlich bin, und ich fühlte mich überfordert. Plötzlich war mir jeder meiner negativen, ängstlichen und mich einschränkenden Gedanken bewusst, und ich fühlte mich ihnen völlig ausgeliefert, wenn es mir nicht gelang, sie zurückzudrängen.

Heute weiß ich es besser. Noch immer kommt es vor, dass dann und wann Ängste in mir aufsteigen und dass unsichere

Situationen schlimmste Selbstzweifel in mir auslösen. Aber, wie ich in Kapitel sechs »Das magische Universum« dargelegt habe, begreife ich inzwischen, dass uns Menschen der Wille zum Erfolg quasi in die Wiege gelegt wurde. Wir sind von Natur aus viel beweglicher und optimistischer, als wir manchmal meinen, und sich einem negativen Gedanken hinzugeben heißt noch lange nicht, ihn auch zu manifestieren. Er muss sich nicht nur gegen all unsere anderen positiven Gedanken zu Erfolg, Glück und Liebe durchsetzen, er muss auch noch gegen unsere natürliche Neigung, uns im positiven Sinne zu entwickeln, ankämpfen.

Wir haben uns entschieden, in »primitive Zeiten« hineingeboren zu werden. In spiritueller Hinsicht leben wir so, als seien wir soeben erst aus der Höhle gekrochen. Angst und Pessimismus sind in unserer Welt weit verbreitet. Man sollte sich aber mal genauer anschauen, welche bemerkenswerten Schritte unsere Zivilisation bisher gemacht hat, *obwohl* sie in solch düsteren Zeiten existiert. Sogar jetzt setzt sich in globaler, nationaler wie individueller Hinsicht immer mehr das Licht durch. Und mit diesem Bewusstsein können wir erkennen, dass wir nicht wegen jeder Sorge, Angst und jedem Zweifel in Panik geraten müssen. Wir dürfen uns entspannen und können die Reise genießen. Es wäre wirklich angebracht, für uns selbst in diesem Prozess mehr Toleranz und Mitgefühl aufzubringen.

Vertrau dem Universum

Glaube daran, dass das Universum mit all seinen Prinzipien gemeinsam mit deinem höheres Selbst für dein Wohl und in deinem Sinne arbeiten. Du musst gar nicht ausdrücklich um etwas bitten, damit sich in deinem Leben wunderbare Dinge und großartige Überraschungen ereignen.

Glücklich zu *sein* oder über das Glücklichsein *nachzudenken* inspiriert das Universum bereits, dich *in jeder Weise* glücklich zu machen, *die für dich Glück bedeutet*. Wenn materielle Fülle Bestandteil deiner Definition von Glück ist, dann weiß das Universum, dass du ohne sie nie ganz glücklich sein kannst, und wird sie daher einbeziehen. In diesem Fall, und vorausgesetzt, *du bietest selbst einen minimalen körperlichen Einsatz auf deinem Weg zum Glück*, brauchst du Fülle nicht einmal zu visualisieren, um dich plötzlich mitten darin wiederzufinden. Das Universum kennt dich in- und auswendig, und in mancherlei Hinsicht weiß es sogar Dinge über dich, die dir selbst nicht einmal bewusst sind. Wann immer du um etwas bittest (also neue Gedanken denkst), erhältst du es nicht nur, sondern du erhältst es *unter Berücksichtigung aller anderen Aspekte deines Lebens*, ohne dass du schon im Vorhinein an jedes Detail denken müsstest.

Du brauchst auch keine Angst zu haben, dass Fülle zum Beispiel auf Kosten von Gesundheit oder Beziehungen in deinem Leben Einzug halten könnte. Das Universum weiß automatisch, wie es jede Manifestation nicht nur auf dein Leben, sondern auf alle mit ihm zusammenhängenden Leben abstimmen muss. Wenn du natürlich von Fülle träumst und die Finger nicht vom verflixten *Wie* lassen kannst, dich in die Einzelheiten einmischst, Möglichkeiten blockierst oder dem Universum auf andere Weise Fesseln anlegst, dann könnte dein Streben nach Reichtum tatsächlich andere Bereiche deines Lebens gefährden. Wenn du dich aber an die universellen Prinzipien und dein Aufgabe darin hältst, dann werden sich rundum harmonische Manifestationen wie von selbst ergeben.

Du musst dich nicht zwanghaft mit deinen Gedanken beschäftigen – überlegen, ob sie gut oder weniger gut sind. Sei dir deiner Gedanken einfach bewusst. Lass deinen Geist frei umherwandern, lass ihn sich wundern und auf eigene Faust die Wirklichkeit erforschen. Hab Vertrauen. Jeder von uns ist kreativ, spontan und spielerisch; das Gleiche gilt für unsere Gedanken und Manifestationen. Da unser angeborener

»spiritueller Autopilot« auf Erfolg gepolt ist und das uns fabelhaft entgegenkommende Universum sieben Tage die Woche vierundzwanzig Stunden lang für uns arbeitet, dürfen wir gute Zeiten und wunderbare Überraschungen erwarten.

Unsere Beziehungen zu anderen

Bevor ich mich unseren mitmenschlichen Beziehungen zuwende, muss ich noch ein paar grundlegende Dinge klären, damit wir von den gleichen Voraussetzungen ausgehen. Zunächst einmal nehme ich inzwischen an, dass du erkannt hast, wie vollkommen und großartig das Leben ist und dass es daher unmöglich ein Zufall sein kann. Stimmt's? Folglich kann auch deine eigene Geburt kein Zufall sein. Das Leben stellt viel zu hohe Anforderungen, verfolgt genaue Absichten und ist viel zu bedeutungsvoll, um Raum für irgendwelche »Zufälle« zu lassen. Nichts bleibt jemals dem Zufall überlassen – und mit *deiner* Geburt verhält es sich folglich nicht anders. Du bestimmst von Anfang an den Kurs, du wählst deine Eltern, und du entscheidest, wann und wo du geboren wirst. So verhält es sich bei jedem Menschen.

Möglicherweise möchtest du Einspruch erheben, weil du glaubst, dass dein »Bewusstsein« oder deine Persönlichkeit etwas ist, das vor dem Tag deiner Geburt gar nicht existiert hat. Da wir uns ja an nichts erinnern, was vor unserer Geburt war, erscheint das natürlich naheliegend. Und doch kannst du sicher den Gedanken zulassen, dass das »Leben« ewig währt (dass Energie nicht verlorengehen, sondern nur in etwas anderes umgewandelt werden kann, gilt ja längst als physikalisch bewiesen). Und wenn wir vom ewigen Leben sprechen, meinen wir damit nicht eigentlich das Bewusstsein? Und haben wir nicht bereits festgestellt, dass Bewusstsein nicht nur unabhängig von Raum, Zeit und Materie ist, sondern diese sogar erschafft? Wenn du mir so weit folgen kannst, erkennst du vielleicht auch, dass du tatsächlich unsterblich bist; dass es dich immer geben wird. Kommst du noch mit? Gut. Wenn du es also gedanklich zulassen kannst, dass du in spiritueller Hinsicht unsterblich bist – schon deshalb, weil Zeit ohnehin nur eine Illusion ist –, dann kannst du jetzt erkennen, dass du auch in der Vergangenheit schon immer existiert haben musst. Moment mal, dass geht jetzt wirklich ganz schön weit. Du wurdest nicht nur 1935 oder 1985 geboren, um bis in alle Ewigkeit zu leben, *du kommst auch noch aus der Ewigkeit*. Du warst da, bevor es die Illusion von Raum und Zeit gab, und bist nach wie vor an ihrer Erschaffung beteiligt.

Und nun, da dir dämmert, dass du wohl tatsächlich schon vor deiner Geburt da warst, meinst du nicht, dass du auch etwas mit den Umständen deiner Geburt selbst zu tun hattest?

Nichts bleibt jemals dem Zufall überlassen – und mit deiner Geburt verhält es sich folglich nicht anders. Du bestimmst von Anfang an den Kurs, du wählst deine Eltern und du entscheidest, wann und wo du geboren wirst. So verhält es sich bei jedem Menschen.

Du selbst hast die wunderbaren (und nicht so wunderbaren) Parameter deines Lebens um der damit verbundenen Emotionen, Einsichten und um des daraus resultierenden Verständnisses willen ausgewählt. Du hast die Bühne bereitet. Das heißt jedoch nicht, dass deine Zukunft vorherbestimmt ist. Denn auf der Grundlage deiner sich entwickelnden Gedanken, Überzeugungen und Absichten und vermischt mit denen deiner Mitmenschen kann *wirklich alles* entstehen.

Ich will darauf hinaus, dass die Menschen nicht zufällig in dein Leben hineingeraten sind – angefangen bei deinen Eltern und Geschwistern, über deine Jugendflirts und eigenen

Kinder bis hin zu deinen Kollegen und den Menschen, die du liebst. Sie sind und waren deine Wahl, direkt oder indirekt, im Rahmen all deiner Gedanken, Überzeugungen und Wünsche – und genauso bist du jemand, den sie für sich ausgewählt haben. Wenn wir also die Beziehungen in unserem Leben bewerten und einordnen wollen, dann ist es wichtig, im Auge zu behalten, dass diese Menschen mit unserem Segen in unser Leben getreten sind, damit wir durch sie etwas lernen.

Das bedeutet nicht, dass familiäre Beziehungen automatisch hochgehalten werden müssen und über allen anderen stehen. Und es bedeutet auch nicht, dass du diese Beziehungen bis in alle Ewigkeit aufrechterhalten musst. Genauso gut könnte es ja sein, dass eine deiner Lebensaufgaben von dir verlangt, ein bestimmtes Muster zu durchbrechen. Jede einzelne Beziehung geht auf eine getroffene Wahl zurück – familiäre ebenso wie jene, die aus dem Alltag erwachsen. Du hast die Freiheit, auf der Basis deiner eigenen Bedürfnisse und Wünsche von einem Tag zum anderen eine neue Wahl zu treffen.

Falls deine Kindheit schwierig war und du dich nach dem Warum fragst – *warum würde irgendjemand etwas so Unerfreuliches wählen?* –, die Antwort ist einfach. Du hast dich für diese Herausforderung entschieden, weil du wusstest, welchen Lohn sie dir einbringen würde: etwa Verständnis, Mitgefühl und Bewusstheit. Damit will ich nicht sagen, dass man es schwer haben muss, um zu wachsen und Fortschritte zu machen. Doch wenn es das ist, was du erlebt hast, dann wirst du dafür eines Tages auch belohnt. Es gibt immer einen natürlichen Ausgleich. Und die Wahrscheinlichkeit ist groß, dass du, schon bevor du auf dieses Buch gestoßen bist, zu einem gewissen Grad *belohnt worden bist*.

Wenn du bedenkst, dass ein Leben eben nur ein Leben lang währt und dass du so viele Leben führen kannst, wie du willst, dann kannst du vielleicht verstehen, warum manche Menschen sich für extreme Umstände entscheiden. Denn schließlich kehren sie am Ende zurück zur Schönheit und zum Wissen um ihre Göttlichkeit. Noch leichter zu verstehen wird eine solche Wahl, wenn man sich vorstellt, dass man einem schweren Leben ein Leben im Luxus folgen lassen kann.

Jeder trifft seine Entscheidungen für sich selbst. Auch wenn wir in Raum und Zeit ein Dasein um das andere durchlaufen, ist doch jedes einzelne kostbar und wichtig und eröffnet uns Schätze des Wissens, die *niemals* in einem anderen Leben oder von einem anderen Menschen erworben werden könnten.

Ich möchte aber unbedingt betonen, dass kein Mensch seinen einst getroffenen Entscheidungen auf Gedeih und Verderb ausgeliefert ist. Für ein Leben, das bisher eine große Herausforderung war, gibt es keinen verborgenen Plan, dass es sich in dieser Weise fortsetzen muss. Ja, jede Schwierigkeit ist immer auch zugleich eine Gelegenheit, sie zu überwinden. Keiner verlangt von uns, ein Leben lang von einer Katastrophe in die nächste zu schlittern. Jeder Tag ist ein Neuanfang, der neue Gelegenheiten mit sich bringt. Jeden Tag treffen wir auf Basis unserer Überzeugungen und der von ihnen inspirierten Gedanken neue Entscheidungen.

Bevor ich nun darauf eingehe, wie wir die Freude in und an unseren Beziehungen steigern können, gibt es noch ein letztes Thema, das ich ansprechen möchte. Es ist ein schwieriges, eines, dem jeder von uns auf seinem bisherigen Lebensweg bereits auf die eine oder andere Weise begegnet ist. Es geht darum, wie wir mit anderen Menschen und ihren Entscheidungen umgehen und damit, wie ihre und unsere eigenen sich miteinander vereinbaren lassen.

In einer Welt voller Schöpfer leben

Denk daran, wenn es darum geht, deinen Platz im Leben zu finden und deine Träume zu visualisieren, dann berührt dein

Leben das vieler anderer. Genauso verhält es sich mit deinen Gedanken.

Allgemein gesprochen, müssen deine Gedanken, damit sie sich manifestieren können, in den grundlegenden Parametern mit den kulturellen und sozialen Überzeugungen deiner Zeit übereinstimmen. Wenn du zum Beispiel deine Katze in einen Hund verwandeln, ein zweites Paar Arme entwickeln oder ohne Hilfsmittel fliegen wolltest, so wäre dies nur dann möglich, wenn die Überzeugungen der Mehrheit es zulassen würden. Die gute Nachricht lautet jedoch, dass das globale Bewusstsein immer weiter wächst und dass immer mehr Menschen ihr spirituelles Wesen erkennen. Immer mehr Möglichkeiten kommen ins Spiel und lassen *mehr Raum* für neues Denken und daher auch für neue Ebenen der Manifestation.

Du siehst also, jedes Ereignis, das mehr als eine Person betrifft, muss erst durch die Überzeugungen und Erwartungen aller Betroffenen »abgesegnet« werden. Warum zum Beispiel hat Jesus seine große Macht nicht eingesetzt, um *alle* Leprakranken auf einmal zu heilen (und damit die Krankheit vollständig auszurotten), statt immer nur diejenigen, mit denen er direkt in Berührung kam? Der Grund ist: *Er* selbst hat die Heilung nicht vollzogen; er hat lediglich die Selbstheilungskräfte jener wachgerufen, die den Wunsch hatten, geheilt zu werden. Diese Menschen kamen zu ihm mit der Vorstellung, dass Heilung möglich ist. Er hat nicht die ganze Welt über Nacht geheilt, weil die ganze Welt auf diese Heilung noch nicht vorbereitet war. Die Überzeugungen und Erwartungen der Menschen haben es verhindert. Da wir also alle eine gemeinsame Wirklichkeit teilen, wird *das Maß unseres Einflusses* auf die Mitmenschen ausschließlich durch diese Menschen selbst festgelegt. Es sind nur Erfahrungen möglich, die mit dem allgemeinen Zeitgeist übereinstimmen.

Selbstverständlich kannst du durchaus einen Weltrekord brechen, dich selbst von Krankheiten heilen, ein Vermögen anhäufen oder andere Dinge tun, die niemals zuvor getan wurden. Das globale Bewusstsein erwartet solche Leistungen und Wunder geradezu von uns – bis zu einem gewissen Grad. Doch wenn die Manifestation deiner Gedanken Einfluss auf das Leben anderer nimmt, dann agierst du in einem gemeinsamen Raum, der außer deinen Gedanken, Überzeugungen und Erwartungen auch die der anderen enthält.

Wenn du Einfluss auf den Lebensweg einer bestimmten Person nehmen *möchtest*, gelingt dir das nur, wenn dieser Mensch aufgrund seiner tiefsten Überzeugungen und Erwartungen an das Leben dir diese Macht auch zugesteht. Genau das wäre schließlich die Privatsphäre, auf die du selbst ja auch bestehen würdest. Ob du bei diesem Vorhaben erfolgreich bist oder nicht, ist aber auch von deiner Motivation und der Intensität deines Wunsches abhängig.

Ist deine Motivation auf das Wohl des anderen ausgerichtet, dann helfen deine Gedanken diesem Menschen. Sie werden mit der Liebe, die sie ausgesandt hat, empfangen und schärfen gemeinsam mit der Hoffnung auch das Bewusstsein für bisher unbeachtete Möglichkeiten. Sollte deine Intention sich jedoch auf dich selbst beziehen (und daran ist nichts auszusetzen), dann ist es besser, nicht weiter an die andere Person zu denken, sondern lieber das gewünschte Ergebnis für dich selbst zu visualisieren.

Wenn es dir also beispielsweise darum geht, die »wahre Liebe« zu finden, dann male dir in deinem Kopf ein Bild von wahrer Liebe mit allen Konsequenzen für dich aus. Deinen Traumpartner musst du dir dazu gar nicht vorstellen. Visualisiere mit aller Kraft die Emotionen, die wahre Liebe in dir auslösen wird, und wie das deinen Alltag verändert. Halte dich nicht mit deiner Vorstellung von dem Menschen auf, der diese Gefühle in dir auslösen wird. Sich darauf zu konzentrieren bewirkt nur eine Verzerrung deines ursprünglichen Wunsches nach wahrer Liebe. Denn dein potenzieller Partner steht in diesem Fall für das *Wie* und fällt damit in den Verantwortungsbereich des Universums. Hab ausschließlich das Endergebnis im Blick. Sieh dich selbst, wie du mit einem wunderbaren Menschen an deiner Seite glücklich bist.

Verliebt

Bisher ging es um die Beziehung, die wir zu uns selbst haben, darum, wie Menschen in unser Leben treten und wie wir aufeinander Einfluss nehmen. Jetzt möchte ich mehr ins Detail gehen und insbesondere über die Liebesbeziehung sprechen – wie wir, indem wir uns selbst verstehen und achten, diese Liebe auch auf unseren Partner ausdehnen und damit noch vertiefen können.

Nachfolgend fünf Vorschläge, die oft übersehen oder missverstanden werden. Sie sollen dir helfen, besser mit deinen Beziehungen umzugehen und sie mehr wertzuschätzen.

1. Gehe auch dann gut mit dir um, wenn du gerade keinen Partner hast. Dieser erste beziehungsrelevante Punkt dreht sich tatsächlich um eine Phase, in der du dich aktuell *nicht* in einer Beziehung befindest! Am schlimmsten finde ich es, wenn Menschen um jeden Preis *dazugehören* und mit dem Strom mitschwimmen wollen. Mir scheint, dass unsere Gesellschaft eine folgenschwere falsche Vorstellung unterstützt. Diese besagt, dass wir am besten in einer Zweierbeziehung untergebracht sind. Der Zeitgeist kümmert sich nicht darum, ob Menschen dazu bereit sind oder sich so fühlen, sondern er beharrt auf dem Gemeinplatz, dass eine Beziehung am besten für uns ist. Wer keine hat, mit dem stimmt etwas nicht, und der kann unmöglich so glücklich sein, wie wenn er eine hätte. Sicher sind Beziehungen natürlich, und selbstverständlich intensiviert die mit einem geliebten Menschen verbrachte Zeit praktisch jede Erfahrung. Doch diese Verallgemeinerung verletzt diejenigen, die auf sich gestellt sind. Außerdem wird es den Menschen, die viel auf verbreitete Überzeugungen geben, auf diese Weise schwergemacht, mit sich allein glücklich zu sein. Jedes Leben durchläuft unterschiedliche Phasen, und was für den einen stimmt, mag für den anderen noch lange nicht zutreffen.

Warum auch immer du gerade Single bist – dein Leben bietet dir jetzt Gelegenheiten für Wachstum, Abenteuer und Selbsterfahrung, wie sie denjenigen in einer Beziehung *nicht* geboten werden. Genieße diese Zeit. Nutze sie. Sei dankbar für jeden Augenblick, in dem du dir keine Sorgen darüber machen musst, was ein Partner über dich denkt.

2. Bewerte deine Beziehungen nach dem Maß ihrer Liebe. Zu häufig werden Beziehungen nach ihrer Dauer bewertet, statt nach der Liebe und Freude, mit denen sie erfüllt waren. Es herrscht die Vorstellung, dass gute Beziehungen für alle Ewigkeit währen müssen. Wie kann eine Uhr oder ein Kalender die Messlatte für Liebe, emotionales Wachstum oder Glück sein? Es geht um die Qualität, nicht die Quantität. Das heißt natürlich nicht, dass du nicht auch eine Beziehung haben kannst, die ein Leben lang dauert. Ich spreche mich gewiss auch nicht dafür aus, dass Schwierigkeiten das sofortige Ende einer Beziehung bedeuten sollen. Doch die beiden Richtlinien Qualität und Quantität haben für gewöhnlich wenig, wenn überhaupt, miteinander zu tun. Der Wert einer jeden Beziehung bemisst sich stets daran, inwieweit man darin etwas lernen kann und wie glücklich man damit ist.

3. Verstehe deine eigene Motivation. Wer aus den falschen Gründen eine Beziehung eingeht, ohne dafür bereit zu sein, kann sie von Anfang an zu einer unglücklichen Erfahrung machen. Wir sind uns selbst gegenüber in jeder Hinsicht verpflichtet zu verstehen, was uns motiviert. Beruht unser Verhalten auf Angst oder auf der Lust nach Abenteuer? Suchen wir eine Beziehung, damit wir uns vor dem Leben verstecken können oder weil wir uns ihm anpassen wollen? Soll die Beziehung unser Glück erst herstellen oder ihm nur etwas hinzufügen?

Beziehungen machen dich nicht glücklich; sie intensivieren nur die Gefühle, die du dir selbst und dem Leben bereits entgegenbringst. Der andere Mensch ist wie ein Spiegel; er zeigt dir deine Einstellung zum Leben und zu dir selbst. Wenn ein glücklicher Mensch eine Beziehung eingeht, dann nimmt sein Glück mit großer Wahrscheinlichkeit noch zu. Ein unglücklicher Mensch hingegen wird noch unglücklicher.

Was genau wird da gespiegelt? Nicht deine Verhaltensweisen, dein Aussehen oder dein äußerer Selbstausdruck, sondern die Überzeugungen und Wahrnehmungen, die du im Hinblick auf dich selbst hast. So kommt es, dass Menschen mit geringem Selbstwertgefühl in ihren Liebesbeziehungen meist schlecht behandelt werden. Sie empfinden sich als fehlerhaft – die Liebe und Anerkennung ihres Partners nicht wert – oder meinen sogar, für etwas bestraft werden zu müssen. Solche Gedanken werden vom Partner nicht nur wahrgenommen. Abhängig von seiner Persönlichkeit werden sie vielleicht sogar in verletzender Form zum Ausdruck gebracht. Natürlich sind die Zusammenhänge komplizierter als hier geschildert. Es geht mir aber darum zu zeigen, dass man das, was man in die Beziehung einbringt, aus ihr zurückbekommt – sei es Glück, Trauer oder Selbstzweifel.

Genauso sinnlos und unaufrichtig ist es, in einer Liebesbeziehung auszuharren, weil man glaubt, so den *anderen* glücklich zu machen. Wie oft hat man schon den Satz gehört: »Ich will dich nur glücklich machen.« Kein Mensch ist in einer Beziehung, weil er seinen Beziehungspartner glücklich machen will. Das ist auch nicht Sinn und Zweck der Sache.

244

Eine solche Behauptung verweist in der Regel auf sein eigenes Unglücklichsein, für gewöhnlich in seiner Beziehung. Versuche daher – zu deinem und zum Wohl des anderen –, unabhängig vom Zutun anderer Menschen glücklich zu sein. Wenn du glücklich bist und Freude dich motiviert, dann werden sich die übrigen Details in deinem Leben von ganz allein finden, und für gewöhnlich, wenn auch nicht immer, werden die Menschen in deiner Nähe ebenfalls glücklich sein.

4. Du entscheidest, was sein soll. Wie kommt es bloß, dass wir in den meisten Lebensbereichen unseren freien Willen und unsere Freiheit im Allgemeinen so hoch halten, doch kaum geht es um Beziehungen, da meinen wir, dass manche davon vorherbestimmt sind? Wahrscheinlich liegt es daran, dass in jedem von uns ein Romantiker schlummert. Und wenn in einer neuen Beziehung alles glattgeht, dann finden wir es schön, darüber zu fantasieren, dass das Universum uns als so ideale Ergänzung zueinander gesehen und unsere Verbindung vorherbestimmt hat. Doch wenn sich Schwierigkeiten in die Beziehung einschleichen, dann kann die Vorstellung, dass sie vorherbestimmt war, es den Beteiligten so viel schwerer machen, die richtigen Konsequenzen zu ziehen. Wenn die Partnerschaft zerbricht, heißt das dann, dass sie ein Fehlschlag war? Hat einer der Partner einen Fehler gemacht? Soll die Beziehung um jeden Preis »gerettet« werden, da sie doch »vorherbestimmt« war?

Nichts in Raum und Zeit ist vorherbestimmt. Lediglich eines steht fest: dass deine Zukunft sich auf deinen gegenwärtigen Überzeugungen und Erwartungen aufbaut. Das Morgen ist ein unbeschriebenes Blatt. So muss es sein, denn sonst würden Grenzen und Zwänge uns darin beschränken, unsere Wirklichkeit selbst und frei zu erschaffen.

5. Beziehungen sind Abenteuer. Wie das Leben, so sind auch Abenteuer erfüllt von Hoffnung, Herausforderung und Geheimnis. Sie sind keinesfalls »harte Arbeit«. Ich verstehe natürlich, was damit für gewöhnlich zum Ausdruck gebracht werden soll und, ja, natürlich sind alle Beziehungen wie alle Abenteuer fortgesetzte Arbeit. Doch in Anbetracht der Tatsache, dass die meisten Menschen in unserer Gesellschaft Arbeit noch immer als ein notwendiges Übel erachten, erscheint es mir unklug, Beziehungen in diese ungeliebte Schublade zu stecken. Alles, woran man nur fest genug glaubt, wird sich in der Wirklichkeit manifestieren, auch die Überzeugung, dass Beziehungen »harte Arbeit« sind. Tatsächlich aber haben Partnerschaften so lange keine Eigenschaften, bis sie von den Menschen, die sich in ihnen befinden, definiert werden. Beziehungen sind weder leicht noch schwer, weder eine Herausforderung noch ein Segen, weder Arbeit noch Spiel, bis jemand sie als solches bezeichnet. Es ist also nicht so, dass Beziehungen dieses, jenes oder welches *sind*; Beziehungen *werden* vielmehr immer *zu dem*, was die Menschen darin sehen.

Nebenbei bemerkt, statt an der Beziehung sollten die beiden Partner lieber an ihrer jeweiligen Lebensauffassung »arbeiten«. Und das gilt unabhängig davon, ob wir uns in einer Liebesbeziehung befinden oder nicht. Partnerschaften bieten aber genau dafür eine so wunderbare Gelegenheit, weil dein Partner dir immer wieder deine Stärken und Schwächen offenbart und dich wissen lässt, wo du etwas verstehst oder missverstehst. Beziehungen sind keine Arbeit im eigentlichen Sinne. Sie erzeugen lediglich ideale Voraussetzungen, damit wir etwas über uns selbst erfahren. Doch wenn der Lernprozess uns zu anstrengend wird, machen wir gerne die Beziehung dafür verantwortlich, statt dies als den nächsten Schritt auf dem Weg zu einem besseren Selbstverständnis zu begreifen. Dann glauben wir auch, dass die Beziehung den wachsenden Schmerz verursacht, statt zu verstehen, dass dieser Schmerz ein Tor zu Wahrheit und Selbstfindung ist. Solche grundlegenden Missverständnisse prägen deine Gedanken. Sie werden folglich auch all deine zukünftigen Beziehungen färben. *Gedanken werden Dinge.*

Tipps, um etwas Romantik in deine Beziehungen zu bringen

Nachfolgend zehn einfache Vorschläge, um deine Liebesbeziehung in vollen Zügen zu genießen und als Ergänzung zu den anderen Anregungen. Die Tipps sind leicht nachvollziehbar und in Kombination mit den vorangegangenen Überlegungen vielleicht noch effektiver.

1. Verabschiede dich von allen festen Vorstellungen, die du hinsichtlich des Verhaltens deines Partners hast, und behalte nur die absolut »notwendigen« bei. Wenn du eine Beziehung eingehst, dann tust du das natürlich im Hinblick auf deine eigenen Wünsche und Bedürfnisse, und es ist legitim zu *erwarten*, dass sie erfüllt werden. Du erwartest beispielsweise, dass deine Liebe erwidert und dir Respekt entgegengebracht wird. Vielleicht auch, dass ihr einander ergänzt und mit eurer Partnerschaft etwas schafft, was ein Einzelner nicht zustande bringen würde. Stell so wenig Anforderungen an das Verhalten deines Partners wie möglich. Konzentriere dich lieber auf deine eigenen Verhaltensweisen, damit du etwas einbringen kannst. Unter diesen Voraussetzungen ist die Wahrscheinlichkeit groß, dass du dein Bestes tust. Du verabschiedest dich von der in unserer Kultur verbreiteten Vorstellung, dass dein Partner dich glücklich machen und unterhalten soll, und schaffst Raum für Unerwartetes. Überflüssige Erwartungen erzeugen enge Definitionen davon, was »sein sollte«. Sie schränken deine Erfahrungsvielfalt ein und ziehen deine Aufmerksamkeit von der Schönheit dessen ab, was ist. Zum Glück können wir unsere Erwartungen ebenso rasch verändern wie unsere Gedanken.

2. Beschäftige dich mit dem, was in der Beziehung gut funktioniert. Nichts kann eine Beziehung schneller zum Scheitern verurteilen, als sich immer nur mit all dem zu befassen, was nicht in Ordnung ist. Im Leben erhält man das, worüber man sich Gedanken macht. Falls du dich also unablässig auf das konzentrierst, was in deiner Beziehung schiefgeht oder an deinem Partner nicht stimmt, dann gib acht! Deine negativen Gedanken wirken wie ein Vergrößerungsglas und projizieren noch dazu all das ungewollte Negative in die Zukunft. Das ist eine schlimme Vorstellung, denn jeder weiß, wie es ist, wenn einen etwas zu stören beginnt. Man neigt dazu, sich zu verbeißen, gerät ins Grübeln und spielt die immer gleichen Gedanken wieder und wieder im Kopf durch.

Indem du dich mit dem beschäftigst, was nicht funktioniert, legst du deine Zukunft fest. Es gehört eine Menge Willenskraft dazu (oder noch besser: *Verständnis*), aus dieser endlosen Gedankenschleife wieder herauszukommen. Doch was ist dir lieber: Im Recht zu sein und dich bestätigt zu fühlen oder eine bessere Beziehung zu führen?

Das Gleiche gilt für die Unterschiede zwischen euch: Beschäftige dich nicht mit ihnen. Ich habe schon so oft Freunde klagen hören: »Wir sind so verschieden. Ich weiß gar nicht, wie wir überhaupt zusammengekommen sind!« Interessant daran ist, dass die beiden aus meiner Perspektive meist eher wie ein Ei dem anderen gleichen. Meist hast du mit einem Menschen, mit dem du eine ernsthafte Beziehung eingehst, mehr gemeinsam, als du denkst. Gemeinsam *habt* ihr mit großer Wahrscheinlichkeit eure Vorstellungen über das Leben im Allgemeinen und eure Grundwerte. Das trifft heute vermutlich noch im gleichen Maße zu wie damals, als ihr euch kennengelernt habt.

Im Übrigen sind es ja oft genau die kleinen Unterschiede, die den anderen zu Beginn einer Partnerschaft attraktiv machen. Das ist es, was manchmal am meisten Spaß macht: die Dinge einmal aus der Perspektive des anderen zu betrachten und *dabei weiterhin in den Grundwerten übereinzustimmen.* Schließlich wollen wir ja keine Kopie unserer selbst als Partner. Wir wünschen uns jemanden, der ein Gleichgewicht schafft und nicht bloß unser Schatten ist. Doch manche machen aus der Mücke einen Elefanten. Sie halten sich endlos gerade bei diesen kleinen Unterschieden auf und nehmen sie zum Anlass, die Beziehung zu beenden.

In einer Welt hingegen, in der *aus Gedanken Dinge werden,* wird das Nachdenken über alles, was funktioniert und dich erfreut, über eure Gemeinsamkeiten und das, was sich » stimmig« anfühlt, nicht nur die Zukunft gestalten. Es wird auch die Wahrscheinlichkeit vergrößern, dass dein Partner noch mehr »positives« Verhalten in die Beziehung einbringt.

3. Keine voreiligen Schlüsse ziehen. Das mag sich wie eine altväterliche Ermahnung anhören, doch ihre Missachtung steht im Zentrum vieler unglücklichen Beziehungen. Wenn du voreilige Schlüsse über einen anderen Menschen ziehst, *dann heißt das, dass du Vermutungen anstellst.* Und wenn du dich diesem Ratespiel hingibst, dann ist die Kommunikation oder, was noch schwerwiegender ist, das gegenseitige Verständnis in deiner Beziehung zusammengebrochen.

Wenn wir nicht wirklich wissen, wie die Zusammenhänge sind, dann denken wir uns die fehlenden Puzzlestücke einfach aus. Doch dabei hören wir mehr auf unsere Ängste, als uns bewusst ist. Als Nächstes reagieren wir auf unsere eigenen voreiligen Schlüsse und verhalten uns auf eine Weise, die das widerspiegelt, von dem wir fälschlicherweise angenommen

haben, dass es zutrifft. Dein Partner nimmt deine neuen Überzeugungen und Annahmen wahr und reagiert auf dein unter
falschen Voraussetzungen entstandenes Verhalten. Zuletzt erzeugt ihr beide gemeinsam die Wirklichkeit, die deine Ängste
ursprünglich einmal in Gang gesetzt haben – *eine Wirklichkeit, die zuvor gar nicht existiert hat!* Das ist bitter.

Die größte Herausforderung liegt natürlich darin, es in dem
Moment bereits zu erkennen, wo du etwas zu vermuten beginnst. Keiner zieht bewusst voreilige Schlüsse. Vielmehr reagieren wir auf das, was wir für wahr halten. Nun also der Trick:
Wenn das nächste Mal eine Unsicherheit an dir zu nagen beginnt, dann nimm dir eine kurze Auszeit. Wende dich nach
innen, untersuche noch einmal die vermeintlichen Fakten
und überprüfe, ob du sie vielleicht doch falsch interpretiert
hast.

4. Akzeptiere, dass es Schwierigkeiten geben wird. Sei dankbar für Herausforderungen in deiner Partnerschaft, denn sie
bieten dir die beste Gelegenheit, die Bereiche in deinem Leben zu meistern, für die du bisher am wenigsten Verständnis
aufbringen konntest. Keine Frage, unsere Beziehungen und
unsere Partner sind nicht ohne Grund ein Bestandteil unseres
Lebens geworden. Man bleibt nicht einfach an jemandem
»kleben«, der einen ständig beschimpft. Man heiratet nicht
zufällig jemanden, der ohne seine Arbeit nicht leben kann.
Man verliebt sich nicht ohne Grund in einen introvertierten
Menschen. Die Eigenschaften deines Partners liefern dir für
gewöhnlich die idealen Konstellationen, damit du in den Bereichen wachsen kannst, in denen *du* wachsen willst und
wachsen musst.

**5. Lass dem anderen seine eigene Art und Weise, dich zu
lieben.** Das ist es vermutlich, was dich ursprünglich einmal
angezogen hat: die einzigartige Persönlichkeit deines Partners

und wie sie sich ausdrückt. Eigentlich ist dieser Tipp Bestandteil des ersten Punkts in dieser Liste. Dort habe ich davon abgeraten, mit bestimmten Erwartungen in eine Beziehung zu gehen. Erwarte nicht, dass du genauso behandelt wirst, wie du den anderen behandelst! Diese Forderung ist ungerecht. Sie richtet deine Aufmerksamkeit nur auf die *vermeintlichen* Fehler deines Partners. Sie erzeugt Probleme, wo es vorher gar keine gab.

> Überzogene Erwartungen erzeugen enge
> Definitionen davon, was »sein sollte«.
> Sie schränken deine Erfahrungsvielfalt ein
> und ziehen deine Aufmerksamkeit von der
> Schönheit dessen ab, was ist.

Wenn du dir Regeln zurechtlegst, die eingehalten werden müssen, damit du dich geliebt fühlen kannst, dann wirst du mehr Zeit damit zubringen, dieses »Regelwerk« zu verwalten, als selbst Liebe zum Ausdruck zu bringen. Außerdem ist es mangelnde Wertschätzung für die Mühe, die dein Partner sich dir zuliebe gibt. Sei dankbar für das, was du hast. Sei alles und gib alles, was du kannst. Konzentriere dich auf das, was du verbessern kannst, und finde dich damit ab, dass Späne fallen, wo gehobelt wird. Wenigstens kannst du dir dann sicher sein, dass *du* dein Bestes gegeben hast.

6. Achte darauf, was und wie du etwas sagst. Man sagt, Kommunikation sei die wichtigste Zutat für eine erfolgreiche Beziehung. Ich würde noch hinzufügen, dass es auch entscheidend ist, die eigenen Worte *bedachtsam* zu wählen. Reden kann ebenso viel Schaden anrichten wie Schweigen – wenn nicht sogar mehr.

Zunächst einmal pass auf, nicht nur zu kritisieren oder dich dauernd zu beklagen; weder das eine noch das andere ist in irgendeiner Weise konstruktiv. Klagen und Kritik sind Einbahnstraßen der Kommunikation und führen zu rein gar nichts. Sie erzeugen Groll und Minderwertigkeitsgefühle, egal wie taktvoll sie auch vorgebracht werden. Mach stattdessen lieber konstruktive Verbesserungsvorschläge für die Dinge, die du gerne anders hättest, statt darüber zu sprechen, was dir nicht gefällt. Und mach dir zur Gewohnheit – unabhängig davon, ob ein Konflikt besteht oder nicht –, immer Komplimente für all das zu machen, was dir gefällt.

Wenn über unerfreuliches Verhalten gesprochen werden muss, dann lerne, Verhalten und Person voneinander zu trennen. Mach dir klar, dass es das Verhalten ist, das dich ärgert. Dann kannst du deine Gefühle mitteilen, ohne dabei unterschwellig anzudeuten, dass du *absichtlich* verletzt oder beleidigt wurdest, und ohne dass dein Partner sich angegriffen fühlt.

Verabschiede dich zweitens von der Vorstellung, dass einer recht und der andere unrecht hat. Denn in Anbetracht eurer individuellen Perspektiven auf jedwede Meinungsverschiedenheit hat sowohl die Auffassung des einen als auch die des anderen ihre Berechtigung. Euer Gespräch sollte auf das Verständnis für die Position des jeweils anderen abzielen und nicht aus Selbstrechtfertigungen bestehen.

Und, ganz wichtig: Sei dir deiner eigenen Motivation bewusst, die sich hinter deinem Gesprächswunsch verbirgt. Mir ist klar, was es für ein Gefühl ist, wenn einen etwas wurmt, und man weiß, dass es einen eigentlich nicht wurmen sollte, aber so ist es nun einmal. Du spürst, du hast deine Grenze erreicht. Doch ohne dich noch weiter um Verständnis für die Sache und deine Reaktion darauf zu bemühen, entscheidest du, »Wir müssen darüber reden«. Diese Art des Miteinanderredens heißt, dass du dir die Last von den Schultern nimmst und sie deinem Partner aufbürdest. Eine Weile fühlst du dich damit vielleicht besser. Aber es ist so sicher wie das

Amen in der Kirche, dass das Pendel zu dir zurückschlagen wird.

Wenn du meinst, dass es etwas zu besprechen gibt, dann tu erst dein Bestes, um herauszufinden, warum *du* dich darüber aufregst. Sind voreilig gezogene Schlüsse im Spiel? Erwartungen? Oder gibt es andere Elemente, über die allein du die Kontrolle hast? Wenn du all dies verneinen kannst, dann wähle einen geeigneten Zeitpunkt und wohlüberlegte Worte, um mit deinem Partner die Sache als *dein* und nicht als Beziehungsproblem zu besprechen.

7. Übernimm die Verantwortung für deine Emotionen. Hier geht es nicht darum, was geschehen ist. Hier geht es darum, wie du darauf reagiert hast. Erinnere dich: Deine emotionale Reaktion auf was auch immer basiert auf deiner Wahrnehmung. Wenn dich etwas enttäuscht, dann hat die Enttäuschung ihren Ursprung in dir. *Du allein* hast die Macht, etwas an deiner Gefühlslage zu verändern.

Wenn wir uns über irgendetwas in unserer Beziehung aufregen, dann würden wir am liebsten die äußere Ursache für unsere Enttäuschung in einer spontanen Reaktion aus der Welt schaffen. Damit will ich nicht sagen, dass du alles schlucken sollst; keineswegs. Wir alle haben Vorlieben im Hinblick darauf, welchen Weg unser Leben und unsere Beziehungen einschlagen sollen, und *Vorlieben sind zugleich gut und natürlich.* Wenn sie aber emotionale Schmerzen nach sich ziehen, dann hast du die Wahl, etwas zu verändern. Als Allererstes jedoch solltest du noch einmal deine Sichtweise überdenken. Das ist aber praktisch unmöglich, wenn du andere für deine Gefühle verantwortlich machst.

8. Bekämpfe den Sturm mit Sanftmut. Ich habe bereits im dritten Kapitel darauf hingewiesen, dass Wut zerstörerisch ist. Und wenn gleich zwei Menschen wütend sind, dann ist der

Schaden doppelt so groß. Doch wenn du dir klarmachst, dass die Wut des anderen ihren Ursprung in seiner eingeschränkten Wahrnehmung hat, dann ist es leichter und besser, der Situation mit Mitgefühl zu begegnen.

Wenn jemand wütend auf dich ist, dann liegt es daran, dass er sich irgendwie bedroht fühlt. Für gewöhnlich fürchtet er, dass er die Kontrolle über die Situation verliert. Wenn du deinerseits mit Wut zurückschlägst, dann unterstützt du nur seine Befürchtung, dass er im Begriff ist, etwas Wichtiges zu verlieren. Indem du sanft reagierst und vielleicht gleich eine ernstgemeinte Entschuldigung aussprichst oder den anderen freundlich zum Gespräch einlädst, wirst du nicht mehr länger als das Problem empfunden, sondern als die Lösung. Freundlichkeit ist mächtig, und wer dauerhaft nach den Regeln der Freundlichkeit lebt, ist ein mächtiger Mensch.

9. Führe dein eigenes Leben, verfolge deine eigenen Interessen und bemühe dich, außerhalb der Beziehung ebenso viel Erfüllung zu finden, wie du dir innerhalb der Beziehung erhoffst. Nun, das mag sich wie das Selbstverständlichste der Welt anhören, aber leider fehlt genau das in vielen Partnerschaften. In einer Beziehung muss so viel Raum sein und ein gewisser Grad von Unabhängigkeit möglich sein, damit du außerhalb der Beziehung mit dem Leben in Berührung kommst – sei es bei der Arbeit, durch deine Hobbys oder andere Aktivitäten. Indem du deine ganze Hoffnung auf das Glück an einem anderen Menschen festmachst, gibst du die Verantwortung für dein Glück fast gänzlich auf und überträgst sie auf den geliebten Menschen. Zu leben, nur um mit einem anderen zusammen sein zu können, ist nicht Liebe sondern Angst – Angst vor dem Leben selbst.

Hier noch etwas ganz besonders Wichtiges zum »eigenen« Leben: Der Austausch mit anderen Menschen muss ein fester Bestandteil davon sein. Das müssen nicht einmal Freunde sein. Es können Kollegen, Vereinsmitglieder, Mitglieder der eigenen Gemeinde, der eigenen ehrenamtlichen wohltätigen Organisation oder wer auch immer sein. Hauptsache, wir haben die Gelegenheit zum sozialen Austausch, denn sonst fließt das Leben an uns vorbei. Genieße die Zeit, die du allein verbringst – die Zeit für dich im Garten, mit deinen Haustieren, einem guten Buch oder sogar vor dem Fernseher –, doch halte, in welcher Form auch immer, den Kontakt zur Welt aufrecht.

Liebesbeziehungen sollten sich zum Leben verhalten wie ein ausgezeichnetes Dessert zu einem wunderbaren Menü; sie sollten nie die Mahlzeit selbst sein. Deine Beziehung soll dein Leben ergänzen und nicht dein Leben sein.

10. Mach dein eigenes Glück zu deiner vorrangigen Aufgabe.
Alles, was du für dich in deiner Beziehung tun kannst, ist das Wichtigste. Daraus resultiert zwangsläufig die Frage nach dem Egoismus. Sie wird mir oft gestellt, weil viele Menschen das Streben nach dem eigenen Glück mit Hedonismus und Gier gleichsetzen. Unsinn! Diese Auffassung ist nur Ausdruck unserer alten Programmierung. Wir sind spirituelle Wesen und auf natürliche Weise mitfühlend und liebevoll. Wenn diese Voraussetzungen nicht zuträfen, dann könnten wir gar nicht überleben und uns schon gar nicht immer weiterentwickeln. Ja, unsere Gesellschaft hätte es nie so weit gebracht, wie sie es tatsächlich geschafft hat.

Und so wirst auch du die Freude in all deinen zwischenmenschlichen Beziehungen über die Maßen vergrößern, wenn auch du dein Glück allem anderen voranstellst.

Es gibt keine Garantie für das Gelingen einer Partnerschaft, weil sie immer von zwei Menschen abhängt. Doch indem du deinen Teil leistest – dir selbst treu bleibst und dein Glück zu deiner obersten Priorität machst –, bist du besser vorbereitet, um Missverständnisse zu überwinden. Mit der Zeit wirst du die Menschen finden, die dir in ihren Leidenschaften und Überzeugungen ähnlich sind.

> **Wenn du nicht weißt, was du tun sollst, dann tu**
> **nichts!** Warte. Warte, bis du es weißt,
> **denn wenn du dir selbst treu bleibst,**
> **dann wirst du auch Klarheit finden.**

Unvereinbare Gegensätze

Und was ist mit Beziehungen, die unter unvereinbaren Gegensätzen zu leiden scheinen? Schon der Gedanke daran tut weh, nicht wahr? Und es tut deshalb so weh, weil wir leider immer alles in Polaritäten sehen – Schwarz und Weiß. Keine Beziehung ist jemals wirklich aus und vorbei, und keine Liebe ist jemals verloren, auch wenn wir uns das nur schwer vorstellen können. Wir sind ewig, wir sind zeitlos, und so sind auch die Beziehungen, die wir miteinander eingehen. Unsere physischen Sinne wollen uns glauben machen, dass etwas verloren ist. Sie machen uns blind für das, was wir hinzugewonnen haben. Doch ob wir diese Bereicherung sehen können oder nicht – erhalten haben wir sie dennoch.

Keine Liebe ist jemals verloren, denn die positiven Bestandteile und ihre Wirkung werden den Schmerz und das Leid überdauern, egal ob die Beziehung fortbesteht oder nicht. Was uns wirklich schmerzt und weh tut, wenn eine Beziehung endet, ist unser verletzter Stolz und unser Ego. Doch ich habe ja bereits ausgeführt, dass dieser Schmerz uns direkt zu unseren uns einschränkenden Überzeugungen führt. Nutze den Schmerz, verfolge ihn zurück zu seiner Quelle und finde heraus, warum du dich so fühlst, obwohl du doch genau der gleiche Mensch bist wie vorher.

Wir sind ewig, wir sind zeitlos, und so sind die Beziehungen, die wir miteinander eingehen.

Was also, wenn du dich in einer Beziehung mit unüberbrückbaren Gegensätzen befindest und wissen willst, ob es dir nicht besser täte, sie zu beenden? Das ist eine schwierige Frage. Der beste Rat, den ich dir geben kann, ist ein Ausspruch meiner Mutter: *Wenn du nicht weißt, was du tun sollst, dann tu nichts!* Warte. Warte, bis du es weißt, denn wenn du dir selbst treu bleibst, dann wirst du irgendwann auch Klarheit finden.

Deine Beziehung muss dir dienen, direkt oder indirekt, damit es sich lohnt, sie aufrechtzuerhalten. Und wenn ich dienen sage, dann meine ich, dass sie dir entweder Freude bereitet oder du durch sie etwas lernst oder beides.

Bei der Arbeit

Kannst du dir vorstellen, was das Wichtigste bei der Arbeit ist? Es ist die Beziehung, die du zu deiner Arbeit hast. Alles andere und alle anderen kommen erst auf einem weit entfernten zweiten Platz. Deine Arbeit, ob du sie zu Hause bei der Kindererziehung tust oder im Büro eines Arbeitgebers, ist das, was du der Welt zurückgibst. In spirituellen Kreisen wird so oft davon gesprochen, dass man geben, geben, geben soll, damit man empfangen, empfangen, empfangen kann. Ich glaube, wir brauchen ein weiteres Wort in unserem Wortschatz, eines, das beschreibt, dass du dich selbst dem Leben gibst. Denn normalerweise verweist »geben« auf Wohltätigkeit, und das ist nicht das Geben, das ich meine. Ich meine, dass du dich selbst in das Leben einbringst, damit die Welt sich weiter drehen kann; dass du deine Zeit gibst, deine Begabungen und deine Leidenschaft, und wenn du dafür außerdem auch noch bezahlt wirst, wunderbar. Mit unserer Arbeit erschaffen wir Dinge und steuern etwas bei, und das macht uns am meisten aus im Leben.

Stell dir einen Moment lang das folgende Gesamtbild vor: Die Gesellschaft ist in vielen Teilen der Welt so weit, dass die meisten Menschen nicht mehr von dem leben müssen, was der Ackerboden hergibt. Wir sind so weit fortgeschritten, dass unsere Gesellschaft die unterschiedlichsten Berufe geschaffen hat, die allesamt besetzt werden müssen, damit wir unsere bereits erreichte Lebensqualität aufrechterhalten können. Wir alle ziehen am gleichen Strang, ohne uns dessen bewusst zu sein. Wir arbeiten nahtlos und auf fast »magische« Art *zusammen* und ahnen nicht einmal, wie wertvoll und unverzichtbar unser eigener Beitrag für die Gemeinschaft ist. Arbeiten heißt *Geben* im wahrsten Sinne des Wortes, ganz egal, wie unter- oder überbezahlt du dich auch fühlen magst. Deine Beziehung zur Arbeit sollte damit beginnen, dass du ihren unbestreitbaren Wert für den Menschen verstehst.

Zu Hause

Was deine privaten Beziehungen betrifft, insbesondere die zu deinen Kindern, so behalte diesen wichtigen Punkt im Blick: Kinder sollten als spirituelle Wesen respektiert werden. Sie sind Abenteurer wie du, haben einfach nur Raum und Zeit mit dir gemeinsam. Jedes Kind ist einzigartig und steht vor seiner ureigensten Reise mit individuellen Lerninhalten und Zielsetzungen. Versuch nicht, deine Kinder oder deine Beziehung zu ihnen in ein vorgefertigtes Muster zu zwängen. Es ist nicht jedes Kind intellektuell oder akademisch interessiert, mitfühlend, extrovertiert und freundlich oder auch nur verspielt und »fröhlich«. Doch wie auch immer die einzigartige Persönlichkeit eines Kindes ist, sie dient seinem persönlichen Lernprozess und dazu, dass es sich möglichst gut entfalten kann.

Kinder sollten als spirituelle Wesen respektiert werden. Sie sind Abenteurer wie du, haben einfach nur Raum und Zeit mit dir gemeinsam.

Nimm deine Kinder so an, wie sie sind. Trotzdem solltest du sie natürlich anleiten und Regeln aufstellen; es liegt sogar in deiner Verantwortung, beides zu tun. Du darfst dich fortwährend darum bemühen, ihr Leben und eure Beziehung zueinander stetig zu verbessern. Das schließt aber auch ein, dass du ihre Eigenart anerkennst, sie annimmst, wie sie sind, und dazu ermutigst, ihren Weg zu gehen.

Weniges im Leben kann Schmerz und Freude derart verstärken wie unsere Beziehungen zueinander. Denn sie machen wie nichts anderes unseren Glauben an die Dualität unserer physischen Welt sichtbar, in der entweder alles sehr gut oder sehr schlecht ist und in der wir dem scheinbar hilflos ausgeliefert sind. Doch wir sind *nie* unfähig, die Umstände unseres Lebens zu verändern, solange wir nicht gerade Hilfe von der materiellen Welt erwarten, um diese Veränderungen herbeizuführen. Schau nach innen. Versuche erst, dich zu verstehen, damit du dich lieben lernen kannst.

Als spirituelle Wesen müssen wir uns nach innen wenden, wenn wir Veränderungen bewirken wollen. Das heißt, wir müssen an unseren Gedanken im Hinblick auf andere Menschen arbeiten und an unserer Überzeugung, wie sie uns beeinflussen. Wenn du dir dessen bewusst werden willst, dann *beobachte ganz genau*, was du denkst, sagst und tust, denn du entlockst dann deinen Mitmenschen nämlich genau die Verhaltensweisen, die *deinen* Überzeugungen, Wahrnehmungen und *deiner* Veranlagung entsprechen.

Damit du das Beste aus deinen Beziehungen machen kannst, musst du erkennen, dass du selbst die Menschen in deinem Leben ausgewählt hast: Du hast dich für sie entschieden, damit sie dich etwas lehren und dich bereichern, genauso wie du von ihnen ausgesucht wurdest, vielleicht um ihnen den Weg zu weisen. Ich könnte mir gut vorstellen, dass du dir bei der Lektüre dieses Kapitels gelegentlich gewünscht hast, der Mensch, mit dem du derzeit zusammen bist, würde sich den einen oder anderen Tipp zu Herzen nehmen. Aber du weißt ja, die Menschen öffnen sich neuen Vorstellungen – und seien sie noch so hilfreich – erst dann, wenn *sie* bereit dazu sind. Und das bedeutet mit ziemlicher Sicherheit, dass im Augenblick *du* den Anfang machen musst, damit es läuft.

Kapitel 10
Hilfsmittel und Techniken

Obgleich ich in der Regel kein Freund von formalen Methoden und Ritualen bin, gibt es doch eine Reihe kleinerer Übungen, die ich selbst halbwegs regelmäßig praktiziere und die vielleicht auch dir bei der Arbeit mit deinen Gedanken und Überzeugungen helfen. Es handelt sich nur um ein paar Vorschläge, die deine eigene Fantasie unterstützen können. Sie sollen dir dabei helfen, das universelle Prinzip *Gedanken werden Dinge* anzuwenden. Ich habe ja bereits zahlreiche Vorschläge gemacht, was du ausprobieren kannst, wie etwa Visualisieren, Mantras, Affirmationen und so weiter. Statt mich also hier nur zu wiederholen, werde ich diese Hilfsmittel mit weiteren Ideen untermauern und ergänzen.

Keiner dieser Vorschläge ist zum stupiden Abarbeiten gedacht. Manchmal mögen sie dir vielleicht nicht anspruchsvoll genug erscheinen. Dann steht es dir immer frei, sie deinen Bedürfnissen anzupassen. Es gibt natürlich keinen richtigen oder falschen Weg; und was bei dem einen funktioniert, etwa bei mir, funktioniert nicht zwangsläufig bei einem anderen.

Die nachfolgenden Übungen müssen nicht regelmäßig oder gar täglich gemacht werden. Es gibt keine Regeln – und diese Tatsache sollte dich eigentlich von allem Druck befreien, dass du »etwas« tun *musst*, denn du musst tatsächlich *gar nichts* tun. Du arrangierst bereits Tag für Tag deine Lebensumstände, du wächst und entwickelst dich von Augenblick zu Augenblick weiter; das ist unvermeidlich.

Kreatives Visualisieren

Einmal täglich fünf bis zehn Minuten lang zu visualisieren ist ideal. Und ich habe dir bereits erklärt, dass die Emotionen, die du dir für den Zeitpunkt erhoffst, wenn deine Träume sich bereits manifestiert haben, für die Visualisierung am besten geeignet sind. Ich will nur ein paar Kleinigkeiten hinzufügen, die vielleicht dazu beitragen, deine Erfahrungen mit dieser Methode noch zu steigern.

Alben und Visionscollagen

Schon vor vielen vielen Jahren habe ich aus Zeitschriften bunte Bilder ausgeschnitten, die für das standen, was ich in meinem erträumten Leben manifestiert sehen wollte. Diese Fotos habe ich in Alben eingeklebt. Aber auch Visionscollagen, also großformatige Collagen deiner Träume, erfüllen sicher denselben Zweck.

Alben sind aber deshalb so effektiv, weil man sie öfter aktualisieren kann und sie lauter *Endergebnis*-Bilder enthalten, die für all das stehen, was du erlangen oder erleben möchtest. Die Frage nach dem *Wie* lassen sie völlig außer Acht. In dieses Buch klebt man nämlich keine Bilder davon, *wie* Träume sich erfüllen – wie du in einer Single-Bar sitzt, um deinem Wunschpartner zu begegnen, oder dir die Hacken nach dem Traumjob abläufst; es kommen nur stellvertretende Fotos deiner Wunschobjekte und erträumten Lebensumstände hinein.

> **Alben müssen keineswegs nur Bilder
> von den materiellen Dingen beinhalten,
> die man sich wünscht.**

Um die Wirksamkeit deines Albums zu erhöhen, kannst du die Bilder um Aussprüche ergänzen, entweder um deine eigenen oder um Zitate aus deinen Lieblingsbüchern. Alles, was dich inspiriert, ist willkommen. Ich selbst fülle die Seiten abwechselnd mit Bildern und mit Sprüchen. Du kannst auch Fotos von den Höhepunkten deines Lebens einbeziehen, von dir und deinen Freunden oder andere Bilder, die in dir gute Erinnerungen auslösen, wie etwa das Gefühl, *dein Leben im Griff zu haben, von Frieden erfüllt, glücklich oder sorglos zu sein*. Bilder, die für Emotionen stehen, die du häufiger haben möchtest. Hierzu eignen sich Fotos von Menschen mit fröhlichen, lächelnden Gesichtern. Alben müssen also keineswegs nur Bilder von den materiellen Dingen beinhalten, die man sich wünscht. Und vergiss auch nicht, ein oder zwei Fotos jüngeren Datums von dir selbst einzukleben, denn es geht schließlich um dein Leben! Außerdem wird es dir so auch leichter fallen, deine ausgewählten Bilder mit *dir* in Zusammenhang zu bringen.

Ergänzend zu meinem Album schreibe ich mir selbst kleine Briefchen, als hätte ein anderer sie verfasst, wie etwa Dankesbekundungen, Gratulationen für besondere Leistungen oder Jobangebote, die man mir machen würde, nachdem einer meiner Träume sich *bereits* verwirklicht hätte.

Ich habe sogar Schecks von bedeutenden Firmen nachgebastelt – für Leistungen, die ich gerne für sie erbringen würde (wie Vorträge oder Buchveröffentlichungen).

Bei einem Album ist es wichtig, dass man es ständig ergänzt und aktualisiert. Wenn man eine Weile auf ein Foto geschaut hat, dann verliert es an Glanz. Ersetze also die alten Bilder und Gedanken durch neue, sobald sie ihre emotionale Wirkung auf dich verloren haben. Dein Album sollte dich inspirieren und erfreuen und etwas sein, dem du dich gerne widmest.

Ach, ja, und noch etwas: Leg dein Album gelegentlich ruhig für eine Weile beiseite. Du brauchst es nicht permanent als Visualisierungshilfe einzusetzen. Eine neue Zeitschrift tut es genauso gut. Manchmal ist es auch besser, einfach nur die

Augen zu schließen und vor dem inneren Auge eigene Bilder zu erzeugen. Wie gesagt, es gibt keine festen Regeln.

Vor dem Start

Bevor du mit dem Visualisieren beginnst, tu dein Bestes, um in dir das Gefühl zu erzeugen, dass du ein kreativer Schöpfer bist und dass alles möglich ist. Denke daran, dass du für die Verwirklichung deiner Träume nicht zuständig bist. Du musst dich nur auf das Endergebnis festlegen, es klar definieren und dich darauf konzentrieren. Um den Rest kümmert sich das Universum. Es empfängt einen Eindruck dessen, was du dir wünschst, greift deine Gedanken beim Visualisieren auf und übernimmt danach alles Weitere; *so ist die Gesetzmäßigkeit.*

Außerdem kannst du dich vor dem Visualisieren an all deine früheren Erfolge erinnern, vor allem an solche, die deinem gegenwärtigen Wunsch ähneln. Genauso kannst du dich auch verhalten, wenn du vor Problemen stehst. Denke an all die vielen Male in der Vergangenheit, als du dich in vergleichbaren Situationen durchgesetzt hast. Wenn es dir hilft, dann schreib die Beispiele in einer Liste auf. Denk daran, wie dir schon früher in entscheidenden Augenblicken völlig unerwartet geholfen wurde. Erinnere dich daran, wie das Universum zu deinen Gunsten eingegriffen hat oder wie du den erforderlichen Glauben aufrechterhalten konntest, um die gewünschte Veränderung herbeizuführen. Schau dir diese Liste an und ruf dir deine Erfolge in Erinnerung, bevor du visualisierst. Das wird dir helfen, die richtige Geisteshaltung zu finden, und dein Vertrauen festigen, dass du wirklich alles bekommen kannst, was du dir wünschst.

Es ist nicht immer leicht, die richtige Haltung zu kultivieren. Hab Geduld mit dir selbst und lenk dich nötigenfalls ein wenig ab. Vielleicht hörst du zwischendurch Musik, liest eine Weile in einem schönen Buch oder hörst eine Radiosendung. Diese Vorbereitung ist für die anschließende Visualisierung von großer Bedeutung, weil dein innerer Widerstand in Form deiner dich einschränkenden Überzeugungen schwächer wird. Schließlich wirst du dich daran gewöhnen, so zu denken, ob du nun gerade visualisieren willst oder nicht.

Über den Traum hinaus

Wenn ich visualisiere, dann frage ich mich manchmal, wie ich wohl denken werde, wenn ich mich schon weiterentwickelt habe, und mit welchen Leuten ich dann wohl meine Zeit verbringen werde. Ich beschäftige mich mit meinen zukünftigen Prioritäten immer unter der Voraussetzung, dass *all meine jetzigen Träume sich schon längst erfüllt haben*. Also sehe ich mich irgendwo in der Zukunft, was ich alles kann und wie ich anderen Menschen helfe. Ich versuche mir dann vorzustellen, wie mein Leben als dieser »neue Mensch« wohl sein wird. Von dieser Perspektive in der Zukunft sende ich meinem gegenwärtigen Selbst Nachrichten wie: »Junge, wenn du wüsstest. Bleib bloß auf Kurs. Wenn du sehen könntest, was ich jetzt sehe, würdest du glatt in Ohnmacht fallen! Strample weiter und genieße die Reise, denn egal, wie groß die Rückschläge auch sein mögen. Wo ich jetzt bin, da wirst du schließlich ankommen, und ich sage dir, es ist jeden Stein auf dem Weg wert.«

So zu denken setzt voraus, dass sich deine gegenwärtigen Träume bereits manifestiert haben. Indem du dich auf diese Endergebnisse und die mit ihnen verbundenen Gefühle konzentrierst, inspirierst du das Universum zur Antwort auf die Frage, wie es dich dorthin bringen soll. Und wenn du den Glauben daran aufbringst, dann schafft es das auch. Es versagt nie.

Spaß und Spiel

Visualisierung und die Beschäftigung mit der Vorstellung, dass sich deine Träume bereits erfüllt haben, muss keine isolierte Übung sein. Ich empfehle ja, Visualisierungen nur einmal am Tag für nicht länger als fünf bis zehn Minuten zu praktizieren. Aber damit meine ich eine eigens für die Visualisierung vorbehaltene Zeit an einem Ort zu Hause oder im Büro, wo du ungestört bist. Doch zusätzlich darfst du dich im Laufe des Tages natürlich immer, wenn es gerade passt, angenehmen Tagträumen hingeben. Denk daran, Visualisierungen funktionieren, weil sich deine Gedanken in Dinge verwandeln, und *Gedanken werden Dinge*, ganz egal ob du visualisierst oder nicht.

Bring zu Hause, im Büro, in deinem Auto, in deiner Brieftasche Gedächtnisstützen an, die deinen Geist ununterbrochen mit den Gedanken füttern, die du verwirklichen willst. Solche Gedächtnisstützen können aus Zeitschriften ausgeschnittene Bilder, Fotos aus deinem Album, inspirierende Zitate oder Ähnliches sein. Alles, was du auch in dein Album kleben würdest, eignet sich auch, um am Badezimmerspiegel, dem Kühlschrank oder Computerbildschirm befestigt zu werden. Alles dreht sich darum, dass *aus Gedanken Dinge werden*. Also richte dein Leben so ein, dass du überall daran erinnert wirst, wie dein neues Leben sein soll. Denke: »Sieh mal einer an, da steht ja mein neuer Porsche«, und nicht: »Wäre es nicht toll, den zu besitzen?« Denke überhaupt niemals: »Wäre es nicht toll ...«, um damit deine Zukunft anzudeuten. Sag: »Es *ist* toll«, als ob es jetzt in der Gegenwart bereits so wäre. Sieh dabei das Auto vor deinem inneren Auge, als würde es bereits in deiner Garage stehen!

Karteikarten und Stichpunkte

Hier folgt noch ein Trick, den ich anwende, um meinen Geist auf das auszurichten, *was ich wirklich denken will*. Ursprünglich hatte ich einfach einen Notizblock, aber inzwischen ziehe ich es vor, Karteikarten zu verwenden. Darauf schreibe ich mir in Stichpunkten ziemlich detailliert auf, was ich mir wünsche. Für gewöhnlich habe ich für jedes Thema eine eigene

Karte. Eine bezieht sich beispielsweise auf meine beruflichen Ziele, eine andere auf meinen Traum von einem neuen Haus, die nächste auf die Erkenntnisse, die ich gerne hätte, wieder eine andere auf meine kurzfristigen Ziele und schließlich noch eine Karteikarte für meine langfristigen Ziele. Du kannst deine Karteikarten natürlich thematisch so ordnen, wie es dir beliebt.

Zurzeit ist meine Lieblingskarte die, auf die ich drei verschiedene Ziele notiert habe. Sie sind nicht sehr weitreichend. Doch wenn es mir gelingen würde, sie in naher Zukunft zu erreichen, dann würde mich das sehr glücklich machen.

Welche drei relativ unspektakulären Dinge könnten sich innerhalb der nächsten zwölf Monate in deinem Leben ereignen, die dir bestätigen, dass du dich auf dem richtigen Weg befindest? Schreibe sie zusammen auf eine Karteikarte; sie sind deine mittelfristigen Ziele.

Eine weitere Karte verwende ich, um mir die Komplimente und das Lob verschiedener Leute aufzuschreiben. Wenn ich sie mir ansehe, dann versuche ich, mir die damit verbundenen Emotionen erneut ins Gedächtnis zu rufen. Ich *fühle* mich so, als würde ich das Kompliment oder Lob in diesem Augenblick erhalten. Das inspiriert mich, und auf diese Weise kann ich meine Gedanken besser mit Emotionen untermauern.

Eine dritte Karte ist meinem nächsten Zuhause vorbehalten: Es wird sich an einer Seenplatte mit wunderbarer Aussicht befinden, ein Ziegeldach haben und über hohe Räume sowie einen offenen Kamin verfügen, ferner einen Swimmingpool, einen großen Garten mit hübsch angelegten Wegen, einen Bootssteg, ein Bootshaus, einen Brunnen mit kristallklarem Trinkwasser, und es wird ein solides Bauwerk oberhalb der Überschwemmungsgrenze sein, das wenig Wartungsarbeiten erfordert und so weiter und so weiter. Diese Karte zu schreiben ist so, als würde man mit Worten malen – fast kann man vor sich sehen, was man beschreibt.

Solche Stichpunktsammlungen inspirieren dich nicht nur, während du sie schreibst. Du kannst außerdem immer wieder zu ihnen zurückkehren und sie als Basis für deine Visualisierungen oder Tagträume verwenden. Auch hier auf meinem Schreibtisch liegt ein ganzer Stapel von Karteikarten, die ich fortlaufend ergänze und aus dem ich die alten, die mich nicht mehr inspirieren, regelmäßig entferne. Wie für das Album gilt auch hier: Achte darauf, dass die Mischung immer auf dem neuesten Stand ist und sich aktuell anfühlt. Doch auch hier gibt es keine festen Regeln. Manchmal beschäftige ich mich wochen- oder sogar monatelang nicht mit meinen Karten, dann wieder nehme ich sie täglich mehrmals zur Hand.

Überzeugungen

Da Überzeugungen alles sind, wenn es darum geht, Veränderungen im eigenen Leben herbeizuführen, solltest du dir eine Vielzahl von Übungen einfallen lassen, die dafür sorgen, dass du dein Leben in Übereinstimmung mit deinen Träumen realisierst.

Innere Dialoge

Um deine dich einschränkenden Überzeugungen aufzudecken, musst du erst einmal ein Bewusstsein dafür entwickeln, was du im Laufe eines Tages alles denkst, sagst und tust. Dieses Bewusstsein ist wie ein Wachhund, der jeden deiner Gedanken überprüft und dir deine inneren Blockaden offenbart. Du kannst es dir auch als eine Art Antivirenprogramm vorstellen, das deine Gedanken auf unerwünschte Eindringlinge überprüft.

Möglicherweise erscheint dir diese Methode nicht als ausreichend, um lang verschüttete, tiefsitzende und dich lähmende Überzeugungen freizulegen. Doch die Arbeit an den eigenen

Glaubensmustern ist gar nicht so schwer oder knifflig, wie du vielleicht denkst. Sie ist einfach, macht Spaß und gelingt problemlos, wenn du nur daran glaubst.

Nimm dir vor, aufmerksam alles zu beobachten, was du denkst, sagst und tust. Es lohnt sich wirklich, diese Gewohnheit zu entwickeln. Und wenn du dich dabei erwischst, wie du etwas dich Einschränkendes denkst oder tust, dann rede dir nicht ein: »Oje, nun ist es schon wieder passiert: Ich muss unbedingt aufhören, so zu denken!« Mach dir einfach nur bewusst, dass dein Denken und Handeln momentan auf diesen Überzeugungen beruht und dass *sie noch immer da sind.* Sobald du dich dabei ertappst, wie du irgendetwas unmöglich findest, tu etwas dagegen! Leg die dahinter verborgene Überzeugung frei, mach sie unschädlich, reiß sie aus und *ersetze sie* – tu etwas, denn du bist so dicht dran! Das ist der beste Zeitpunkt, um eine Liste deiner Überzeugungen anzulegen, falls dir das liegt. Doch ob du nun schriftlich gegen diese Denkmuster vorgehst oder nicht – *jetzt* ist die richtige Gelegenheit, um darüber nachzudenken, warum du diese Gedanken hegst. Was hat sie ausgelöst? Welche Emotionen verbergen sich dahinter? Auf welchen Überzeugungen beruhen sie? Gibt es eine andere Perspektive, aus der du deine Situation betrachten könntest?

Der beste Trick, um aktiv gegen seine negativen Überzeugungen vorzugehen, ist, sich ein paar Fragen zu stellen. Zum Beispiel könntest du dich fragen: *Was kann ich aus dieser Situation lernen? Warum habe ich dieses Leben gewählt? Wie könnte ich kreativ mit den gegebenen Umständen umgehen, um etwas Positives daraus ziehen zu können? Warum fühle ich mich machtlos oder durcheinander? Was übersehe ich, wenn es um Fülle, Gesundheit und meine sozialen Beziehungen geht?*

Für gewöhnlich stelle ich mir vor, dass ich solche Fragen meinem höheren Selbst stelle. Aber wenn es dir lieber ist, dann kannst du sie auch schriftlich an das Universum, an Gott oder an irgendwen sonst richten, den du verehrst. Und dann – bestimmt ahnst du es schon – beantwortest du die Fragen selbst. Und zwar so, als ob du selbst das Universum oder die »spirituelle Größe« wärst, an die du dich mit deiner Frage gewandt hast. Oder stell dir vor, dass eine gute Freundin sich mit diesen Fragen beschäftigt und auf deine Hilfe angewiesen ist. Wenn du dir mit der Antwort nicht sicher bist, dann *tu einfach so, als ob*. Lass dir etwas einfallen und sag das, was sich für dich richtig anfühlt. Probier es am besten mal aus, denn ich bin sicher, dass das Ergebnis dich überraschen wird. Auch hier gibt es wieder keine festen Regeln. Ich selbst erziele damit die aussagekräftigsten Ergebnisse, wenn ich sie schriftlich am Computer oder auf Papier mache.

Hilfreich finde ich es auch, jeder Frage unmittelbar die Antwort folgen zu lassen, statt zuerst alle Fragen aufzuschreiben. Auf diese Weise kann ein fruchtbarer Dialog entstehen. Anfangs enthalten meine Antworten manchmal wiederum Fragen, die mich zwingen, meine ursprünglichen Gedanken oder Annahmen erneut zu überprüfen. Manchmal dauert diese Phase recht lange, doch irgendwann sprudeln die Antworten nur so hervor. Schließlich bringe ich für mich selbst, für meine Perspektiven und Überzeugungen größeres *Verständnis* auf, als dies vor der Übung der Fall war.

Stell dir vor, dass dir alles leichtfällt, dass du deine negativen Überzeugungen problemlos erkennst, dass du gute Fortschritte machst und dass das Ergebnis dich überraschen wird.

Überzeugungen zerpflücken

Diese Übung zeigt dann die größte Wirkung, wenn du so richtig in der Klemme steckst. Vielleicht will es dir einfach nicht gelingen, den Durchbruch zu einem Leben in Fülle und Wohlstand zu schaffen. Vielleicht bist du mit einer bestimmten Angst konfrontiert oder musst dich einer schwierig anmutenden Herausforderung wie etwa dem Abnehmen stellen.

Auch diese Übung funktioniert in schriftlicher Form besser, doch letztlich ist die Herangehensweise deine Sache.

Schreib einfach alle Gründe dafür auf, warum es dir gelingen *sollte,* dein Ziel zu erreichen. Wenn beispielsweise Fülle in deinem Leben einfach nicht so recht Einzug halten will, dann bombardiere dich selbst jetzt mit all den Gründen dafür, warum das für dich prinzipiell gar kein Thema sein sollte. Benenne all deine Eigenschaften, die die Welt bereichern. Erinnere dich bis ins kleinste Detail an Zeiten, in denen es dir an nichts gefehlt hat. Zähl Beispiele dafür auf, wie unendlich leicht es anderen Menschen gefallen ist, Reichtum anzuhäufen und so fort.

Ruf dir genau die Situationen ins Gedächtnis, in denen du genau das erreicht hast, was du dir zuvor gewünscht hattest, sei es nun im Zusammenhang mit Gesundheit, Freundschaft oder Glück. Mach dir dann klar, dass es auch nicht schwieriger ist, Geld oder Aufträge anzuziehen.

Stell dir Fragen wie: *Was hat mich* bisher *davon abgehalten, meine Kreativität auszuleben? Meine Intelligenz? Mein ...?* Und jedes Mal, wenn du auf eine negative Überzeugung stößt, beiß dich an ihr fest und lass sie nicht eher los, bis du all ihre verquere Logik erkannt, sie durchschaut und somit »zerpflückt« hast!

Dieses verstandesgemäße Zerpflücken von Überzeugungen kann dir sehr entgegenkommen, weil es mit den normalen Arbeits- und Lernprozessen deines rationalen Denkens übereinstimmt. Diese praktische Übung offenbart gelegentlich, wie absurd die Gedanken und Überzeugungen sind, die dich bisher zurückgehalten haben.

Lass deiner Kreativität freien Lauf; die Gedanken,
die du heute hast, schreiben dein Morgen fest.
Das ist ein Naturgesetz.

271

Eine Fantasiewelt schaffen

Nachfolgend eine Technik, die leicht ist und Spaß macht; allerdings benötigt man hierzu zwei zusätzliche Personen (am besten solche, die dich gut kennen und nicht gleich denken, dass du einen Knall hast). Ich selbst habe die Übung mit meiner Mutter und meinem Bruder gemacht, als wir noch zusammen T-Shirts entworfen haben. Wir haben uns jede Woche einmal zum Frühstück getroffen, um uns gegenseitig anzuspornen und uns mit unseren Träumen über unsere Firma hochzuputschen. Gegen Ende unserer Frühstückskonferenz erzählte ich dann oft über die irrwitzigen Dinge, die ich mir vorstellte, wie etwa ein Meeting mit Großhändlern in Japan, der Schweiz oder in Südamerika. Ich berichtete detailliert über die aufregenden Geschäfte, die sich gerade anbahnten, über die Großaufträge und die Reisen, die ich im Privatflugzeug machte. Ich schlug dann vor, dass wir uns für unsere nächsten Zusammenkünfte im Ritz in London zum Tee verabreden sollten, da wir ja eine ganze Menge vielversprechender Projekte in England angeschoben hatten, und so weiter und so weiter. Selbstverständlich traf von alledem noch nichts zu, höchstens in unserer Fantasie. Doch ich sprach so, als sei all dies bereits real, und die beiden hörten so aufmerksam zu, als glaubten auch sie daran. Sie stellten mir ernsthafte Fragen – wie jeder Geschäftspartner es tun würde –, und ich gab ernsthafte Antworten. Und dann gab ich die Stafette weiter und fragte meine Mutter, was es Neues aus Hollywood gäbe und wie es um die zahllosen Angebote zur Verfilmung ihrer Bücher stünde. Sie erzählte dann von ihren Zusammenkünften mit Regisseuren wie Steven Spielberg, vom Umschreiben der Drehbücher, den Galaveranstaltungen und vielem mehr. Dann mischte sich mein Bruder Andy ein, um mir zu erklären, dass mein Privatjet für ihn und seine Vorhaben viel zu klein sei und dass er sich einen größeren besorgen müsse. Den könnte er mir bei Gelegenheit dann auch mal ausleihen. Wir planten überall auf der Welt weitere Zusammenkünfte. »Sobald ich in Thailand fertig bin«, erklärte ich, »du, Andy, die Verträge in Paris unterschrieben und du, Mom, deine Filmaufnahmen abgeschlossen hast, wollen wir uns in Hongkong treffen und es uns gutgehen lassen.«

Wahrscheinlich denkst du jetzt, dass ich doch noch verrückter bin, als du ohnehin schon angenommen hast, aber wir hatten bei unseren Verabredungen tatsächlich unglaublichen Spaß. Wir verknüpften unsere Fantasien mit dem gegenseitigen Vorlesen aus inspirierenden Büchern, erzählten einander von neuen Erkenntnissen oder von Durchbrüchen, die in der vorangegangenen Woche tatsächlich stattgefunden hatten. Wenn wir dann auseinandergingen, schwirrten uns die Köpfe vor lauter Luftschlössern.

Ich erinnere mich noch gut daran, wie mein Bruder unsere T-Shirts auf der Handelsmesse in Las Vegas präsentierte und ich ihm, um ihn ein bisschen in Fahrt zu bringen, ein Fax an die Hotelrezeption schickte, in dem es hieß: »Eilig! Andy, ich brauche deinen Learjet! Wie kann ich deinen Piloten erreichen? Mike.«

Bisher hatte keiner von uns je in einem Privatflugzeug auch nur dringesessen, doch wir alle waren immerhin bereits auf Geschäftsreisen umhergeflogen. Wenigstens befand sich meine Mutter zu diesem Zeitpunkt gerade mit zwei Produzenten in Hollywood im Gespräch, die ihr Buch *Grown Men* verfilmen wollten. An diesem Beispiel kannst du leicht erkennen, wie viel Spaß es macht und wie leicht es ist, mit den Gedanken zu arbeiten und nützliche Gedanken zu produzieren. Lass deiner Kreativität freien Lauf; die Gedanken, die du heute hast, schreiben dein Morgen fest. *Das ist ein Naturgesetz.*

Sich nach innen wenden

Diese Methode ist vollkommen anders – ich setze sie zur Entscheidungsfindung ein und um mein Bauchgefühl zu schulen. Jedes Mal, wenn ich vor einer Wahl stehe, versuche ich, sie als Frage zu formulieren, die man mit ja oder nein beantworten kann. Dann schließe ich die Augen, stelle mir selbst diese Frage, mache ein paar tiefe Atemzüge und stelle mir so deutlich wie möglich die beiden Wörter »Ja« und »Nein« vor. Im Geiste spiele ich mit ihnen, wäge ab, welches der beiden mir größer, dominanter oder mir näher erscheint. Denn ich bin davon überzeugt, dass das Universum oder mein höheres Selbst mir die richtige Antwort zeigt. Ich habe von anderen erfahren, die auf ähnliche Weise Entscheidungen treffen – manche raten, mit dem Ausatmen die Frage auszusenden und mit dem Einatmen die Antwort entgegenzunehmen. Du solltest diese Methode für dich unbedingt ausprobieren. Denn ich kann dir wirklich sagen, ich war oft vollkommen verblüfft, wie gut und hilfreich die Antworten sind. Mir fällt durchaus auch die eine oder andere Gelegenheit ein, bei der ich den empfangenen Rat nicht angenommen und es später schwer bereut habe!

Ich bediene mich dieser Technik häufig, manchmal mehrmals am Tag. Auch für kleinere Entscheidungen, etwa um festzustellen, ob ich ein bestimmtes Telefonat führen soll oder besser nicht. Je öfter du dich auf diesen Prozess einlässt, desto leichter wird er dir fallen. Und wenn du ihn auch auf die kleineren Entscheidungen anwendest, dann ist dein Instinkt geschärft für den Tag, an dem du wirklich vor einer entscheidenden Wahl stehst. Woher kommen die Antworten? Sich das klarzumachen, ist wichtig: Sie kommen *aus deinem Inneren*. Die Übung zwingt dich nicht, deine Selbstbestimmung oder deine Autorität abzugeben, sie vergrößert beides.

Mit unserem Bauchgefühl verhält es sich nicht anders als mit unseren physischen Sinnen: Wenn wir sie nicht nutzen, dann sind sie ganz leise, und wir überhören sie. Vielleicht wäre es noch passender, das Bauchgefühl mit der Muskulatur zu vergleichen: Setzen wir unsere Muskeln nicht ein, dann schrumpfen sie. So werden wir von denen, die wir regelmäßig beschäftigen, immer abhängiger. Indem du dich der Ja/Nein-Technik bedienst, trainierst du einen inneren Muskel, der vielleicht niemals zuvor im Einsatz war. Mit der Zeit gewöhnst du dich an diese Art der Entscheidungsfindung und greifst fast automatisch auf sie zurück. Instinktiv klopfst du mit deinem Bauchgefühl die Optionen ab, so wie du zuvor in *Gedanken* mit ihnen jongliert hast, um eine Wahl zu treffen.

Tagesziele festlegen

Und hier noch eine weitere Übung für das Training der »inneren Muskulatur«. Diesmal geht es um den »Muskel des Glaubens«. Entscheide dich für ein Tagesziel – etwas, das erreichbar ist und von dem du glaubst, dass es sehr wohl an diesem Tag geschehen könnte oder auch nicht. Vielleicht etwas, das du zum Abschluss bringen oder etwas, das du beginnen möchtest. Oder du könntest ein bestimmtes Kompliment etwa zu deiner Frisur hören oder etwas finden wollen, wie eine Ein-Euro-Münze. Irgendwas!

Als ich das Audioprogramm entwickelte, das ja der Vorläufer dieses Buches war, bemühte ich mich zugleich aktiv darum, Abonnenten zu finden, die ich ein Jahr lang jeden Monat mit einem neuen Kapitel beliefern wollte. Fast jeden Tag legte ich in Gedanken eine bestimmte Anzahl von Online-Bestellungen fest, die ich mir als Tagesziel wünschte. Oft musste ich im Verlauf des Tages überrascht feststellen, dass genau diese Anzahl an Bestellungen bei mir einging.

Ich machte das folgendermaßen: Jeden Morgen zog ich mich

an einen ruhigen Platz zurück. Ich führte ein persönliches Gespräch mit dem Universum, man könnte auch sagen, ich betete. Ich teilte dem Universum mit, welche Menge ich gerne verkaufen würde, und *nannte die minimale Anzahl.* Um zu erklären, warum, gab ich meine persönlichen Gründe an – was es mir bedeuten würde – und wies darauf hin, wie maßvoll mein Wunsch war. Die Prozedur unterschied sich von einfachem Beten oder Denken insofern, als ich sehr klar und fokussiert war. Ich sprach wirklich *direkt* zum Universum, und ich ging davon aus, dass es jedes Wort verstehen konnte. Dann malte ich mir in allen Einzelheiten aus, wie ich die Bestellungen bearbeitete. Fest von meinem Erfolg überzeugt, holte ich genau die Stückzahl, die ich mir vorgestellt hatte, und bereitete sie für den Versand vor.

Unter anderem ist die Übung deshalb so wirkungsvoll, weil ich einen vernünftigen (nach *meiner* Definition von vernünftig) und glaubwürdigen (gemäß *meinen* Überzeugungen) Wunsch äußere und deshalb noch stärker davon überzeugt bin, dass mein Wunsch wahr werden kann und dass der Erfolg unvermeidlich ist. Mit ein wenig Übung und wachsendem Selbstvertrauen kann dein Wunsch dann auch über alle Begrenzungen hinauswachsen und sich auf alles richten, was man sich nur vorstellen kann.

Doch man muss bei dieser Übung auf ein paar Dinge achten. Du musst dir selbst das Verdienst zurechnen, wenn sich dein Wunsch erfüllt. Das ist wichtig, weil es zeigt, dass du die Rolle verstehst, die du beim Formen der Ereignisse deines Lebens spielst. Umgekehrt musst du auch die Verantwortung übernehmen, wenn die Dinge sich nicht nach deinen Wünschen entwickeln. Damit ist natürlich nicht gemeint, dass du auf dich selbst wütend sein sollst. Gemeint ist, dass du es am nächsten Tag noch einmal probierst, mit einer noch *klareren* Ausrichtung, einem noch *genauer* formulierten Wunsch und einer *deutlicheren* Visualisierung.

Wenn dein Wunsch vernünftiger oder glaubwürdiger ausfallen muss, dann ran an die Arbeit. Doch auch wenn du deine Erwartungen herunterschraubst, musst du dennoch zugestehen, dass du die Kräfte des Universums ins Rollen gebracht hast. Wenn deine Bitte sehr leicht erfüllbar scheint, dann hast du damit vielleicht Schwierigkeiten, weil du dir sagst: »Ach, das wäre doch sowieso geschehen.« Der beste Schutz dagegen, das Wirken des Universums wegzuerklären, besteht darin, die Übung möglichst mehrmals täglich zu machen. Dann wirst du schon bald die Muster erkennen, die mit deinen Erfolgen verbunden sind. Und du kannst den Muskel des Glaubens entsprechend stärken – den Glauben daran, dass du bitten und dann empfangen kannst.

Meditation

Wenn du auch nur ein bisschen so ähnlich bist, wie ich früher war, dann löst dieses Wort bei dir sofort ein bisschen schlechtes Gewissen aus, weil du meinst, Meditation sei etwas, was du schon längst mal hättest tun sollten. Aber bisher hast du es noch nicht in die Tat umgesetzt. Nun, damit dir der Begriff ein etwas besseres Gefühl vermittelt, lass mich dich erstens daran erinnern, dass »sollte« absolut überflüssig ist, wenn es darum geht, das Leben in Raum und Zeit zu meistern. Und zweitens meditierst du bereits auf die eine oder andere Art, auch wenn du nicht mit gekreuzten Beinen dasitzt und *Om* summst.

Meiner Meinung nach wird fälschlicherweise angenommen, dass man meditieren muss, um spirituell voranzukommen und sich zu entwickeln. Doch auch wenn ich mich wiederhole, es gibt *nichts*, was man tun *muss,* um sich zu entwickeln; es gibt *keine* Regeln. Der Begriff Meditation transportiert so viele geheimnisvolle Assoziationen, dass man bald meint, die

Methode sei nichts für normale Menschen. Tatsächlich aber gibt es so viele verschiedene Formen von Meditation, wie es Stimmungen gibt.

Um es einmal klar und deutlich zu sagen, das *Leben* selbst ist Meditation; es ist *Denken durch und durch,* auf die eine oder andere Weise auf das eine oder andere ausgerichtet. Jede Form besitzt Gültigkeit, und ob du nun meditierst wie die Yogis oder nicht, hat wenig mit deiner spirituellen Entwicklung und den erleuchteten Eingebungen zu tun, die du vielleicht hast.

Musik hören, Lesen, Joggen, Walken, Tagträumen, ins Kino gehen, sich an einem Festmahl erfreuen, Zeit in der Natur verbringen, vielleicht sogar still eine Zigarre rauchen, um den Tag abzuschließen – all dies sind Formen von Meditation. All diese Dinge beruhigen und erleichtern den Geist, und sie schaffen Raum für die Konzentration auf anderes. In meinen Augen geht es nicht darum, wie die Leute Zeit in Gedanken verbringen, sondern dass sie es tun, so oft es ihnen sinnvoll erscheint.

Ob ich jeden Tag irgendwann versuche, meinen Geist von allen Gedanken zu leeren? Nein. Dass ich das bisher nicht tue, heißt jedoch nicht, dass ich weniger spirituell oder weniger entschlossen bin als jene, die eine bestimmte Zeit des Tages im Lotossitz zubringen. Jeder hat seine eigene Herangehensweise – dazu sollte man auch stehen.

Innere Widerstände überwinden

Nun möchte ich noch ein paar Techniken oder eigentlich nur ein paar Einfälle beisteuern, die den Umgang mit »alltäglicheren« Problemen erleichtern können.

Nichts kann einer guten Idee leichter die Luft abschnüren, als auf ihr sitzenzubleiben! Die meisten Menschen stoßen auf innere Widerstände, wenn sie mit einem neuen Projekt beginnen. Ob ihr Vorhaben eher kleiner Natur ist oder ob sie beruflich vollkommen neue Wege einschlagen wollen, ist dabei völlig nebensächlich. Im Allgemeinen werden diese inneren Widerstände von Zweifeln und Ängsten genährt und verursachen so ein Zaudern und Zögern. Keiner hat schließlich Lust, seine Zeit für eine Sache zu verschwenden, hinter der man dann nach ein paar Tagen, Wochen oder Monaten nicht mehr steht. Dabei kann viel Energie verlorengehen. Doch selbst, wenn wir genau wissen, welchen Weg wir einschlagen wollen, können wir ins Zaudern geraten, unseren Fokus verlieren und zuletzt die Manifestation unseres Traums riskieren.

Fang einfach an!
Mein Rat: *Fang einfach* damit *an*, womit du anfangen willst. Du musst jetzt noch nicht darüber nachdenken, wie du die Sache irgendwann einmal zum Abschluss bringen wirst. Wenn ich selbst zu großen Respekt vor einer gewünschten Sache habe, dann bekomme ich mich am ehesten aus den Startblöcken, indem ich mich unverfroren selbst beschwindle. Ich sage mir, dass ich ja nichts anderes tun muss, als den ersten Schritt zu machen, mehr nicht. Ich muss ein ganz kleines winziges bisschen Einsatz aufbieten, und dann darf ich mich bis zum nächsten Tag zurücklehnen. Unweigerlich will ich dann, wo ich nun schon einmal begonnen habe, noch ein bisschen mehr vorankommen. Dann noch ein bisschen und noch ein bisschen, und auf einmal bin ich mittendrin im Projekt und denke gar nicht mehr ans Aussteigen. Natürlich weiß ich, dass ich mir etwas vorgaukle, wenn ich mich beschwatze, »nur anzufangen«, aber es funktioniert trotzdem!
Zum allerersten Mal wendete ich diese Methode an, als ich für einen Marathon trainierte. Mein Wecker klingelte um halb vier Uhr morgens, damit ich mein Lauftraining vor der Arbeit absolvieren konnte. Aber ganz ehrlich gesagt wollte

ich um diese Zeit nichts anderes als weiterschlafen. Ich tröste-
te mich damit, dass ich ja auch noch nach der Arbeit laufen
könnte. Aber das stimmte nicht, und ich wusste es. Also sagte
ich zu mir um halb vier Uhr morgens, dass ich nicht laufen
müsste, aber – da ich nun schon einmal wach war – wenigstens auf die Toilette gehen könnte. (Ich weiß nicht, warum,
aber zu dieser Tageszeit aufzustehen fällt mir unendlich
schwer bei der Vorstellung, dann zwanzig Kilometer weit laufen zu sollen – und unendlich viel leichter, wenn ich nur mal
auf die Toilette gehen will.) Sobald ich dann aber erst einmal
aus dem Bett war, konnte ich mir Hose und Schuhe anziehen
und in die Dunkelheit hinauslaufen. Der Trick klappte jedes
Mal, obwohl es immer dieselbe kleine Selbstüberlistung war.
Natürlich erfinde ich mir alle möglichen Geschichten, wenn
es darum geht, ein Projekt in Gang zu bringen. Man könnte
aber auch sagen, dass ich einfach meine Perspektive auf das
verändere, was ansteht. So fasse ich nicht mehr die gigantisch
große Aufgabe ins Auge, sondern nur mehr den nächsten
Schritt. Mit dieser Methode kann ich bei jedem nur vorstellbaren Vorhaben meine inneren Widerstände überwinden.
Wenn ein Anfang gemacht werden soll, dann konzentriere
dich ausschließlich auf das Allernaheliegendste und nicht auf
das, was morgen oder im nächsten Monat dran sein wird. Ein
Tag nach dem anderen, eine Stunde nach der anderen, *eine*
Minute nach der anderen. Mehr ist nicht nötig, um sich auf
die längste Reise zu begeben.

Mit anderen Augen sehen
Widerstände lassen sich außerdem überwinden, indem man
das geplante Projekt mit anderen Augen sieht. Als ich zwölf
Jahre alt war, habe ich eine entsprechende Erfahrung gemacht,
an die ich mich bis zum heutigen Tag erinnere.
Als Kind haben Fahrräder für mich immer eine wichtige Rolle
gespielt. Ich war abenteuerlustig und verbrachte praktisch jede

freie Minute auf dem Rad, machte so lange und weite Touren, bis ich einen Platten hatte. Beim Fahradreparieren stellte ich mich ziemlich ungeschickt an, und für mich war das Reifenflicken eine unüberwindbare Aufgabe, die ich endlos vor mir herschob. Ein platter Reifen bedeutete für mich automatisch, dass ich wochenlang nicht Rad fahren konnte. Dann zeigte mir eines Tages ein Nachbarsjunge, der ein Jahr jünger war als ich, eine neue Perspektive für dieses Problem auf.

Sein Name war Billy, und er verkaufte zwei wirklich coole Stollenreifen, die ich unbedingt für mein Fahrrad haben wollte. Zunächst verlangte er zu viel Geld dafür, doch eines Tages änderte er seine Meinung. Das Problem war nur, eines von den Rädern hatte einen Platten. *Aha!,* dachte ich, *kein Wunder, dass er sie verkaufen will; sie taugen nichts.* Ich wusste, wenn ich sie kaufte, dann würden sie ewig in unserer Garage herumstehen. Also sagte ich: »Du spinnst ja. Der hat einen Platten!« Billy sah mich erstaunt an. »Na und?«, sagte er. »Dann reparier ihn doch. Dauert doch nur fünf Minuten.« Auf keinen Fall. Ich würde mich *nicht* reinlegen lassen! »Das ist ganz leicht«, fügte er hinzu. Und dann, weil er von mir angenervt war, sagte er: »Ich mach es, und du schaust zu.« Sofort und an Ort und Stelle machte er sich an die Arbeit. Billy zog den Reifen ab, entfernte den Schlauch, pumpte ihn auf, steckte ihn in einen Eimer mit Wasser, fand das Loch und klebte den Flicken auf. »Lass den Kleber trocknen und morgen kannst du losfahren«, erklärte er und wusste nicht im Geringsten, wie sehr er mein Leben verändert hatte.

Ich trug meine neuen Reifen nach Hause und hatte das Gefühl, mich bis auf die Knochen blamiert zu haben. »Warum habe ich nur immer so eine große Sache aus einem platten Reifen gemacht?«, fragte ich mich. Ich dachte an all die Monate, die ich ohne Fahrrad hatte auskommen müssen, nur weil ich mich nicht hatte von meiner Fehleinschätzung befreien können.

Wir verbringen so viel Zeit damit zu erklären, dass etwas schwierig ist, oder zu überlegen, wie wir etwas tun wollen, dabei hätten wir die Sache in derselben Zeit längst erledigt – wenn wir nicht mit der Rechtfertigung unserer Position beschäftigt gewesen wären.

> Ein Tag nach dem anderen, eine Stunde nach
> der anderen, *eine Minute nach der anderen;*
> mehr ist nicht nötig, um sich auf die längste
> Reise zu begeben.

Nun denk darüber nach, was du im Leben für schwer hältst: gute Eltern zu sein, Freude an der Arbeit zu haben, eine bestimmte Aufgabe bei der Arbeit, Abnehmen, jeden Morgen aus dem Bett zu kommen, mit dem Rauchen aufzuhören, eine Million Euro zu verdienen? Es ist an der Zeit, all das mit anderen Augen zu sehen. Denn genauso wie Fliegen, die Mondlandung oder das Klonen eines Schafs ist nichts jemals zu schwer oder gar unmöglich. Wenn wir es für möglich halten und es aussprechen, kann etwas leicht werden und in Reichweite kommen.

Verschreibe dich voll und ganz der Sache, um die es geht
Die dritte Methode zur Überwindung innerer Widerstände ist, sich seinem Traum ohne Wenn und Aber zu widmen. Gib dir keine Gelegenheit zu kneifen. Die Entstehung meines Audioprogramms ist ein gutes Beispiel dafür, wie ich mir selbst keinen Ausweg ließ. Im Dezember kündigte ich meinen Lesern an, dass ich im folgenden Jahr eine Sendung in zwölf Teilen namens *Infinite Possibilities: The Art of Living Your Dreams* (Unendlich viele Möglichkeiten: Die Kunst, seine Träume zu leben) produzieren und jeden Monat einen neuen Abschnitt parat haben würde.
Sofort und an einem einzigen Tag verkaufte ich Abonne-

ments im Wert von fast fünftausend Dollar, noch bevor ich selbst genau wusste, worum es in der ersten Sendung überhaupt gehen sollte. Sie war aber schon in zwei Wochen fällig! Ich hätte aus der Sache nicht wieder rauskommen können, ohne mich an jeden Einzelnen zu wenden und Rückzahlungen zu leisten. Und das wollte ich natürlich nicht. Also legte ich los. Ich konzipierte fieberhaft eine Sendung nach der anderen. *Nun komm schon, Mike,* dachte ich dann, *du musst doch nur ein paar Absätze schreiben, mehr nicht; nur anfangen.* Und unweigerlich brachte die Tatsache, dass ich einen realen ersten Schritt gemacht hatte, die Sache so richtig ins Rollen. Ungeahnte Quellen taten sich auf, und die nächsten Schritte waren ein Klacks.

Lass dich inspirieren
Es gibt zahllose Bücher darüber, wie man sich inspirieren lassen kann. Ich habe nicht vor, damit hier in Konkurrenz zu treten. Allerdings möchte ich zwei eigene kleine Vorschläge hinzufügen.

Erstens: Verlier niemals die Belohnung aus den Augen, die dir bevorsteht. Mach dir einmal bewusst, dass alles – wirklich *alles* –, was du heute tust, dich zu den Schätzen führt, die in der Zukunft auf dich warten. Ob es nun offensichtlich ist oder nicht – *alles*, was du tust, bereitet dich auf das Leben deiner Träume vor. Und *alles*, was du jetzt erlebst – auch die schmerzhaften Dinge –, ist genau das, was du brauchst, um dich auf das vorzubereiten, was als Nächstes kommt. Wäre die Manifestation deiner Träume beispielsweise zu rasch erfolgt, würde dir alles ebenso schnell wieder entgleiten. Doch jetzt bist du gewappnet, und die richtigen Grundlagen sind geschaffen. So kannst du deinen bisherigen Weg und die Schritte, die du noch gehen musst, richtig einordnen – nämlich als Vorbereitung auf »das Beste in deinem Leben«.

Wenn du auf eine Leiter hinaufsteigst und vergessen hast, wohin sie führt, dann hast du gleich viel weniger Lust, deinen Aufstieg fortzusetzen. Wenn du hingegen weißt, dass jede einzelne Sprosse der Leiter dich der Verwirklichung deines großen Ziels näher bringt, sieht die Sache schon ganz anders aus. Und dann ist es ganz egal, welche Mühsal der »Anstieg« bedeutet oder wie orientierungslos du dich dabei fühlst. Erinnere dich immer wieder daran, warum du etwas tust. Stell dir die Befriedigung vor, die du spüren wirst. Fühle regelrecht, wie gut es dir mit deiner Leistung eines Tages gehen wird.

Zweitens: Verlier niemals das Gesamtbild aus den Augen – dass nämlich das Leben und die Reise selbst das größte Abenteuer sind! Mit meiner nächsten Bemerkung möchte ich dich nicht erschrecken, aber: Wir alle müssen irgendwann einmal sterben, oder? Also, dann tu *endlich* was! Beeil dich! Jetzt scheint die Sonne, und jetzt kannst du dich ins rechte Licht rücken. Du hast nicht ewig Zeit. Wenn du diese Sätze so verstehst, wie ich es meine, dann werden sie dich inspirieren. Denn sie bedeuten, dass du nichts zu verlieren hast, wenn du dich bemühst, etwas erreichen willst und das verwirklichst, was du dir wünschst. Es stimmt zwar, dass du in einem übergeordneten Sinne unsterblich bist. Und natürlich warten immer auch neue Gelegenheiten auf dich. Aber keine wird ganz genau so wie die jetzige sein, und keine wird dir die gleiche Perspektive bieten. Außerdem belohnt das Leben Leistung exponentiell. Je weniger Zeit du also verschwendest, desto üppiger wird deine Belohnung ausfallen.

Mach dir nicht so viel Stress

Für die Abhandlung des Themas *Stress* braucht man heutzutage ganze Bücher. Aber auch hier möchte ich trotzdem ein paar eigene Gedanken dazu beitragen. Meiner Meinung nach resultiert Stress aus unserer irreführenden Überzeugung, dass wir jedes Hindernis auf unserem Weg *physisch* beiseiteschaffen müssen. Oft erkennen wir einfach nicht, dass die eigentliche Arbeit in unserem Leben auf der spirituellen Ebene erfolgt. Stress ist die Folge des zwanghaften Versuchs, unsere Zeit, den Raum und unser Leben physisch zu manipulieren. Vergiss nicht, dass du deinem Leben und deinen Manifestationen *nur eine Richtung zu geben* brauchst. Nur so kannst du das Leben deiner Träume verwirklichen.

Einflussnahme geschieht immer von innen. Wir sollten uns also besser darauf konzentrieren, Fülle, Gesundheit und Harmonie zu verwirklichen und die Details dem Universum zu überlassen, statt Menschen, Orte und Dinge kontrollieren zu wollen. Genau das ist es nämlich, was uns in Stress versetzt. Doch ein für alle Mal: Für diese Details ist das Universum zuständig, nicht unser physisches Selbst!

Das Leben ist wie eine Art » spirituelles Spiel«. Wenn man es gewinnen will, muss man sich an die *spirituellen Regeln* halten, obwohl wir unser Leben physisch zum Ausdruck bringen. Diese Erkenntnis ist ganz entscheidend.

Es ist erstaunlich, wie gut sich alles fügt,
wenn wir nur aufhören, Widerstand zu leisten
und auf irgendetwas zu beharren.

Wenn das Leben einfach nicht rund läuft

Was kannst du tun, wenn du in deinem Leben einfach nicht vorankommst, wenn jede Tür dir scheinbar vor der Nase zugeschlagen wird? Ich selbst habe dies auf nachdrückliche Weise erlebt, als der Einzelhandel mit einem Mal großen Veränderungen unterworfen war und uns keine unserer Anstrengungen mehr richtig weiterbrachte. Ich will gar nicht im Detail aufzählen, was wir alles ausprobiert haben. Für einige unserer

Versuche benötigten wir aber ein Jahr – für Tests und Durch-führung –, nur um dann feststellen zu müssen, dass sie uns rein gar nichts einbrachten.

Schließlich trafen wir die Entscheidung, unsere Läden zu schließen und uns vollständig aus dem Geschäft zurückzuzie-hen. Natürlich hätte es auch Alternativen gegeben. Doch aus einer Reihe von Gründen, unter anderem deshalb, weil wir genug Geld verdient hatten, um uns unangenehme Rück-schläge zu ersparen, entschieden wir so. Rückblickend haben wir inzwischen erkannt, dass unser Rückzug längst überfällig gewesen war, doch damals war der Schritt äußerst schmerz-haft. Uns kam es so vor, als würde ein Teil von uns sterben oder als würden wir unseren Traum brutal zerstören und kapi-tulieren, und in gewisser Weise war es auch so. Ich werde nie vergessen, was das für ein Gefühl war, jeden einzelnen unserer Läden zum letzten Mal abzuschließen und fortzugehen.

Doch manchmal funktioniert das Leben auch deshalb nicht, weil man sich so verbissen daran festklammert, das Wie der physischen Umsetzung zu bestimmen. Irgendwie hat man aus dem Blick verloren, was man auf der spirituellen Ebene eigentlich erreichen wollte. Auf einmal will man es dem Uni-versum nicht mehr überlassen, wie es unsere Gedanken und Träume verwirklicht. So hindern wir es daran, uns Alternati-ven zu zeigen. Plötzlich besteht man darauf, dass die Dinge sich auf ganz bestimmte Weise entwickeln sollen. Denn schließlich ist ja alles möglich, *Gedanken werden Dinge,* und Träume müssen wahr werden. Die Herausforderungen, vor denen man plötzlich steht, gehören eben dazu. Man wird immer engstirniger und verbohrter in der Vorstellung, *wie* die Dinge sich entwickeln sollen. Auch bei uns haben sich die Dinge nicht so manifestiert, wie wir uns das zurechtge-legt hatten. Dafür gab es eine Reihe von tieferen Gründen, die wir zum damaligen Zeitpunkt jedoch nicht erkennen konnten.

Wenn ich jetzt so daran zurückdenke, wie gut jeder von uns den Übergang zu einer neuen beruflichen Tätigkeit geschafft hat, dann wird mir erst bewusst, wie sehr jedes Zögern damals die aufregenden Möglichkeiten geschmälert hätte, mit denen wir alle schließlich beschenkt wurden. Lange bevor wir die letzte Ladentür abgesperrt hatten, war uns der Spaß an der Sache abhandengekommen. Inzwischen hatte jeder von uns dreien neue Träume, wie er sich selbst verwirklichen wollte. Doch obwohl es uns einschränkte, konnten wir uns einfach nicht von dem Geschäft lösen, auch weil wir dachten, auf die Einnahmen angewiesen zu sein, um unsere neuen Ideen weiterzuverfolgen.

Es ist erstaunlich, wie gut sich alles fügt, sobald wir aufhören, Widerstand zu leisten und auf irgendetwas zu beharren. Wenn du *nicht* ehrlich mit dir bist, dann manifestierst du überall Warnsignale.

Es ist eine knifflige Angelegenheit, die Gründe dafür zu finden, warum das Leben auf einmal nicht mehr rund läuft. Meiner Meinung nach gibt es aber genau zwei Möglichkeiten: Entweder bist du zwar schon auf dem richtigen Weg, aber deine Überzeugungen hindern dich am Vorankommen, oder du hast nicht auf dein Herz gehört – deine tiefsten und intensivsten Wünsche –, und die Richtung, die du eingeschlagen hast, muss korrigiert werden. Egal, was von beidem auf dich zutreffen mag – Aufrichtigkeit und Selbstanalyse werden dir immer dabei helfen, dich zurechtzufinden.

Das sind also meine Hilfsmittel und Techniken. Sie sind einfach, das stimmt. Doch falls du der Meinung sein solltest, dass sie zu einfach sind und keine besondere Herausforderung, dann möchte ich dich fragen: Glaubst du vielleicht auch, dass Erleuchtung und spirituelles Erwachen ein mühevolles und schwieriges Unterfangen sein müssen? Falls dem so ist, dann, bitte, denk noch einmal darüber nach. Sowohl Erleuchtung wie auch das Erwachen aus unserem »spirituellen Schlaf« sollen leicht und natürlich erfolgen. Man muss sich nicht in Klausur begeben, um neues Denken herbeizuführen. Du musst einfach nur anfangen, Neues zu denken!

Es gibt tatsächlich nur einen einzigen Weg, um spirituell zu wachsen: Denken. Und es gibt auch nur einen einzigen Weg, um das Leben deiner Träume zu verwirklichen: ebenfalls Denken. Jede Übung, die dein Denken positiv beeinflussen kann – indem sie deine Träume fördert oder dein Bewusstsein erweitert –, ist Gold wert. Ob es durch eine strukturierte Morgenroutine oder über einer morgendlichen Tasse Kaffee geschieht – was immer deinen »philosophischen Muskel« trainiert, wird dafür sorgen, dass der Tag näher rückt, an dem sich deine Träume erfüllen.

Kapitel 11
Fragen und Antworten

In diesem Kapitel habe ich die wichtigsten Fragen zusammengestellt, die mir bisher gestellt wurden, und meine Antworten darauf. Vor einigen Jahren habe ich auf meiner Website www.tut.com eine Rubrik eingerichtet, die es jedem ermöglicht, mir Fragen zum Leben, zu Träumen und Glück zu stellen. Viele der eingehenden Fragen beziehen sich auf das Verständnis oder die Anwendung meines hier vorgestellten Konzepts. Und da ich oft immer wieder die gleichen Fragen erhalte, meine ich, dass etliche davon möglicherweise auch denen ähneln, die du vielleicht noch stellen möchtest. Und los geht's.

Darf man dem Universum Termine setzen? Darf ich das Universum beispielsweise bitten, mich nicht nur zum Millionär zu machen, sondern die Sache auch noch bis Ende des Jahres zu erledigen?
Ja und nein. Darum bitten darf man wohl, doch ich glaube, dass man mit festen zeitlichen Vorstellungen mehr Schaden anrichtet als Gutes bewirkt. Feste Zeitvorstellungen sind ein Eingriff auf der physischen Ebene einer Manifestation – und das ist, wie wir wissen, die Domäne des Universums. Solch eine unverrückbare Terminierung könnte das Universum daran hindern, den besten möglichen Weg zur Verwirklichung deiner Bitte zu finden. Wenn du bei der Visualisierung deinen Traum bereits *verwirklicht* vor dir siehst, dann hast du dem

Universum mitgeteilt, dass du *jetzt* bereit dafür bist. Doch wenn du einen Termin festlegst – was wäre, wenn das Universum früher »liefern« könnte? Und was ist, wenn die Manifestation deines Traumes ohnehin unvermeidlich ist, doch nun aufgrund deiner Terminvorgabe mit der Verwirklichung anderer Wünsche zusammenprallt und deshalb nichts daraus wird? Dann musst du nicht nur mit der resultierenden Enttäuschung fertig werden, sondern entwickelst vielleicht außerdem allgemeine Zweifel an der Realisierbarkeit deiner Pläne. Mit festen Zeitvorgaben riskierst du immer dein Vertrauen in das Universum und vielleicht insgesamt in die Erreichbarkeit deiner Ziele.

Natürlich gibt es immer Situationen, in denen die Festsetzung eines Termins unvermeidlich scheint. Etwa der Zahlungstermin für die Miete ist ja nun einmal eine unverrückbare Angelegenheit. Doch auch in dieser Situation rate ich dir, dich nicht auf den Termin, sondern auf das erwünschte Endergebnis zu konzentrieren: in einem wunderbaren Haus zu wohnen und den finanziellen Verpflichtungen auf harmonische Weise nachzukommen (statt ein ganz bestimmtes Haus zu verlangen und dass der Vermieter genau die verlangte Summe zu einem bestimmten Termin erhält). Kümmere dich nicht um die Einzelheiten des Wie und Wann; die fallen in die Zuständigkeit des Universums.

Ein zweiter Fall von fester Terminvorgabe könnte bei bestimmten Zielsetzungen eintreten. Was zum Beispiel hoffst du in den nächsten drei, fünf oder zehn Jahren zu erreichen? Natürlich liegt es im Wesen dieser Art Zielsetzung, dass die zeitliche Vorgabe eher eine Strukturierungshilfe und weniger eine unverrückbare Zeitvorgabe ist. Schon bei der Planung weiß man im Grunde, dass sie bei Veränderung der Prioritäten angepasst werden muss. In diesem Fall ähneln die zeitlichen Vorgaben eher Richtlinien als Terminen, und das ist gut so.

Dennoch bin ich sicher, dass ein wirklich erleuchteter Mensch keine Schwierigkeiten damit haben wird, was immer er will, in einem festgesetzten zeitlichen Rahmen zu manifestieren. Sich auf Zeitvorgaben einzulassen ist fast so schlimm wie auf das verflixte »Wie«. Beides ist äußerst riskant. Am besten versuchst du, es so weit wie möglich zu vermeiden.

Eine andere Frage kommt häufig: Viele Menschen meinen, dass sie im Lebens schon einmal weiter waren, als sie es jetzt sind. Sie glauben, dass ihnen etwas verlorengegangen ist, und wollen wissen, ob sie es zurückbekommen können.

Meine Antwort lautet immer gleich: Dir ist nichts verlorengegangen; du hast es noch immer. Mitunter schickt uns unsere spirituelle Entwicklung auf eine manchmal beängstigende Reise in neues Territorium. Doch die Ängste, die wir entwickeln, sind nicht da, weil wir etwas verloren haben. Sie sind eine natürliche Folgeerscheinung unserer wachsenden Bewusstwerdung. Genauso wie früher hast du auch heute vergleichbare bedeutsame Einsichten; man kann sie nicht verlieren. Doch jetzt, vor dem Hintergrund größerer Lebenserfahrung, müssen deine Einsichten auch ein umfassenderes Bild der Wirklichkeit bedienen. Das ist nun einmal der natürliche Lauf der Dinge, mit dem jede Seele auf ihrem Entwicklungsweg Bekanntschaft machen muss.

**Gute Gelegenheiten bieten sich nicht nur einmal;
sie bieten sich jederzeit und für jeden von uns.**

Manche der Fragen, die mir gestellt werden, drehen sich um Zweifel oder Bedauern über zurückliegenden Entscheidungen.

Mein Rat dafür lautet: *Schau nicht zurück.* Egal, welche Entscheidungen du auch getroffen hast, das Universum hat die Sache jetzt in deinem Sinne in die Hand genommen. Es verschwört sich mit deinen Gedanken, kümmert sich um die

Details und versucht in Höchstgeschwindigkeit genau da, wo du heute bist, deine Träume wahr zu machen. Es ist bestens ausgerüstet, um mit deinen Entscheidungen zurechtzukommen. Es schlägt sich nicht verzweifelt auf die Stirn und beklagt sich: »Sieh doch, was du angerichtet hast. Du hast mir meine Aufgabe zum Alptraum gemacht!« Nein, dem Universum fallen *alle* Aufgaben leicht; Magie ist seine Stärke. Das Universum gibt sich niemals geschlagen, und du solltest es ebenfalls nicht tun; es klassifiziert dich nicht, und du solltest ebenfalls darauf verzichten; es schaut nicht zurück, also tu du es auch nicht. Hilf ihm – sei glücklich, und sieh nach vorn. Es zielt noch immer auf all die vielen Freuden ab, die vor dir liegen, denn es weiß, dass alles jederzeit möglich ist. Es ist niemals für irgendetwas zu spät. Gute Gelegenheiten bieten sich nicht nur einmal; sie bieten sich jederzeit und für jeden von uns.

Versuche aus der Vergangenheit zu lernen, und betrachte sie als Teil eines geplanten Trainingsprogramms, das dir neue Perspektiven zeigen soll und dich auf die unmittelbar vor dir liegenden, besseren Gelegenheiten vorbereitet.

Wie soll ich mit all den Ungewissheiten in meinem Leben umgehen?

Indem du Vertrauen in das »Unbekannte« setzt. Schließlich ist es die Quelle von allem – und damit auch die Quelle all jener wunderbaren Dinge, die mit dir geschehen sind und noch geschehen werden. Das Unbekannte ist dein Freund. Es ist die göttliche Intelligenz und birgt eine unendliche Zahl von Möglichkeiten in sich.

Jedes Mal, wenn du nicht weißt, was hinter der nächsten Ecke auf dich wartet, hast du die Wahl, dich zu fürchten oder dich darauf zu freuen. Was immer du wählst, deine Haltung wird sich darauf auswirken, es beeinflussen, ja vielleicht sogar darüber entscheiden, wann es eintritt. Bedenke außerdem: Bloß weil du etwas Wunderbares mit den Augen nicht sehen und mit deinen anderen Sinnen nicht wahrnehmen kannst, bedeutet das nicht, dass es nicht existiert. Das Universum kocht außerhalb unserer Sinneswahrnehmungen immerfort sein geheimnisvolles Süppchen. Es sitzt nicht tatenlos herum; es ist damit beschäftigt, dein Leben in Szene zu setzen. Schon aufgrund deiner natürlichen Neigung, dich prächtig zu entwickeln, geschieht einiges, auf das du dich freuen kannst – im Augenblick allerdings im Unsichtbaren. Jeder wunderbare Gedanke, den du irgendwann hervorgebracht hast, arbeitet daran, sich in deinem Leben zu manifestieren.

Wenn wir unsere Fortschritte im Leben ausschließlich mit unseren physischen Sinnen beurteilen, dann vergessen wir dabei, nach innen zu blicken. Das wäre aber der geeignetere Weg, um herauszufinden, wer wir sind und wohin wir gehen. Stattdessen versuchen wir, Antworten in Sinnestäuschungen zu finden. Das ist der ultimative Test des Lebens: sehen, ohne hinzusehen, hören, ohne hinzuhören, wissen, ohne etwas aufzunehmen, und sein ohne werden. Wie das gehen soll? Indem du selbstbewusst deine Fantasie von der Leine lässt, dich vertrauensvoll in das Netz der unsichtbaren Prinzipien fallen lässt und *verstehst*, dass wunderbare Endergebnisse unvermeidbar sind.

Das Universum kocht außerhalb unserer Sinneswahrnehmungen immerfort sein geheimnisvolles Süppchen. Es sitzt nicht tatenlos herum; es ist damit beschäftigt, dein Leben in Szene zu setzen.

Ich brauche Unterstützung. Wie kann ich mit dem Universum in Verbindung treten?
Alles beginnt damit, dass du ruhig wirst und auf dein Gefühl hörst. Tatsächlich suchst du eigentlich den Kontakt zu dir selbst, denn du selbst bist dein eigener Anknüpfungspunkt

zum Universum. Verbringe jeden Tag eine Weile damit, dich vollständig zu entspannen, tief ein- und auszuatmen und deinen Geist dabei unbeschränkt umherwandern zu lassen. Gönne dir jeden Tag ein bisschen Zeit nur für dich. Spüre und denke, was du willst, und *hör auf, irgendwie spirituell sein zu wollen.* Sei einfach du selbst.

Ich bin wirklich am Ende meiner Weisheit angelangt. Mein Leben ist wunderbar, aber ich bin ständig erschöpft und unglücklich. Es kommt mir so vor, als sei mir mein Optimismus verloren gegangen und mit ihm mein Wunsch nach Veränderung. Ich fühle mich wie gelähmt. Was kann ich tun?
Tu *irgendetwas*. Handle. Werde aktiv. Sei die Veränderung, die du dir wünschst. *Hör auf zu warten.* Es reicht nicht aus zu behaupten, dass das Leben wunderbar ist, seine Schönheit zu sehen und Träumen nachzuhängen, die vielleicht eines Tages ganz von allein wahr werden. Such dir ein Hobby, geh in einen Volkshochschulkurs, verlange eine Beförderung, zieh innerhalb deiner Stadt um, leg dir ein Haustier zu, mach dich ehrenamtlich nützlich, geh unter Leute, pflege dein Netzwerk. Trau dich was, stell dich Herausforderungen, *bring dich in den Zauber des Lebens ein.*

Wie kann es mir gelingen, mit dem Schmerz einer Enttäuschung besser fertig zu werden?
Manchmal kann man nur schwer einsehen, dass Enttäuschungen »natürlich« und auf lange Sicht nützlich sind. Doch indem du *Verständnis* für die Situation aufbringst und die Dinge im rechten Licht betrachtest, wird der Schmerz weichen. Wenn du den Schmerz verstehst, dann heißt das, dass du deine Fehlinterpretation der Situation einsiehst. Wahres Verständnis lässt dich erkennen, dass du der Gleiche bist wie vor der Enttäuschung. Es steht dir noch immer frei, dein Glück zu bewirken, und genau das will der Schmerz dir mitteilen.

Diese Auffassung erscheint dir vielleicht schwierig, aber es wird dir gelingen. Gib dir einen Ruck. Tu, was erforderlich ist. Beschäftige dich mit den Fragen, die durch deine Enttäuschung in dir aufgestiegen sind, und zwar so lange, bis du die entsprechenden Antworten gefunden hast.

Nichts scheint zu funktionieren, also habe ich mich gefragt: Darf man seine Wünsche einfach durch andere ersetzen oder heißt das Aufgeben?

Wenn du dir unschlüssig darüber bist, was du willst, dann musst du als Erstes ganz und gar aufrichtig mit dir sein und nach innen lauschen. Es ist sehr verlockend, einen Traum mit dem Herzen blind zu verfolgen und auf jegliche Vernunft und Verstandesarbeit zu verzichten. Doch wenn du gegen Widerstände anrennst, dann könnte es sein, dass dein Verstand dir weiterhelfen und dich wieder auf den richtigen Weg zurückführen kann. Auf jeden Fall aber kann dein Verstand dir einen Weg mit weniger Widerständen zeigen. Wenn eine Richtung, die du eingeschlagen hast, sich für dich merkwürdig oder irgendwie falsch anfühlt, dann liegt es nie daran, dass dein Ziel unerreichbar ist; tatsächlich gibt es keine unerreichbaren Ziele. Doch die Ursache könnten deine einander widersprechenden Überzeugungen sein oder aber ein Bauchgefühl, das dich vor etwas warnen will. Wenn du diese Signale um des Prinzips *Gedanken werden Dinge* ignorierst, dann könntest du böse auf die Nase fallen.

Wenn man Menschen fragt, die auf irgendeinem Gebiet große Erfolge vorzuweisen haben, wie es am Anfang war, als sie alles auf eine Karte gesetzt haben, dann erhält man oft zur Antwort, dass ihnen das Risiko gar nicht bewusst war. Weil sie nämlich ganz und gar auf ihr Ziel *konzentriert* und *geradezu* darauf versessen waren. Die Lektion lautet hier, dass wir nicht nur hartnäckig an unserem Traum dranbleiben sollten (das ist ohnehin selbstverständlich), sondern auch an den

Weg zur Erfüllung – was nur klappen kann, wenn wir keine Vorbehalte haben. Wenn du den Weg wertschätzt, dann wirst du dein Traumziel fast wie nebenbei erreichen, und das Glück wird dein täglicher Begleiter sein.

Klopf an jede Tür, drehe jeden Stein um, wenn du eine Richtung suchst, die deinen Verstand ebenso überzeugt wie deinen Traum. Nach dieser Methode sind viele erfolgreiche Menschen vorgegangen und haben sich deshalb wenig oder kaum mit inneren Widerständen herumschlagen müssen. Auf diese Weise ist das Verfolgen von Träumen sehr risikoarm. Begib dich nicht mit geschlossenen Augen auf den schmalen Pfad deiner Hoffnungen und Träume. Ignoriere niemals deinen inneren Widerstand. Lausche in ihn hinein. Mit Aufrichtigkeit kannst du die Bedenken deines Verstandes zerstreuen und dein Ziel entsprechend korrigieren.

Wie kannst du nur sagen, dass das Leben gerecht ist?

Das Leben ist genau so, wie wir denken, dass es ist. Und ich sage mir, was könnte gerechter sein, als genau das zu bekommen, woran wir denken, und genau vor den Herausforderungen zu stehen, die wir selbst erschaffen haben und die noch dazu immer auch überwindbar sind? Was könnte gerechter sein, als mit der Liebe und Unterstützung eines Universums rechnen zu können, das sich für unsere Belange starkmacht?

Es stimmt, ich habe mehrfach davon gesprochen, dass das Leben gerecht ist, aber wenn ich so darüber nachdenke, war das nicht richtig. Gerecht sein heißt, dem eigenen *Überleben* eine Chance von fünfzig zu fünfzig einzuräumen. Wenn man es also genau nimmt, dann ist das Leben nicht »gerecht«, da unser Gedeihen doch naturgegeben und ein Scheitern ausgeschlossen ist. Ehrlich gesagt, die Karten sind gezinkt, und zwar zu unseren Gunsten.

Ich weiß einfach nicht, was ich mit meinem Leben anfangen soll!

Auf diese Frage kann ich eine Antwort in zwei Teilen anbieten.

Erster Teil: Was immer du gerade jetzt mit deinem Leben anfängst, ist genau das, was du tun »solltest«. Dazu gehört es auch, *genau die Fragen zu stellen, mit denen du dich jetzt gerade beschäftigst!* Wenn du nicht genau dort wärst, wo du jetzt bist, dann würdest du nicht nach diesen Antworten suchen und auch nicht die Erkenntnisse gewinnen, um derentwillen du dieses Leben möglicherweise zum Teil auch gewählt hast.

Zweiter Teil: Diese Fragestellung weist mit großer Wahrscheinlichkeit darauf hin, dass du gerne »mehr« mit deinem Leben anfangen würdest. Falls das zutrifft, dann fang einfach an, mehr zu tun. »Was zum Beispiel?«, fragst du jetzt vielleicht. Beginne mit den kleinen Dingen, die sich ganz von allein zu größeren auswachsen werden. Jede Reise beginnt mit einem ersten Schritt, und der ist am schwersten, weil er im Hinblick auf das angestrebte Ziel so unglaublich wirkungslos erscheint. Doch sobald du den ersten Schritt gemacht hast, fällt dir der zweite und der dritte leichter. Mach viele kleine Schritte auf jedem für dich auch nur ansatzweise interessanten Weg. Was hast du denn zu verlieren? Früher oder später wirst du genau wissen, was du mit deinem Leben anfangen sollst, und mit aller Wahrscheinlichkeit erkennst du dann, dass du bereits mitten dabei bist.

Mich beunruhigt die Vorstellung, dass wir niemals die Stufe der Vollkommenheit erreichen und dass Vollkommenheit an sich unerreichbar ist. Was mache ich falsch?

Wenn »Vollkommenheit« für dich eine Zielvorstellung ist, dann stimme ich dir zu: Niemand wird jemals dorthin gelangen. Doch wenn du sie als Prozess begreifst, dann hat jeder von uns sie bereits »erlangt«, denn die Dinge könnten für uns zu keinem Zeitpunkt besser werden, als sie es bereits sind.

Wir alle sind Abenteurer auf einer wundersamen Reise. Unsere eigene Definition davon, was, wer, warum und wo wir sind, verändert sich von Augenblick zu Augenblick. Dennoch sind wir immer und nur der vollkommene Ausdruck dessen, was wir meinen zu sein. Mühelos, automatisch und unfehlbar erschaffen wir mit unseren Gedanken unsere eigene Wirklichkeit, ob wie uns dessen nun bewusst sind oder nicht. Der Plan, dem zufolge wir hier sind, ist vollständig in Kraft getreten, und *es ist ein vollkommener Plan*. Und die Vereinbarung, an die wir uns halten, ist ebenfalls eine *vollkommene Vereinbarung*. Was unser Bewusstsein und unsere Entwicklung betrifft – beide sind im Fluss, sie *entwickeln sich vollkommen*.

Wir sind vollkommen, nicht weil wir einen bestimmten Punkt erreicht haben, sondern weil wir uns darauf zubewegen.

Ich versteh das einfach nicht. Du behauptest, ich selbst habe mich dafür entschieden, schikaniert zu werden? Wer würde sich denn so etwas freiwillig aussuchen? Wenn mich jemand wütend macht, dann soll das »mein eigener Wille« sein?

Diese Art Fragen werden mir oft gestellt – die Menschen begreifen nicht, wie oder warum sie in ihrem Leben überhaupt schwierige Umstände schaffen. In der Regel wählt niemand vor Antritt seines Lebens solche Konstellationen. Doch viele entscheiden sich im Laufe ihres Lebens für Herausforderungen und entwickeln Neigungen und Vorlieben, die sie im Zusammenspiel mit allen anderen getroffenen Entscheidungen in Teufels Küche bringen. Zwar würde sicher niemand sich freiwillig für die Ehe mit einem Massenmörder entscheiden. Und doch könnte man für sich einen psychisch auffälligen Partner wählen. Wieso sich irgendjemand in solch einen Menschen verlieben und sich dann auch noch an ihn binden würde? Dafür gibt es jede Menge Gründe, doch an erster Stelle steht das Erkennen der Göttlichkeit, die auch dieser Mensch besitzt, und vielleicht der Wunsch, an seiner Heilung mitzuwirken. Doch solche Entscheidungen werden nicht nur vor Antritt des Lebens getroffen. Unsere, wenn man so will, spirituellen Verträge werden ständig und immer wieder auf den neuesten Stand gebracht. Folglich ist nichts in Stein gemeißelt, und niemand ist seinen früheren Entscheidungen auf Gedeih und Verderb ausgeliefert.

Ein weiteres Beispiel. Ich hatte mehrere längere Beziehungen, die sehr schmerzlich endeten, jedenfalls für mich. Doch heute und rückblickend kann ich diese Erfahrungen besser einordnen. Durch sie habe ich zwei sehr wichtige Dinge gelernt. Erstens, mir selbst gegenüber ehrlich zu sein. Bei jeder dieser früheren Beziehungen erkannte ich schon sehr früh das *Potenzial* für die Schwierigkeiten, die sich später tatsächlich einstellten. Dennoch verharrte ich in der Beziehung. Wer mit dem Feuer spielt, der kann sich die Finger verbrennen – so ist das nun einmal. Und es hilft nichts, wenn man hinterher seine Unschuld beteuert.

Die zweite Erkenntnis, die ich im Rückblick hatte, war, dass ich gute Gründe dafür hatte, mit dem Feuer zu spielen – so gute Gründe, dass es die Beziehungen wert waren, auch wenn ich mir dabei die Finger verbrannt habe. Das unglückliche Ende war ein kleiner Preis für all das Gute und die vielleicht glücklichsten Augenblicke in meinem bisherigen Leben. Schließlich hatte ich ja nicht nur das Ende meiner Beziehungen gewählt, sondern auch die Beziehungen selbst. Und das Gesamtpaket war die Sache allemal wert.

Wenn du irgendein Ereignis in deinem Leben isoliert betrachtest, dann reißt du es aus dem Zusammenhang. Indem du deine Aufmerksamkeit auf das Gesamtbild richtest, wirst du irgendwann seinen Wert für dich erkennen. Zudem wirst du verstehen, dass alles seinen Ursprung in deinem Wunsch hatte zu lernen und zu wachsen, klüger und mitfühlender zu werden.

Wo ist der Haken? Warum erscheint es so schwierig? Welchen magischen Schritt muss man machen, damit sich gute Gedanken in Dinge verwandeln? Sind es denn nur unsere selbstzerstörerischen, selbstzweiflerischen und negativen Gedanken, die sich mühelos in Dinge verwandeln?
Wahrscheinlich glaubst auch du, wie die meisten Menschen, die auf der Suche sind, dass die Antworten kompliziert, geheimnisvoll und schwer umzusetzen sind. Doch diese Art des Denkens sorgt nur dafür, dass deine Suche nach Antworten bis in alle Ewigkeit fortdauert, und erschwert sie. Also zurück zum Ausgangspunkt. Die Wahrheit ist, *Gedanken werden Dinge*. Es gibt keine einschränkenden Faktoren, keine zusätzlichen Gesetze, die diese Wahrheit übertrumpfen. *Gedanken werden Dinge* – diese drei Worte sagen alles. Einfacher könnte es kaum sein. Doch unsere Überzeugungen sorgen dafür, dass wir so denken, wie wir es tun. Wenn du also meinst, dass deine Erfahrungen häufiger unbefriedigend als befriedigend sind, dann liegt es an deinen derzeit vorherrschenden Gedanken, die ihren Ursprung in deinen aktuellen Überzeugungen haben.
Sobald du dir deine dich einschränkenden Überzeugungen bewusstmachst, hältst du den Schlüssel in Händen, um sie zu verändern. Um dir deine Aufgabe noch leichter zu machen, könntest du dir mit Affirmationen helfen: »Es ist leicht, es macht Spaß, und ich weiß, wie das Leben funktioniert.« Hör auf, dich zu beklagen: »Es ist schwer, ich weiß nicht wie, und ich bin verloren.« Als Nächstes könntest du so tun, als ob das Leben leicht ist, Spaß macht und durchschaubar ist.
Viele Leute behaupten: »Ja, ich verstehe, dass meine *Gedanken zu Dingen werden.*« Doch dann visualisieren sie nicht – weder gelegentlich und schon gar nicht täglich. Viele grübeln

sogar weiterhin über irgendwelche unangenehmen Ereignisse in ihrer Vergangenheit nach und projizieren sie damit auch noch in ihre Zukunft. Wie viele Leute haben sich wirklich die Mühe gemacht, ihr erträumtes Leben klar zu definieren? Wenn du wirklich glaubst, dass *Gedanken Dinge werden,* dann visualisierst du, konzentrierst dich auf alles, was gut ist, und legst dich auf deine Ziele im Leben fest. Und wenn du das noch nicht tust, dann bist du ja wohl immer noch davon überzeugt, dass das Leben etwas ist, das dir zustößt, statt zu begreifen, dass du selbst es in der Hand hast.

Deine wie meine Aufgabe ist es, die erhaltenen Antworten zu leben; sie zu kennen, reicht einfach nicht aus. Selbst wenn noch nicht alles so ist, wie es sein soll – man muss sie bereits jetzt leben! Anfangs ist das vielleicht »schwer«. Doch wenn dein Leben beginnt, sich zu verändern, und in Schwung kommt, dann wird es immer leichter.

Was du sagst, scheint mir immer dem Opfer selbst die Schuld an seinem Leid in die Schuhe zu schieben. Das finde ich äußerst kurzsichtig. Was habe ich falsch verstanden?

Zunächst einmal ist »Schuld« ein sehr negatives Wort für Verantwortung. Normalerweise geben wir einem Kind nicht die Schuld dafür, dass es sich aus Unkenntnis die Finger am Ofen verbrennt, beim Laufen hinfällt oder sich bei seinen Klassenkameraden mit Windpocken ansteckt. Auch bei Erwachsenen ist es nicht weniger unsinnig, ihnen die Schuld an ihren äußeren Umständen zu geben. Außerdem missachtet der Glaube an »Opfer« die Grundüberzeugung, dass wir selbst die Schöpfer unseres Lebens sind. Weder sind wir Teilzeitschöpfer, noch ist die »Herrschaft über alle Dinge« an irgendwelche Bedingungen geknüpft. Folglich gibt es im spirituellen Sinne keine Opfer, auch wenn diese Schlussfolgerung eine schwer zu knackende Nuss ist. Natürlich ist diese Erkenntnis durch das Raster unserer physischen Sinne nahezu vollständig verzerrt – wenn wir das Leben allein mit ihnen erfassen wollen oder Ereignisse aus ihrem Zusammenhang reißen.

Zudem sei hinzugefügt, dass der Gesamtzusammenhang, in dem einzelne Ereignisse stehen, immer spiritueller Natur ist. Mit dem spirituellen Prinzip *Gedanken werden Dinge* lässt sich die Entstehung von Materie und Umständen erklären. Doch es erklärt nicht die Ursachen, Motive und Lektionen, mit denen wir es im Alltag zu tun haben. Schließlich macht ja auch die Schwerkraft zwar den modernen Flug in der Atmosphäre möglich, aber trotzdem kann sie deshalb nicht zur Erklärung der Aerodynamik oder der Luftfahrt herangezogen werden.

Es gibt unzählige Gründe, warum scheinbar »guten Menschen schlimme Dinge zustoßen«. Einige haben ihren Ursprung in der Naivität, andere im Edelmut. Doch bloß weil wir auf den ersten Blick nichts anderes sehen als Schmerz und Leid, heißt das nicht, dass nicht auch beiderseitige Ziele mit im Spiel sind. Und es schließt außerdem auch nicht aus, dass alle Beteiligten die Mitschöpfer des betreffenden Ereignisses waren. Dennoch rechtfertigt diese Tatsache grundsätzlich nicht die Anwendung von Gewalt. Sie gestattet auch unbeteiligten Beobachtern nicht, sich herauszuhalten. Der Grund für das Zustandekommen einer solchen Situation könnte es sogar sein, die Unbeteiligten am Rande zur Einmischung zu bewegen und andere dazu anzuregen, alte Muster und Verhaltenseisen zu hinterfragen.

Wie kommt man in die Gänge, wenn man erst mal diese ganze Theorie intus hat?
Mit kleinen Schrittchen. Das Leben deiner Träume zu führen handelt nicht nur vom Träumen, sondern auch vom Leben. Du musst hinaustreten in die Welt, damit der Wind der Veränderung deine Segel füllen kann und damit das geheimnis-

volle Universum die Gelegenheit hat, seine Wunder zu wirken – seine genialen Zufälle, seine verrückten Fügungen – und neue Menschen auf dich loszulassen. Wenn du den ganzen Tag drinnen hockst und visualisierst, kann all das schließlich nicht stattfinden. Du musst deinen Eingebungen folgen und vielleicht sogar Dinge tun, die du früher, ausgehend von deiner damaligen Denkweise, nie auch nur in Betracht gezogen hättest.

Als meine Mutter, mein Bruder Andy und ich unseren T-Shirt-Versand auf die Beine gestellt hatten und nun in Orlando nach einem Laden suchten, bot die Stadt uns lediglich eine Stellfläche für einen mobilen Verkaufsstand vor einem Einkaufzentrum an. Davon wollte keiner von uns etwas wissen, da waren wir einer Meinung. Andererseits wollten wir die Sache unbedingt ins Rollen bringen, also unterschrieben wir doch. Damit will ich sagen, keiner von uns »wollte« wirklich diesen Verkaufswagen betreiben, aber wir *spürten,* dass es trotzdem das Richtige war. Innerhalb von zwei Jahren (zwei *sehr* langen Jahren, möchte ich hinzufügen) verwandelte sich der Wagen erst in einen kleinen Laden und dieser dann schließlich in eine Ladenkette.

Als wir uns für oder gegen den Verkaufswagen entscheiden mussten, hätten wir sehr wohl sagen können: »Nein danke, wir haben keine Lust, uns vor einem Einkaufszentrum den Buckel krumm zu schuften. Schließlich *werden unsere Gedanken zu Dingen,* und deshalb visualisieren wir lieber weiter unsere Ladenkette.« Wie gesagt, alles ist möglich, und ich bin sicher, auch für uns hätten sich andere Vorgehensweisen angeboten. Aber ich bin fest davon überzeugt, wenn man sein Ziel erreichen will, insbesondere dann, wenn man es dabei mit einer Vielzahl alter Vorstellungen über das Leben und Erfolg zu tun bekommt, dann ist es am besten, viele kleine Schritte zu machen. Doch auch viele kleine Schritte kannst du nur dann machen, wenn du dich erst einmal auf das Leben einlässt, es lebst, tust, was du kannst – an dem Punkt, an dem du dich jetzt befindest –, und dir dabei das zunutze machst, was dir jetzt zur Verfügung steht. Auch dann, wenn deine ersten Schritte alles andere als glanzvoll aussehen.

Die Antworten auf jede deiner Fragen findest du in dir selbst. Das Leben ist nicht als das größte aller Geheimnisse gedacht, es ist ein offenes Buch. Wir müssen uns nur die Zeit nehmen, darin zu lesen. Was immer es ist, das du wissen willst, fang damit an, dir zu einzureden, dass du es bereits weißt.

Kapitel 12
Der Sinn des Lebens

B ist du dir darüber im Klaren, was es bedeutet, dass du dieses Buch liest? Es lässt eine Menge Schlussfolgerungen zu. Beispielsweise offenbart es deine Überzeugung, dass es vielleicht doch möglich ist, die sogenannten Geheimnisse des Universums zu verstehen; deine Hoffnung, dass deine Träume vielleicht doch erreichbar sind; und – noch wichtiger – die Tatsache, dass du die Verantwortung für dein Leben und deine Zukunft übernimmst. Ich hoffe, du lobst dich auch dann und wann mal selbst für deine Leistungen. Ohne Zweifel bist du damit der Erfüllung und dem Glück, die du anstrebst, näher gekommen, als du dir vorstellen kannst.

Süße Träume

Wir haben auf den zurückliegenden Seiten unendlich viel besprochen, doch das, was ich dir eigentlich ans Herz legen will, ist ganz einfach: Im Universum gilt ein entscheidendes Prinzip, nämlich *Gedanken werden Dinge*. Indem du dieses unumstößliche Gesetz anerkennst und verstehst, kannst du es zu deinen Zwecken einsetzen, um deine Wünsche zu verwirklichen und das Leben deiner Träume zu führen.

Ob du nun visualisierst oder mit offenen Augen in den Tag hineinträumst, deine Gedanken verwandeln sich in die Dinge und Ereignisse deines Lebens. Das ist kein Wunschdenken; so ist es in Raum und Zeit schon immer gewesen, und es bedeutet, dass du von der Erfüllung deines größten Wunsches nur einen Gedanken weit entfernt bist. Deine Fantasie ist die Form, in die alle Materie und alle Ereignisse gegossen werden. Damit die Sache für dich nun noch glaubwürdiger wird, möchte ich noch ein paar Schlussfolgerungen anhängen. Zunächst einmal gehe ich jetzt davon aus, dass du Raum und Zeit inzwischen als Illusionen begreifst.

Gedanken werden Dinge!

Nun, wenn also Raum und Zeit die Illusionen und damit die Kulisse für diese große Odyssee namens Leben sind, dann muss daraus logischerweise folgen, dass alle Dinge, denen wir *innerhalb* des Rahmens von Raum und Zeit begegnen – Materie und Ereignisse –, ebenfalls Illusionen sind.

Da also Raum, Zeit *und Materie* allesamt Illusionen sind, müssen die Gegebenheiten in unserem Leben in jeder Hinsicht den Gegenständen unserer nächtlichen Träume ähneln. Und du hast doch keine Mühe mit der Erkenntnis, dass deine nächtlichen Träume Illusionen sind, oder? Du weißt, dass sie Illusionen sind, und wenn sie dir, während du träumst, noch so real vorkommen. In den nächtlichen Träumen können die verrücktesten Dinge geschehen. Autos verwandeln sich in Elefanten, Fische beginnen zu fliegen – Menschen können fliegen! –, und mal sind wir Helden und ein anderes Mal Schurken. Das eine Mal fühlen wir uns auf der Höhe unserer Leistungsfähigkeit und sind erfolgreich. Ein anderes Mal wirbeln wir in Spiralen dem Abgrund entgegen.

Also will ich dir jetzt die Frage stellen: »Hältst du es für unmöglich, daran zu glauben, dass du heute Nacht irgendeinen verrückten, irren, unvorhersehbaren Traum hast?« Nein, natürlich nicht. Warum auch? Glaubst du, dass es unmöglich ist, dich in deinem Traum von Wohlstand und Fülle, Gesundheit und Harmonie, Freunden und Freude umgeben zu sahen? Nein, natürlich nicht.

Was wäre, wenn du dir in einem solchen Traum dessen bewusst würdest, dass du träumst? Würdest du dann protestieren und ausrufen: »Ich kann doch nicht von solcher Pracht träumen; ich verdiene sie nicht! Das ist nicht logisch. Hört sofort auf mit dem Unsinn!« Nein, das würdest du nicht, denn in deinem Traum würdest du wissen, dass es eine Illusion ist und dass Logik (oder andere ähnliche Einschränkungen) keinen Einfluss auf die dich umgebenden Illusionen hat, nicht wahr? Schließlich ist es ja nur ein Traum. Du würdest auch nicht auf den Gedanken kommen, dass das alles nicht wahr sein kann, weil du ja gerade in der letzten Nacht geträumt hast, dass du arm und ohne Freunde bist. Die Vergangenheit spielt in deinen Träumen keine Rolle, stimmt's? Du wirst in dem, was du heute träumst, nicht durch das eingeschränkt, was du gestern geträumt hast. Die nächtlichen Träume kennen keine Einschränkungen und Grenzen, denn sie erscheinen uns zwar wahr, aber wir wissen, dass sie nur Illusionen sind.

Verstehst du, worauf ich hinauswill? Wie gesagt, dein jetziges Leben in Raum und Zeit ist nichts anderes als ein Traum; es ist in jeder Weise eine Illusion. Da jedoch Materie eine besonders dichte Gedankenform ist, dauert es eben ein bisschen länger (aber eben nur ein bisschen), um Einfluss auf die Richtung einer Entwicklung zu nehmen. In deinem Leben jetzt bist du eben nicht deinen Verpflichtungen, den Beschränkungen deiner Vergangenheit unterworfen, und du musst dich auch nicht logisch nachvollziehbar verhalten oder als besonders würdig erweisen! Das sind alles nur selbstgeschaffene Überzeugungen und Regeln, die gar nicht erforderlich sind. Denn durch deine bloße Existenz bist du bereits von vornherein und ohne Einschränkungen qualifiziert. Als Mitschöpfer von Raum und Zeit bist du würdig genug – du bist all das wert, was du dir nur vorstellen kannst. Du hast dich der Ewigkeit gegenüber bereits an deine Verpflichtungen gehalten. Und nichts und niemand kann dir das wegnehmen, was du dir bereits verdient hast.

Jetzt gerade träumst du, als Abenteurer wie ich. Und in diesem Traum sind dir – ob es dir nun bewusst ist oder nicht – keinerlei Beschränkungen auferlegt. Du bist göttlich und du bist mächtig. Nur ein Gedanke trennt dich von Fülle, Gesundheit und Harmonie. Ein Gedanke, mit dem du dir die Prinzipien des Universums zunutze machst, die dir all das liefern werden. Du bist nicht allein. Das ganze Universum ist auf deiner Seite und sehnt sich danach, dir all das zu geben, was dir zu wünschen du den Mut hast.

**Gedanken werden nicht erst dann Dinge,
wenn du die Theorie kennst; das Universum bringt
seine Prinzipien nicht erst dann zur Anwendung,
wenn du erleuchtet bist. Das »Spiel« ist bereits in
vollem Gange.**

So vorhersagbar und zuverlässig wie die Schwerkraft

Was geschieht, wenn du einen Ball hoch in die Luft wirfst? Wenn er ungefähr die Hälfte seiner Flugbahn zurückgelegt hat, wechselt er die Richtung und fällt wieder zurück zur Erde. Warum? So ist das Naturgesetz; er muss einfach. Sag mir, ob es irgendeine Rolle spielt, wer den Ball geworfen hat, damit dieses Gesetz greifen kann? Spielt es eine Rolle, wie alt oder jung diese Person ist? Spielt es eine Rolle, wie gutaussehend oder bekannt sie ist? Spielt es eine Rolle, wie spirituell sie ist? Ist es wichtig, ob es sich bei der Person um einen »guten« Menschen handelt? Oder ob sie erleuchtet ist? Ist es in irgendeiner Weise wesentlich, ob sie an die Gesetze des Universums glaubt oder an Gott? Nein! *Nichts spielt eine Rolle, sobald die Person den Ball wirft,* denn sobald der Ball ihre Hände verlässt, *übernimmt das Universum mit seinen Prinzipien.* Und genau das Gleiche geschieht, wenn du deine Gedanken wählst – also wähle sie klug.

Kannst du erkennen, was das bedeutet? Ist das nicht der reinste Wahnsinn? Viele Möglichkeiten ist eine Untertreibung! Du kannst *alles* tun, *alles* haben und *alles* sein!

Gedanken werden Dinge, und unser Leben liefert den Beweis dafür. Doch kannst du auch die Ironie dabei erkennen? Die Ironie ist, dass jeder Einzelne von uns bereits das Leben führt, von dem er träumt. Einige sind eben mit ihren Träumen nicht besonders wählerisch. Gedanken werden nicht erst dann Dinge, wenn du die Theorie kennst. Das Universum bringt seine Prinzipien nicht erst dann zur Anwendung, wenn du erleuchtet bist. Das »Spiel« ist bereits in vollem Gange.

Deine Gedanken haben sich schon immer in die Dinge und Ereignisse in deinem Leben verwandelt und tun es auch jetzt, in diesem Moment. Du führst bereits das Leben deiner Träume; das ist die unumstößliche Wahrheit. Sieh dich um und mach dir bewusst, was du siehst und fühlst: Das ist es, was du wolltest. Und du kannst binnen eines Augenblicks damit anfangen, es zu verändern.

Du bist in jeder Hinsicht bereits ein Meister. Du versetzt bereits Berge, und im Verlauf deines gesamten Lebens hast du schon das Unmögliche wahr gemacht. Diese Erkenntnis brauchst du, damit du deinem Leben willentlich eine neue Richtung geben und Veränderungen absichtlich herbeiführen kannst. Und am schnellsten kannst du diese Erkenntnis erlangen, *indem du dich selbst kennst und verstehst – indem du du selbst und nur du selbst und ganz und gar du selbst bist.* Verstehe dich selbst, und du verstehst das Universum.

Deine größte Liebesgeschichte

Und wo sollst du anfangen? Indem du anerkennst, wer du bereits bist, und alles liebst, was du bereits hast. Du bist einzigartig; du bist besonders. Du weißt, das ist wahr. Es gibt in der ganzen weiten Welt niemanden, der die Dinge ganz genauso wie du sieht, der genau über deine Einsichten verfügt und genau deine Gefühle und Emotionen hat. Du trägst dein Herz auf der Zunge und würdest für jeden alles geben – außer für dich ... jedenfalls bisher.

Lerne es, dich zu wertschätzen, denn du bist jetzt genau der Mensch, der du sein sollst; genau dort, wo du sein sollst; und tust genau das, was du tun sollst. Dazu gehört es auch, dass du genau die Fragen stellst, mit denen du dich momentan befasst. Und du würdest sie nicht so stellen, wenn dich deine Vergangenheit nicht *genau* an diesen Punkt gebracht hätte. Freu dich also darüber – über alles, das du je getan, gelernt und erlebt hast, das Gute, das Schlechte und das Abscheuliche. Denn es hat dir den Grad von Verständnis ermöglicht, den du jetzt hast. Du verdankst ihm den Wunsch, der dich jetzt antreibt.

Lerne es, dich wertzuschätzen, denn je besser dir das gelingt, desto mehr wirst du auch von anderen gewürdigt. Und das ist noch nicht alles. Je besser du dich zu würdigen weißt, desto leichter wird dir auch dein Leben fallen. Du wirst bei der Arbeit, zu Hause und überall sonst mehr gefragt sein. Deine Gesundheit wird sich verbessern. Du wirst dein »Gleichgewicht« leichter finden, und die Fülle wird dir mühelos zuströmen. Du wirst besser schlafen und mehr ausprobieren; du wirst weniger fürchten und mehr »wissen«. Und, ja, wie unbedeutend das auch sein mag, du wirst besser aussehen. Deine Tage verlängern sich um Minuten und Stunden, und je mehr dein Leben sich verbessert, desto größer wird dein Schwung. Tatsächlich bist du bereits in Bewegung, und du bist nicht aufzuhalten. Hinweise dafür gibt es überall; das lässt sich nicht bezweifeln. Das Leben ist so ehrfurchtgebietend – und du bist unaufhaltbar.

Jetzt gerade irgendwo im Paradies

Es passiert leicht, dass man sich selbst und die unglaubliche Welt als selbstverständlich hinnimmt. Also fang damit an, dass du überall den Zauber wahrnimmst – in deinem eigenen Hinterhof genauso wie überall sonst in der Welt verteilt. Genau jetzt, *genau in dieser Sekunde* und unabhängig davon, welche Stunde des Tages wir gerade haben, brechen sich irgendwo in der Welt die Wellen bei Sonnenaufgang am weißen Sand eines tropischen Strandes. Wenn du es versuchst, dann kannst du es fast hören. Und genau in diesem Augenblick springen Delphine in die Luft, bauen Biber einen Damm und kreisen Adler unter der Sonne. Gerade jetzt fließt irgendwo Lava aus einem Berg, entsteht aus dem Meer eine neue Insel und fällt leiser Schnee auf eine Landschaft.

Irgendwo begegnen sich gerade jetzt zum ersten Mal zwei Menschen, und für beide beginnt ein wunderbares Abenteuer. Irgendwo anders erholt sich gerade irgendwer von einer schweren Krankheit, obwohl man ihm gesagt hatte, dass er unheilbar sei. Und irgendwo, vielleicht sogar in deiner Heimatstadt, erkennt jemand gerade jetzt, dass er so viel Geld verdient hat, dass er sich darüber für den Rest seines Lebens keine Sorgen mehr machen muss. Und während du diese Seiten liest, füllt irgendwo ein neugeborenes Baby zum ersten Mal seine Lungen, und die gleiche Liebe, die sein kleines Herz schlagen lässt, lässt auch das deine schlagen – ausgesandt von einem Universum, das dich über alles liebt und dich für sein kostbares Kind hält und sich für dich jedes nur erdenkliche Glück wünscht.

**Du bist nicht dem Leben,
sondern *das Leben ist dir verpflichtet.***

Besser geht's nicht

Du bist das verlorene Kind, das irgendwo vom Weg abgekommen ist. Doch das Universum hält schützend seine Hand über deine Wanderschaft. Und obgleich du im Augenblick vielleicht vergessen hast, woher du kommst – das Universum hat dich nicht eine Sekunde aus den Augen gelassen, und die Welt liegt dir zu Füßen. Du bist nicht hier, um unter Krankheit oder Einschränkungen zu leiden. Du bist hier in deinem jetzigen Leben, um Fülle, Gesundheit und Harmonie zu erfahren. Das ist der Sinn deines Lebens: deinen Träumen zu folgen und das Leben deiner Träume zu führen. Versteh das, glaub an deine Herrschaft, wähle deine Gedanken dementsprechend und *lebe dein erstaunliches, außergewöhnliches Leben.*

Bewundere den Zauber nicht nur; mach ihn dir zunutze! Fordere ihn heraus! Stell ihn auf die Probe! Träume große Träume, verknüpft mit der Erwartung, dass sie wahr werden. Fordere ihre Manifestation ein! Du bist nicht dem Leben, sondern *das Leben ist dir verpflichtet.* Du bist der Sinn des Lebens. Du warst zuerst da.

Erinnere dich daran, wer du bist, verwurzele dich in der Gegenwart, visualisiere, handle deinem Glauben gemäß und schau, was geschieht. Anfangs werden sich kleine Funken des Zaubers in deinen Alltag mischen – sogenannte Zufälle oder »glückliche Fügungen«, die irgendwie keinen rechten Sinn ergeben, dir aber dennoch in deinem tiefsten Inneren bekannt vorkommen. Du wirst feststellen, dass du dir weniger Sorgen machst, dich mehr auf die Gegenwart konzentrierst und Freude an dir selbst hast. Es mag immer noch zu dem einen oder anderen Rückschlag kommen. Doch du wirst auch feststellen, dass deine Widerstandskraft zugenommen hat. Du verstehst, dass diese Rückschläge Gedankenmanifestationen aus deinem alten Leben sind, und du wirst dich von ihnen befreien *und nach vorne sehen*.

Tatsächlich weißt du doch ganz genau, wovon ich spreche, oder? Alles hat bereits begonnen, sich in deinem Leben zu verändern. Mehr als zuvor bist du jetzt dankbar, wenn du Zeit für dich allein hast. Es macht dir Spaß, dir etwas auszudenken, mit Ideen zu jonglieren oder zu visualisieren. Du hast mehr Selbstvertrauen und spürst die Anwesenheit des Universums bei all deinen Vorhaben.

Inzwischen schreibst du deine Erfolge nicht mehr deinem sterblichen Selbst zu, auch wenn dein sterbliches Selbst kaum großartiger sein könnte. Stattdessen zollst du ausschließlich deinem wunderbaren spirituellen Selbst Anerkennung. Du verstehst endlich, dass du ohne seine Schöpferkraft nichts tun und nichts sein kannst. Und du erkennst, dass sich jeder deiner Erfolge in deinem bisherigen Leben dann eingestellt hat, wenn du die göttliche Intelligenz in Anspruch genommen hast. Es ist so, als hättest du einen lange verloren geglaubten Freund wiedergefunden. Manchmal fühlst du dich so leicht, als würdest du schweben. Seit kurzem hast du das Gefühl, du könntest fast jeden Tag Freudentränen weinen.

Du siehst das Göttliche in jedem und du spürst die Freuden, Sorgen und Träume der anderen. Deine Prioritäten haben sich verschoben, dein Blick auf das Leben ist ein anderer geworden. Du gehst als gutes Beispiel voran.

Natürlich fällt dir seit kurzem etwas anderes Merkwürdiges auf. Im Vergleich zu spirituellen Prinzipien sind die physischen ins Hintertreffen geraten. Weniger heißt nicht mehr länger weniger; Logik spielt keine Rolle mehr. Du hast festgestellt, je mehr du gibst, desto mehr empfängst du. Je mehr du andere an deinem Wissen teilhaben lässt, desto öfter wird dir der richtige Weg gezeigt. Je mehr du heilst, desto mehr wirst auch du geheilt. Und jeden Tag scheint dir alles, was du tust, ein bisschen leichter zu fallen. Du fragst dich, wieso du all dies vorher nicht bemerkt hast.

Jeden Tag verbringst du nun mehr und mehr Zeit damit, deinen Geist zu beruhigen und darüber nachzudenken, wie du deinen Wohlstand und dein Glück besser teilen kannst. Du planst Überraschungen, anonyme Geschenke und heimliche Unterstützungen. Du hast eine Mission, weil du feststellst, dass du zum ersten Mal so gut wie keinen Widerstand spürst. Du möchtest zu allem und jedem »Ja!« sagen.

Du erkennst, dass die Gelegenheiten und Herausforderungen, die dir begegnen, deinem fortgeschrittenen Erwachen bestens dienen. Und dir wird klar, dass das kein Zufall ist und dass es auch in deiner Vergangenheit keine Zufälle gab. Nun hast du also jedem alles gegeben, und trotzdem scheint dir noch immer alle Zeit der Welt zur Verfügung zu stehen. Je mehr du tust, desto mehr kannst du offenbar leisten. Das Universum und du – ihr seid ein Spitzen-Team.

Lieber Mitabenteurer, ist das Leben nicht großartig? Setz den Weg, auf dem du bist, weiter fort, denn es wartet noch so viel auf dich. Es kommt noch mehr – so viel, dass du es jetzt gar nicht fassen könntest.

Du bist so weit. Du bist stark, schrankenlos und unsterblich. Du bist unbesiegbar. Du bist überragend. Du bist unendlich, würdig und hast alles Gute dieser Welt verdient. Denk die guten Gedanken, beweg dich in ihrem Fahrwasser; hör auf dein Herz und deinen Geist; erspüre deinen Weg, und das Universum wird dich mit seinem Zauber belohnen.

Nachwort

Also gut, ich geb's zu, das war unfair. Wir wussten schon die ganze Zeit, dass du dich verlaufen hast. Tatsächlich wissen wir eine Menge mehr über dich, als du denkst ...

Hör zu, alter Freund (älter, als du ahnst): Du warst von uns der Mutigste – so mutig, dass du uns hinter dir im Staub zurückgelassen hast. Sieh mal, keiner von uns hat Raum und Zeit bisher ausprobiert, weil wir erst einmal sehen wollten, was aus dir wird!

Wir machen gerne Witze darüber, wie lange du schon fort bist, aber so lange ist es dann auch wieder nicht. Bevor du aufgebrochen bist, haben wir vereinbart, deine Rettungsleine, deine Engel zu sein – falls du jemals um Hilfe rufen solltest. Wir haben unsere Rolle gespielt und waren jedes Mal da, wenn du nur so etwas wie »Aua!« gerufen hast (allerdings haben wir die Kostüme mit den weißen Flügeln, die wir für deine Abschiedsparty anziehen mussten, zur Altkleiderspende gegeben).

Also, was wir eigentlich sagen wollen: Du hast deine Sache so verdammt gut gemacht, dass wir alle darauf brennen, endlich auch an die Reihe zu kommen. Natürlich haben wir Angst, dass du wütend wirst, wenn wir einfach so unseren Posten verlassen.

Wir haben die Sache unter uns diskutiert und sind zu dem Schluss gekommen, dass du uns – bei den Fortschritten, die du machst – ohnehin nicht mehr wirklich brauchst. Außerdem können wir von hier aus eigentlich kaum mehr für dich tun, als von der Zuschauertribüne herunterzulärmen. Außerdem: Du wolltest es ja auch gar nicht anders, erinnerst du dich?

Hinzu kommt, dass wir (und das wussten wir bei deinem Aufbruch noch gar nicht) immer mit dir in Verbindung und für dich erreichbar bleiben. Wir stehen dir beim geringsten Anlass zur Verfügung.

Jedenfalls haben wir unsere Entscheidung schon vor einer Weile getroffen, noch bevor du in deinem gegenwärtigen Leben gesteckt hast. Und wir haben jeder für sich unseren Weg hinein in genau die gleiche ZEIT und in den gleichen RAUM geplant, wo auch du dich gerade aufhältst. Vielleicht ist ja einer von uns ausgerechnet dieser unerträglich laute Nachbar von dir ... Ha, ha, ha! Ach ja, und falls du dich wunderst, wir waren es auch, die dafür gesorgt haben, dass du dieses Buch mit Hilfe der »Gleichzeitigkeit« findest, von der schon die Rede war (wir haben uns eigens zu diesem Zweck in die Zukunft geschlichen). Inzwischen glaubst du doch nicht mehr an Zufälle, oder?

Und damit du dich nicht allzu verlassen fühlst, haben wir den nachfolgenden Auszug aus den Memoiren eines der Glorreichen beigefügt, um deinem Ringen um Verständnis den richtigen Impuls zu geben.

Adios Amigo, und bis wir uns wiedersehen, vergiss nicht:

Das Leben ist kein Versteckspiel, und es geht auch nicht darum, die Dinge neu zu lernen, die du vergessen hast; es geht nicht einmal darum, sich an sie zu erinnern. Es geht darum zu SEIN – DU SELBST ZU SEIN! Du wurdest geboren, um das unendliche Wesen des Göttlichen zu erweitern.

Lebe nur, um der zu sein, der du jetzt bist. Die Schöpfung setzt ihre ganze Hoffnung darauf, dass du die Rolle, die du dir selbst ausgedacht hast, auch ausfüllst. Eine Ewigkeit wird vergehen, bevor es diese Chance ein zweites Mal gibt.

Du bist der Traum von Legionen, die dir vorangegangen sind und die Fackel des Zeit-Raum-Bewusstseins weitergereicht haben, damit du mit deiner bloßen Existenz Alles-was-ist unermesslich bereichern kannst. Durch einfaches SEIN im Hier und

Jetzt, wo alle Träume wahr werden und wo jegliche Wahrheit wohnt, erfüllst du diesen Traum.

Dein Herz wurde im Morgengrauen der Schöpfung in einem Tanz zu Ehren der Geburt der Ewigkeit geformt; du kannst nichts falsch machen. Es gibt weder »sollte« oder »sollte nicht« noch »richtig« oder »falsch«. Im Leben geht es nicht darum, glücklich oder unglücklich zu sein, gut oder schlecht. Es geht nicht einmal darum, deine Träume wahr zu machen; das ist ohnehin unvermeidlich.

Es gibt nur das SEIN. Ewiges SEIN. Dein seltenes und kostbares Licht hat und wird für immer die Welten erleuchten, die du geschaffen hast – die Welten, die jetzt auf dein SEIN warten.

Danksagung

Ich bin davon überzeugt, dass eine Reihe von Menschen, von meinen Träumen und Handlungen in den zurückliegenden neun Jahren vom Universum beauftragt worden sind, um mich zu inspirieren, mich herauszufordern oder in den »Allerwertesten« zu treten. Ihr Erscheinen in meinem Leben wurde so choreographiert, um dieses Buch so gut wie möglich werden und genau zu dem Zeitpunkt erscheinen zu lassen, zu dem es erscheinen soll. Zwar will ich mich darüber ausschweigen, wem welche Aufgabe zugefallen ist, doch möchte ich allen Beteiligten von Herzen danken:

Mom, der ich die Fähigkeit verdanke, zu träumen und an mich zu glauben. Joe Vitale, Autor und Marketingdynamo, weil er der Erste war (nach Mom), der mich »entdeckt« und »unters Volk gebracht« hat und mein Freund geworden ist. Rhonda Byrne, der Produzentin und Autorin von The Secret, weil sie die Zweite war, die mir die Hand entgegenstreckte. Ich werde nie vergessen, wie sie und ihre großartige Schwester Glenda mir eines schönen Morgens in Chicago von ihrer Vision erzählten, Millionen Menschen Freude zu bringen, und mir erklärten, dass sie mich dabeihaben wollten. Cynthia Black, der Verlegerin von Beyond Words, die als Dritte aus dem »Unsichtbaren« heraustrat, weil sie davon überzeugt war, dass ich etwas beizusteuern hatte, und ihrem fantastischen Partner Richard Cohn und dem Team bei Beyond Words – insbesondere Lindsay Brown, Marie Hix, Devon Smith und Danielle Marshall –, die alle begeistert an Bord sprangen. Judith Curr, der Verlegerin von

319

Atria, für ihren übernatürlichen Bauchinstinkt. Meiner Lektorin Julie Knowles, die mich mit ihrer dosiert eingesetzten Skepsis auf den Boden der Tatsachen zurückgeholt hat. Eric Rayman für seine Brillanz und Integrität als einer der besten Anwälte, die mir je begegnet sind. Und Hope Koppelman, Danika Burr, Jesse Mazur, Paola Malicki, Amanda Reid, Carrieanne Larmore, Crystal Floyd und Kody Kasper für ihre unbezahlbaren Beiträge zu TUT und unserer gemeinsamen Vision von »Globaler Herrschaft«.